小学校英語教育の展開

よりよい英語活動への提言

樋口忠彦 (代表) ── 編
大城賢・國方太司・髙橋一幸

研究社

はしがき

　グローバル化が一段と進展する21世紀の社会では，日常生活や仕事などさまざまなレベルにおいて，ことばや文化が異なる人々との接触や外国語によるコミュニケーションの機会が加速度的に増え，外国語によるコミュニケーション能力が不可欠となるだろう。このような時代を迎え，今や世界の多くの国において，小学校でひとつ目の外国語，中学あるいは高校でもうひとつの外国語を必修あるいは選択科目として教育課程に位置づけている。

　中央教育審議会は，このような世界の動向をふまえ，2008年に小学校に「外国語活動」の新設を答申した。この答申を受けて，2011年度から施行される小学校学習指導要領は「外国語活動」を「領域」として教育課程に位置づけ，第5，第6学年でそれぞれ週1時間の授業時数を配当し，「英語」を取り扱うことを原則とした。また指導内容は，英語の知識やスキル（技能）の向上を重視するのではなく，英語を聞いたり話したりする英語を使った活動を行うことによって，言語や文化について体験的理解を深めるとともに，積極的にコミュニケーションを図ろうとする態度の育成を重視することにより，コミュニケーション能力の「素地」の育成を目標とする，とした。小学校に外国語（英語）を導入するにあたり課題として議論されてきた指導者は，国や地方自治体の財政状況が厳しいこともあり，担任が中心となり，ALT，特別非常勤講師（地域の人材等）や中学校英語科教員の支援は3回に1回程度とする自治体が多くなりそうである。

　さて，教育の成果は教師の力量によって大きく左右されるのは自明であり，英語活動も同様である。ところが，諸外国と比較すると，わが国では担任をはじめとする英語活動の指導者に対する研修は内容的にも時間的にもきわめて不十分である。それゆえ，現状では，担任はもとより英語活動の指導者には，授業を行うことに不安を感じたり，自信が持てずに悩んでいる方が多い。逆に，英語活動の指導経験が豊富でより高いレベルの授業をめざしているものの，適切な助言や指導が得られずに困っている方も多い。本書は，このような担任や英語活動の指導者の不安や悩み，願いに応えるとともに，21世紀のグローバル社会を生きる日本の子どもたちにより豊かな英語活動を味わってもらうことをめざして企画したものである。そしてこの本書刊行の目的を実現するために，以下の方針で内容構成を行ったが，これらはとりもなおさず本書の特徴となっている。

① 英語活動に信念を持って取り組んでいただくために，英語活動の基盤となる考え

はしがき

方を紹介する。

② 学習指導要領のポイントや『英語ノート』の長所，短所をふまえて，年間指導計画の作り方や『英語ノート』の創造的な活用法を考えていただくヒントを示す。

③ 自信を持って授業に臨んでいただくために，明日の授業に役立つアイディアや実践例を提供する。

④ 英語活動のすぐれた実践例にふれ，その根底にある考え方や教材研究の進め方，授業の進め方を理解していただく。

⑤ 今後，英語活動の重要な課題となる評価の進め方，小・中連携の進め方，校内研修の進め方についての方向性を示す。

また，本書のこのような方針を十分反映したものにするために，小学校英語教育の研究，実践面で成果をあげておられる先生方にお願いし，できるだけわかり易くかつ具体的にご執筆していただいた。それゆえ，小学校で英語活動を指導されている先生方にとって，また，将来，小学校で教壇に立つことを希望されている学生の皆さんにとって，本書は，きっと示唆に富む有益な書物になるであろう。座右の書としてご利用いただけることを願っている。

なお，本書全体の構成は，編者代表の樋口が，大城賢，國方太司，髙橋一幸の3氏のご協力を得て作成した。また4人は以下に示す各章の責任者として，執筆者の人選，内容調整，用語の統一等にあたった。

樋口：1章，2章，6章，8章（國方と共同），11章
髙橋：3章，10章
國方：4章，7章，8章（樋口と共同），資料
大城：5章，9章

また樋口は，上記の担当章にくわえすべての原稿に目を通し，内容調整等を図った。ただし，執筆者によって主張の相違が見られた。いくつかの問題については，いずれの主張も読者の皆さんにお読みいただく価値があると判断し，執筆者の主張をそのまま掲載してある。また多くの執筆者による共著である関係上，内容が一部重複している箇所があるが，これらはそれぞれの章あるいは節の論旨を明瞭にするうえでやむを得ないと判断し，そのまま掲載してある。これらの点についてご賢察のうえ，ご了承いただきたい。

はしがき

　本書の刊行は，今秋，設立30周年を迎える日本児童英語教育学会（JASTEC）の記念事業のひとつである。JASTECの設立15周年および設立25周年にあたって刊行した『小学校からの外国語教育——外国語教育改革への提言』(1997)，『これからの小学校英語教育——理論と実践』(2005) に続いて，本書の刊行をお引き受けいただいた（株）研究社に心より感謝を申し上げたい。また同社出版部の津田正氏には，前掲2冊の単行本の刊行時と同様，今回も企画の段階および編集作業の段階で数々の貴重な助言を賜った。また作業の遅れがちな編者や執筆者を暖かく叱咤激励していただいた。同氏のご支援に，この場を借りてお礼を申し上げておきたい。

　最後に，日本の早期英語教育の草分け的存在であり，JASTECの生みの親である五島忠久先生が，本書刊行の直前の5月6日に100歳で天寿を全うされた。先生は初代会長 (1980–90) としてJASTECの基礎を築かれ，会長引退後は名誉会長 (1990–2010) としてJASTECおよび日本の英語教育界の発展にご尽力をされたことを記し，この場を借りて先生にお礼を申し上げておきたい。

2010年5月10日

　　　　　　　　　　　　　　　　　　　　　　　　編者代表　樋口忠彦

目 次

目　次

はしがき——iii

執筆者一覧——ix

1章　小学校における英語教育の意義——1

1　世界の国々における外国語教育の動向——1

2　わが国の小学校への外国語（英語）活動導入の理念と目的——5

2章　関連分野から見た小学生の特徴と英語活動のあり方，進め方——13

1　小学生の外国語学習，国際理解学習における特徴と英語活動への示唆——発達神経心理学と第二言語習得論の観点から——13

2　中学入学以前（早期）の英語学習経験者の追跡調査と小学校英語教育への示唆——25

3章　英語活動でめざすもの——学習指導要領とカリキュラムづくり——36

1　学習指導要領と外国語活動指導のポイント——36

2　『英語ノート』『英語ノート指導資料』の長所と短所——45

3　指導目標／到達目標とカリキュラムの作り方——52

4　5,6年生年間カリキュラム例——横須賀市英語活動カリキュラム「ハッピータイム」——60

4章　よりよい英語活動を展開するために——71

1　教材研究の進め方と教材の開発，改良の視点——71

2　小学生にふさわしい指導法——82

5章　学習指導案の作り方と工夫のポイント——95

1　基本的な指導過程——95

2 各指導過程のねらいと進め方——100
3 学習指導案の具体例——103
  (1) 低学年・絵本を使った授業——103
  (2) 中学年・スポーツをテーマにした授業——107
  (3) 5年生・日課的な活動をテーマにした授業——112
  (4) 6年生・スピーチを通してコミュニケーションの大切さを
      体験する授業——116
  (5) 高学年・調べ学習中心の授業——121
  (6) 高学年・交流活動中心の授業——125

6章 英語活動を豊かにするアクティビティと指導方法——130

1 授業で使ってみたいうた，チャンツ，ライムと活用法——130
2 子どもの興味・関心を引きつける導入活動の作り方——136
3 子どもが耳を傾けたくなるリスニング・クイズの作り方——143
4 子どもが夢中になるゲーム的アクティビティの活用——147
5 子どもが生き生き英語を使うコミュニケーション，
  自己表現，創作活動——151
6 子どもに異文化理解を促すアクティビティ——157
7 子どもに聞かせたい絵本と活用法——162
8 楽しくふれ，楽しく学ぶ文字指導——166

7章 児童を生き生き動かす環境づくりと指導技術——173

1 教室の環境づくりと雰囲気づくり——173
2 授業で使いたい教室英語と活用法——177
3 子どもが生き生き活動する活動形態の工夫——181
4 子どもたちを活かし，個々の力を伸ばすクラス・マネージメント——185

目　次

　　5　視聴覚教材の活用法——191
　　6　マルチメディアの活用法（パソコン，電子黒板，CD-ROM）——195

8章　学習意欲を高める評価の進め方——200
　1　英語活動における評価のあり方，進め方——200
　2　子どもたちが考える「つけたい力」を通して——208

9章　指導者に求められる資質と研修——218
　1　担任，ALT・地域人材の役割——218
　2　担任単独授業，T.T. を成功に導くコツ——222
　3　指導者に求められる資質・能力と研修の進め方——226

10章　小・中の連携——234
　1　小・中連携の重要性と問題点——234
　2　小・中連携の進め方——239
　3　小・中一貫のカリキュラムと具体例——神奈川県南足柄市の取組み——243

11章　これからの小学校英語活動の展望——256
　1　諸外国の小学校における外国語教育——256
　2　地方自治体による先導的な試み（1）——横浜市——265
　　　地方自治体による先導的な試み（2）——寝屋川市——272
　3　校内における推進体制の確立——278
　4　「領域」から「教科」へ——283

　資料❶　小学校外国語（英語）活動必修化と JASTEC 30 年の歩み——289
　資料❷　小学校学習指導要領（2008 年 3 月公示）——295

執筆者一覧

樋口忠彦	（前・近畿大学教授）	1章, 2章 (2-1を除く), 6章 (はじめに), 11章 (11-2を除く)
大城　賢	（琉球大学教授）	5章 (はじめに), 9章
國方太司	（大阪成蹊大学教授）	4章 (4-1を除く), 7章 (はじめに), 7-1, 7-5, 8章 (はじめに)
髙橋一幸	（神奈川大学教授）	3章 (3-3を除く), 10章 (はじめに), 10-3

*

阿部　弘	（西南女学院大学教授）	5-1, 5-2
新川美紀	（沖縄県那覇市立識名小学校教諭）	5-3-(3)(4)
泉惠美子	（京都教育大学教授）	4-1, 8-1
伊藤克敏	（神奈川大学名誉教授）	2-1
猪股俊哉	（北海道苫小牧市立泉野小学校教頭）	5-3-(5)
梅本龍多	（関西大学初等部教諭）	7-6
大村吉弘	（近畿大学教授）	2-2
加賀田哲也	（大阪教育大学教授）	11-1
笠原　一	（文部科学省国立教育政策研究所専門職）	11-2
金森　強	（松山大学教授）	3-3
上原明子（がんばる）	（福岡県太宰府市立太宰府西小学校教諭）	5-3-(1)(2)
衣笠知子	（園田学園女子大学准教授）	6-1, 6-7
國本和恵	（子供英語代表）	7-2
黒川理美	（神奈川県横須賀市立大楠小学校教頭）	3-4
小泉清裕	（昭和女子大学附属昭和小学校校長）	6-2, 6-3
小泉　仁	（東京家政大学教授）	10-1, 10-2
後藤典彦	（編集著述業）	資料①
駒澤利継	（静進情報高等専修学校非常勤講師）	7-3
佐藤令子	（暁星小学校非常勤講師，東京学芸大学非常勤講師）	6-4, 6-5
島崎貴代	（大阪府大阪市立住之江小学校教諭）	8-2
田島直子	（神奈川県南足柄市教育委員会指導主事）	10-3
多田玲子	（神戸親和女子大学非常勤講師）	6-6, 6-8
田邉義隆	（近畿大学准教授）	2-2
箱﨑雄子	（追手門学院大学准教授）	11-1
吹原顕子	（大阪府寝屋川市教育委員会学校教育部教育研修センター指導主事）	11-2
本田勝久	（千葉大学准教授）	8-2
光嶋花英	（京都府京都市立竹田小学校教諭）	5-3-(6)
矢次和代	（元・聖セシリア小学校専任講師）	7-4

*5-1は5章1節, 5-3-(1)は5章3節の(1)を示す。

# 1章　小学校における英語教育の意義

はじめに

　グローバル化の進展に呼応し，世界の国々で外国語教育の改革，改善が進められてきたが，前世紀末，1999年のケルン・サミットで出された21世紀の教育に関する「ケルン憲章」で，「グローバル化した世界において，異なる文化への理解の向上や流動性の増加のための外国語学習の増進」が謳われて以来，外国語教育の改革，改善が加速したように思われる。わが国でも，2011年度から小学校5，6年生で「外国語活動」が「領域」という位置づけで必修化されるなど，遅ればせながら改革，改善が進められようとしている。

　この章では，まず世界の国々における外国語教育の改革，改善の動向を概観し，次にわが国における小学校への外国語（英語）教育導入の経緯を中央教育審議会の答申や学習指導要領等に沿って概観することによって，小学校における英語教育の理念や目的について考える。

1　世界の国々における外国語教育の動向

　今日の世界の国々における外国語教育の理念は，その国が置かれている政治，経済，地理的環境や歴史等によって異なるが，大別すると次の2つに分類できる。

❶　グローバル化社会では，異言語，異文化を理解，尊重し，異言語，異文化を持つ人々と協力し合うことが不可欠であり，外国語は相互の意思疎通を発展させる手段である。

❷　外国語はグローバル化時代の意思疎通の手段であり，グローバル化社会における国家の競争力を高めるとともに個人のキャリアを高める手段である。

　前者は，異言語，異文化を持つ人々との日常的な接触の機会が多い欧米の国々，後者

1章／小学校における英語教育の意義

は，異言語，異文化を持つ人々との日常的な接触が比較的少ないアジアの国々において，より大きな比重が置かれているように思われる。そして，これらのいずれに大きな比重を置くかは別にして，世界の国々ではグローバル化時代に対応するためにそれぞれ外国語教育の改革，改善を推進しており，その潮流は，①多様な外国語学習の機会の提供，②外国語学習開始年齢の早期化，③小・中・高（・大）一貫のナショナル・シラバスの設定，④クラス・サイズの縮小，である。以下に，これらについて諸外国の現状を概観する。

（1）多様な外国語学習の機会

　EU加盟国では「複言語主義」という方針にもとづき，母語以外にEUの公用語を2つ習得させる「母語＋2言語習得」が共通の目標である。たとえばスペインでは，小学校から高校まで外国語が必修であり，中学，高校でさらにもう1つの外国語が選択可能になっている。また，各自治州によって異なるが，全体的に見ると，英語が主に学習されているが，小学校ではフランス語，中学，高校ではフランス語，ドイツ語，ポルトガル語，イタリア語が目標言語として提供されている。なお，スペインは国家公用語であるカスティリア語（いわゆるスペイン語）とともに多くの地域言語からなる多言語国家として知られているが，これらの各州独自の言語も地域公用語として認められており，教育においてこれらの言語の普及も義務づけられている。

　アジアの国々から韓国を例に挙げると，小・中・高で英語は必修教科であるが，中学2, 3年生では教科裁量活動「生活外国語」で，高校2, 3年生では「一般選択科目」や「深科選択科目」で，英語以外に，ドイツ語，フランス語，中国語，スペイン語，日本語，ロシア語，アラビア語といった外国語を学習することが可能である。

　ここではスペインと韓国を例に示したが，世界の多くの国々で，異文化理解教育の一環として，小学校あるいは中学校段階から複数の外国語を学習する機会を提供しており，選択可能な外国語は実に多様である。

　他方，わが国では，臨時教育審議会（1986）等が，国際化，グローバル化が進展する世界において，英語だけでなく，近隣諸国をはじめとする多様な国々の外国語を学習できるようにする必要性を答申してきたが，小・中学校の外国語は英語が原則である。また高等学校では中国語，フランス語，韓国・朝鮮語，スペイン語，ドイツ語を開設する学校が増えてきているが，まだまだ少数である。

1. 世界の国々における外国語教育の動向

(2) 外国語学習開始年齢の早期化と授業時数

　小学校からの外国語教育は，もはや，世界の趨勢である。以下に，EUとアジアのいくつかの国の外国語学習の開始学年と授業時数を示す。

表1　外国語学習の開始学年と授業時数（小学校）

	開始学年	授業時数（週当たり）
スペイン	第1学年	第1, 2学年　3時間，第3～6学年　4時間
フィンランド	第3学年	第3学年から必修2時間＋第5学年から選択3時間
フランス	第1学年	60分×1～2回（年間60分×54回）[1]
中国	第3学年	第3, 4学年　20分×4回，
		第5, 6学年　20分×2回＋40分×2回以上
韓国	第3学年	第3, 4学年　40分×1回
		第5, 6学年　40分×2回
台湾	第3学年[2]	第3～6学年　40分×2回
タイ	第1学年	第1～6学年　基礎学習　2時間＋
		第5～6学年　追加学習　1～2時間

1)　フランスでは，2008年度から時間数は週単位ではなく年単位の規定に変更。
2)　中国および台湾では，第1学年から開始している都市もある。

　表1が示すように，外国語学習は日本と比較すると，世界の多くの国でより早い時期から開始されており，またより多くの時間が配当されている。これは，小学校低，中学年が異言語，異文化学習の適齢期であるという認識にもとづくものであろう。

(3) ナショナル・シラバスの設定

　外国語教育の改革，改善を効果的に推進するために自国の外国語教育の理念を明確に示し，その理念を実現するために小・中・高（・大）の各段階における到達目標，指導内容，指導法や評価法の指針を具体的に示すナショナル・シラバスあるいはそれに準ずるものを設定して，このシラバスにもとづいて外国語教育を展開している国が多い。

　たとえば，EU加盟国では *Common European Framework of Reference for Languages*（ヨーロッパ言語共通参照枠，以下CEFR）という外国語教育のEU共通の指針にもとづき，各国は自国の事情を反映したガイドラインを設定し，外国語教育に取り組んでいる。4技能の到達目標を例にとると，A1，A2（初級），B1，B2（中級），C1，C2（上級）の6段階が設定されており，小学校終了時の到達目標はA1あるいはA2レベルであると思

1章／小学校における英語教育の意義

われる。なお，CEFRにもとづく，イギリス，フランス，スペイン，フィンランドの小学校終了時の到達目標は11章1節(2)を参照されたい。

他方，アジアの国々では，CEFRの指針をある程度参考にしながら，自国の国際社会における立場や教育事情に配慮し，ナショナル・シラバスを設定している。たとえば，中国では『全日制義務教育普通中等学校英語課程標準』で4技能について小学校から高校終了時まで9段階の到達目標を設定している。韓国でも学年ごとに詳細な4技能の到達目標（成就目標）が示されている。（中国，韓国，台湾，タイの小学校終了時の到達目標は11章1節(1)参照）

以上のように，世界の国々ではグローバル社会の進展に対応する外国語教育を実施すべく，自国の外国語教育の理念を反映したナショナル・シラバスを設定し，小・中・高一貫の外国語教育を展開していると言えよう。

(4) クラス・サイズの縮小

クラス・サイズが教育効果に影響を及ぼすことは明らかである。とくに，教師と生徒，生徒と生徒のインタラクション（やりとり）が大切な役割を果たす外国語教育では，クラス・サイズの影響が大きいであろう。わが国の学級編成規準は40名であるが，多くの都道府県で，最近やっと少人数教育が導入されるようになったと言っても，主として小学校低学年で30人から35人規模である。次の表は，ヨーロッパとアジアのいくつかの国の小・中・高等学校のクラス・サイズである。

表2　小・中・高等学校のクラス・サイズ

	小学校	中学校	高等学校
アメリカ[1]	約25名	30名以下	30名以下
カナダ	24.5名以下	21名以下	21名以下
スペイン	平均25名	平均30名	平均30名
イングランド	26名程度	22名程度	22名程度
中国[2]	平均50名	平均50名	平均50名
台湾	30名程度	30名以下	30名以下
韓国	平均32名	平均38名	41〜60名程度

1) アメリカ合衆国ペンシルベニア州 Southern Lehigh 校区。
2) 中国ではクラス・サイズを最大でも40名に縮小することを目標にしている。

表2が示すように，欧米諸国のクラス・サイズでは多くても30名以下，25名以下が

2. わが国の小学校への外国語（英語）活動導入の理念と目的

主流である。他方，アジアの国々では，欧米諸国と比べてクラス・サイズが大きく，わが国と同じ悩みを抱えている。

２ わが国の小学校への外国語（英語）活動導入の理念と目的

前節では，世界の多くの国で明確な理念にもとづき，外国語学習開始年齢の早期化を図ったり，多様な外国語の学習機会を提供したりするとともに，ナショナル・シラバスを設定し，小・中・高（・大）一貫の外国語教育を展開していることを概観した。

本節では，中央教育審議会（以下，中教審）の答申や学習指導要領に沿って，2011年度から5，6年生で「領域」で実施される小学校外国語活動の理念や目的，目標について考える。

（1）英語教育の見直しと学習開始期についての検討の提言

臨時教育審議会（以下，臨教審）は1986年の第二次答申において，「国際化への対応のための諸改革」の中で「外国語教育の見直し」に関して，次のような答申を行った。

> ❶これからの国際化の進展を考えると，日本にとって，これまでのような受信専用でなく，自らの立場をはっきりと主張し，意思を伝達し，相互理解を深める必要性が一層強まってくる。その手段としての外国語，とくに英語教育の重要性はますます高まってくるものと考える。しかし，現在の外国語教育については，長時間かつ相当の精力を費やしているにもかかわらず，多くの学習者にとって身に付いたものとなっていないなど種々の問題がある。
> ❷まず，中学校，高等学校等における英語教育が文法知識の修得と読解力の養成に重点が置かれ過ぎていることや，大学においては実践的な能力を付与することに欠けていることを改善すべきである。今後，各学校段階における英語教育の目的化を図り，学習者の多様な能力・進路に適応するよう教育内容等を見直すとともに，英語教育の開始時期についても検討を進める。その際，一定期間集中的な学習を課すなど教育方法の改善についても検討する。（以下，略）　　（下線は筆者）

この臨教審答申は，国際化に対応するために，コミュニケーションの手段としての英語力の育成を重視する英語教育への改善を促すとともに，英語教育改革の一環として小

1章／小学校における英語教育の意義

学校への英語教育の導入についての検討を提言した。この答申以降，小学校への英語教育導入を意識した研究，実践が本格的にスタートしたように思われる。1992年に，文部省は大阪市立真田山小学校と味原小学校を研究開発学校に指定した。また1993年には，文部省初等中等教育局長の諮問機関であった「外国語教育の改善に関する調査研究協力者会議」が，「中学校・高等学校における外国語教育改善の在り方について（報告）」の中で，「児童は外国語の習得に極めて適しているが，小学校段階から教科として外国語教育を実施するために解決しなければならない課題が多く，今後，実践的な研究を一層積み上げることが肝要である」と報告した。この報告と前後して，文部省によって多くの研究開発学校が指定され，小学校英語教育の研究・実践が積み重ねられていったのは周知の通りである。

(2) 国際理解の一環としての外国語活動

中教審は，1996年の第一次答申の「国際化と教育」の中で，「中学校・高等学校における外国語教育の改善」と「小学校における外国語教育の扱い」について，次のような答申を行った。

（中学校・高等学校における外国語教育の改善）

今後の国際化の進展を考えると，相手の立場を尊重しつつ，自分の考えや意見を表現し，相互理解を深めていく必要性は，これから一層強まっていくものと考えられる。特に我が国にとって，今後，国際交流，さらには国際貢献を積極的に行っていく上で，その必要性は極めて高く，その手段としての外国語の重要性はますます高まっていくであろう。こうした観点から，中学校・高等学校における外国語教育については，これまで学習指導要領の改訂のたびに「コミュニケーションの手段」としての外国語という観点から改善が図られてきたところであるが，リスニングやスピーキングなどのコミュニケーション能力の育成をさらに重視する方向で改善を図っていく必要がある。しかし，その改善の実をあげるためには，カリキュラムの改善だけでなく，指導方法の改善，教員の指導力の向上，入学者選抜の在り方の改善など様々な取組を行っていかなければならない。（以下，略）

（小学校における外国語教育の扱い）

小学校段階において，外国語教育にどのように取り組むかは非常に重要な検討課

2. わが国の小学校への外国語（英語）活動導入の理念と目的

題である。

　本審議会においても，研究開発学校での研究成果を参考にし，また専門家からのヒアリングを行うなどして，種々検討を行った。その結果，小学校における外国語教育については，教科として一律に実施する方法は採らないが，国際理解教育の一環として，「総合的な学習の時間」を活用したり，特別活動などの時間において，学校や地域の実態等に応じて，子供たちに外国語，例えば英会話等に触れる機会や，外国の生活・文化などに慣れ親しむ機会を持たせることができるようにすることが適当であると考えた。

　小学校段階から外国語教育を教科として一律に実施することについては，外国語の発音を身に付ける点において，また中学校以後の外国語教育の効果を高める点などにおいて，メリットがあるものの，小学校の児童の学習負担の増大の問題，小学校での教育内容の厳選・授業時数の縮減を実施していくこととの関連の問題，小学校段階では国語の能力の育成が重要であり，外国語教育については中学校以降の改善で対応することが大切と考えたことなどから，上記の結論に至ったところである。

　この中教審の答申を受けて教育課程審議会は，1998年に，教科等の枠を越えた横断的・総合的な学習を各学校の創意工夫を生かして実施する，新設の「総合的な学習の時間」の中に，「国際理解教育の一環として外国語会話等」を位置づけた。同年に告示された学習指導要領に示された「総合的な学習の時間」の１つの学習活動例である「国際理解」の内容は，次の通りである。

　　国際理解に関する学習の一環としての外国語会話等を行うときは，学校の実態等に応じ，児童が外国語に触れたり，外国の生活や文化などに慣れ親しんだりするなど小学校段階にふさわしい体験的な学習が行われるようにすること。

　これは，外国語会話等は国際理解に関する学習の一環であり，外国語会話能力そのものを育成するのが目的ではないこと，また外国語や外国文化を教え込んだり，訓練したりするのではなく，外国語や外国文化と自然に触れたり，体験することによって学習が進められるように工夫すべきことを示している。

　なお，文部科学省は2001年に『小学校英語活動実践の手引』（以下，『手引』）を刊行し，「外国語会話」を「英語活動」とした理由について，次のように説明している。

　　「外国語会話」とは，諸外国の様々な言葉を使った意思の疎通を図るため

1章／小学校における英語教育の意義

の会話である。現在，世界の多くの場面で使用されている言語であることや子どもが学習する際の負担等を考慮して，この手引では，英語を取りあげることとした。

小学校においては，子どもの発達段階に応じて，歌，ゲーム，クイズ，ごっこ遊びなどを通して，身近な，そして簡単な英語を聞いたり話したりする体験的な活動を中心に授業が構成されることから，この手引では，「総合的な学習の時間」で扱う英会話を「英語活動」と呼ぶこととした。

そのうえで，『手引』は，国際理解は「英語活動」と，外国人との直接の交流を通して，さまざまなことばや文化にふれたりしながら，子どもの国際感覚を磨く「国際交流活動」，外国の生活や文化などについて調べたり発表したりする「調べ学習」の3つの活動で構成されるとしている。

この学習指導要領は2000年度から施行されたが，英語活動実施校は，文部科学省の調査によれば，2003年度は88%，2005年度は94%，2007年度は97%，2009年度は99%と年々増加した。開始学年は，低学年，中学年からが多く，高学年から開始する学校は少数であった。また年間授業時数は学年が上がるにつれ多くなっているが，1～3時間から71時間以上まで大きなばらつきがあった。

(3)「総合」から「領域」へ——外国語活動の必修化

中教審は2008年に「幼稚園，小学校，中学校，高等学校及び特別支援学校の学習指導要領の改善について（答申）」において，「教育内容に関する主な改善事項」の中で小学校段階における「外国語活動」の新設を答申した。

外国語活動を義務教育として小学校で行う場合には，教育の機会均等の確保や中学校との円滑な接続等の観点から，国として各学校において共通に指導する内容を示すことが必要である。

この場合，目標や内容を各学校で定める総合的な学習の時間とは趣旨・性格が異なることとなる。また，小学校における外国語活動の目標や内容を踏まえれば一定のまとまりをもって活動を行うことが適当であるが，教科のような数値による評価にはなじまないものと考えられる。これらのことから，総合的な学習の時間とは別に高学年において一定の授業時数（年間35単位時間，週1コマ相当）を確保する一方，教科とは位置づけないことが適当と考えられる。

2. わが国の小学校への外国語（英語）活動導入の理念と目的

　小学校への英語教育導入の理念，目的がこの中教審答申のひとつにおいて項目としてまとめて示されていないので，中教審答申とともに，中教審外国語専門部会の報告書「小学校英語活動について——外国語専門部会における審議の状況」(2006)における「外国語教育充実の必要性」，文部科学省刊行の『小学校学習指導要領解説　外国語活動編』(2008)，『小学校外国語活動研修ガイドブック』(2009)における「外国語導入の基本理念」にもとづき，小学校への外国語導入の理念，目的を筆者なりに整理し，以下に示す。

❶ **グローバル化の進展への対応**
　小学校での外国語教育は，グローバル化が進展する中でその必要性が高まっており，国際的にも急速に導入が進められている。小学校での外国語教育を充実することにより，次世代を担う子どもたちに国際的な視野を持ったコミュニケーション能力を育成する必要がある。

❷ **小学生の柔軟な適応力を生かすこと**
　小学生の柔軟な適応力は，コミュニケーションへの積極的な態度の育成や，英語の音声や基本的な表現に慣れ親しむことに適しており，コミュニケーション能力を育成するうえで活用すべきである。

❸ **教育の機会均等の確保と小・中の連携**
　小学校において活動内容や授業時間数にばらつきがある。教育の機会均等を確保するという観点，とくに中学校教育との円滑な接続を図るという観点から，中学校に入学したときに共通の基盤を持てるよう，小学校段階で必要な指導内容を提供すべきである。

❹ **中学生の学習負担の軽減**
　中学校外国語科では，指導において聞くこと及び話すことの言語活動に重点を置くこととされているが，同時に，読むこと及び書くことも取り扱うことから，中学校に入学した段階で4技能を一度に取り扱う点に指導上の難しさがある。また，現在，中学校で取り扱われているあいさつや自己紹介などの活動は小学校段階での活動になじむものである。それゆえ，小学校段階で外国語にふれたり，体験したりする機会を提供することにより，中・高等学校においてコミュニケーション能力を育成するための素地づくりが行える。

1章／小学校における英語教育の意義

また中教審答申は，英語活動を原則とすること，および他の外国語の扱いについて次のように示している。

> アジア圏においても国際的な共通語としては英語が使われていることなど，国際的な汎用性の高さを踏まえれば，中学校における外国語は英語を履修することが原則とされているのと同様，小学校における外国語活動においても，英語活動を原則とすることが適当と考えられる。なお，小学校段階においては，幅広い言語に触れることが国際感覚の基盤を培うことに資するものと考えられることから，英語を原則としつつも，他の言語にも触れるように配慮することが望ましい。

中教審答申を受け，2008年に告示された学習指導要領は，「外国語活動」を「領域」に位置づけ，第5学年および第6学年でそれぞれ年間35時間の授業時数を配当し，「英語」を取り扱うことを原則とした。学習指導要領に示された「外国語活動」の目標は次の通りである。

> 外国語を通じて，①言語や文化について体験的に理解を深め，②積極的にコミュニケーションを図ろうとする態度の育成を図り，③外国語の音声や基本的な表現に慣れ親しませながら，コミュニケーション能力の素地を養う。
>
> （番号と下線筆者）

外国語活動の目標は下線を付した3つの柱で構成されているが，『小学校学習指導要領解説　外国語活動編』（以下，『解説』）は，「3つの柱を踏まえた活動を統合的に体験することで，中・高等学校等における外国語科の学習につながるコミュニケーション能力の素地をつくろうとするものである」（文部科学省，2008）とし，小・中・高の外国語教育における小学校の役割を示している。

以下に，目標の3つの柱のポイントについて，『解説』を参考にして簡潔に示しておく。

❶ 言語や文化について体験的に理解を深める。
　日本と外国の言語や文化について知識のみによってではなく，外国語によるコミュニケーション活動を通して体験的に理解させ，学ばせる。
❷ 積極的にコミュニケーションを図ろうとする態度の育成を図る。
　相手の考えや気持ちを理解しようとしたり，必要に応じて，顔の表情やジェス

チャーなどことばによらないコミュニケーションの手段を使って、積極的に自分の考えや気持ちを伝えようとする態度を育成する。

❸ **外国語の音声や基本的な表現に慣れ親しませる。**
　母音や子音の発音の仕方や文法の細かな規則を詳しく指導したり、理解させたりするのではなく、聞いたり、話したりする体験的な活動を通して音声や表現に慣れ親しませる。

　また指導にあたっては、目標に示されているように「外国語を通じて」行うこと、また反復練習中心の口頭文型練習（パターン・プラクティス）や会話文の暗誦など音声や基本的な表現の習得を偏重して指導したり、技能（スキル）の向上のみを目標とした指導を行わないことなどが挙げられている。

　1986年の臨教審の答申以来、わが国の小学校への外国語教育の導入は、国際化、グローバル化に対応するための中・高（・大）の外国語教育の改善の一環として検討されてきた。今回の小学校への「外国語活動」導入の答申は、諸外国と比べると"遅すぎる"という印象はぬぐえない。また小学校の外国語教育に一定の成果を期待するには、開始学年や授業時間数に問題があろう。しかし、学習指導要領の改訂により、「外国語活動」を「領域」として教育課程に位置づけたことは、これまでの「総合的な学習の時間」の「英語活動」から一歩進んだことは間違いない。また学習指導要領の英語教育の小・中・高に一貫する柱は「コミュニケーション能力の育成」であるが、小学校の外国語（英語）活動では、中・高で育成するコミュニケーション能力の土台となる「コミュニケーション能力の素地」の育成とし、小・中・高の英語教育における小学校の役割を示している点も、将来の本格的な小・中・高（・大）一貫の英語教育への第一歩としてある程度評価できるであろう。

（樋口　忠彦）

〈参考文献〉
大城賢・直山木綿子（2008）『小学校学習指導要領の解説と展開　外国語活動編——Q&Aと授業改善のポイント・展開例』教育出版.
大谷泰照（2007）『日本人にとって英語とは何か——異文化理解のあり方を問う』大修館書店.
大谷泰照ほか（2004）『世界の外国語教育政策——日本の外国語教育の再構築にむけて』東信堂.
岡秀夫・金森強（2007）『小学校英語教育の進め方——「ことばの教育」として』成美堂.
菅正隆（2008）「『英語ノート』を使った「外国語活動」の授業」『英語教育』9月号, 57巻6号, 大修館書店, pp. 10-13.
中央教育課程審議会外国語専門部会（2006）「小学校における英語教育について（外国語専門部会に

1章／小学校における英語教育の意義

　　おける審議の状況）」

中央教育審議会答申（1996, 2008）

樋口忠彦・金森強・國方太司（編著）（2005）『これからの小学校英語教育——理論と実践』研究社.

樋口忠彦ほか（1997）『小学校からの外国語教育——外国語教育改革への提言』研究社.

樋口忠彦ほか（2005）「諸外国の言語教育政策と日本の外国語教育への示唆」『近畿大学語学教育部ジャーナル』創刊号, pp. 1-61.

樋口忠彦ほか（2005）「小・中・高一貫のナショナル・シラバス試案」『近畿大学語学教育部紀要』第5巻第1号, pp. 75-137.

平田和人（2001）「小・中・高・大の英語教育の指導目標と小英の役割」, 樋口忠彦・行廣泰三編『小学校の英語教育——地球市民育成のために教室でできる国際理解教育の手引き』KTC中央出版.

文部科学省（2008）『小学校学習指導要領解説　外国語活動編』東洋館出版社.

文部科学省（2009）『小学校外国語活動研修ガイドブック』旺文社.

文部科学省（2001）「小学校英語活動実践の手引」

文部省（1998）『小学校学習指導要領』

臨時教育審議会答申（1986）

Council of Europe（2001）A Common European Framework of Reference for Languages: Learning, Teaching, Assessment. http://culture2.coe.int//documents//0521803136txt.pdf

2章 関連分野から見た小学生の特徴と英語活動のあり方，進め方

はじめに

　小学校から英語教育を実施することに賛否両論がある。主要な反対意見のひとつは，小学校から英語教育を始めてもそれほど成果が期待できない，という主張である。この主張で忘れられがちな視点は，小学生という発達段階に合った適切な指導がなされていたか，また中学校において小学校で身につけた技能や態度をいっそう伸ばすための指導がなされていたか，ということである。

　この章では，発達神経心理学，第二言語習得理論および異文化間学習の知見にもとづき，小学生に固有な特徴を概観し，その特徴を生かした小学校英語活動の教材や指導法について考える。また，小学校における外国語学習の経験者と未経験者や外国語学習時間が異なる学習者の中学，高校段階における技能および情意面に関する国内外の追跡調査結果を概観する。そして，調査結果の考察にもとづき，小学校における外国語教育の成果と課題を明らかにするとともに，小学校，さらには中学校の英語教育のあり方，進め方について考える。

（樋口　忠彦）

1 小学生の外国語学習，国際理解学習における特徴と英語活動への示唆——発達神経心理学と第二言語習得論の観点から

　本稿では，まず，心理やことばの発達段階に従って，小学校児童がことば（英語）をどのように捉え，どのように習得していくのかについて考察し，それに見合った言語活動や指導はどうあるべきかについてできるだけ具体的に考えてみたい。さらに，脳の機能や発達とことば（英語）の習得との関係についても考える。

　また，人間教育の観点から外国語教育と異文化教育・国際理解教育との関係について考え，それらが小学校における外国語（英語）学習にどのような意義があり，また学習効果を及ぼすのかについても考察したい。

2章／関連分野から見た小学生の特徴と英語活動のあり方，進め方

(1) 言語習得の神経心理学的過程

大脳における言語野は，下図で言うと，①→②→③→④→⑤の順に発達が進む。つまり，いちばん最初に発達するのは大脳の両側頭葉に存在し音を聞き取る役目をする聴覚中枢であり，ついでことばの意味を認識・理解する縁上回，角回，さらにその認識・理解されたことばを記憶するウェルニッケ領域（感覚性言語中枢）が発達する。そうして記憶されたことばが発話されるのは，ウェルニッケ領域において記憶されたものがブローカ領域へ転移し，ことばの発話を司るブローカ領域と運動野に音声を発する能力が備わったときであるが，この部分が発達のうえではいちばん遅れてやってくるのである。

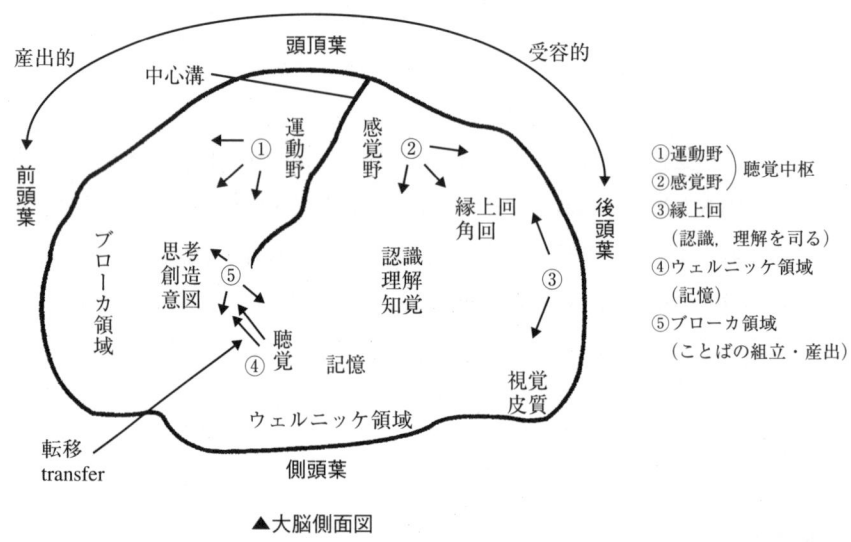

▲大脳側面図

こういった脳の発達過程からどのような指導法が効果的であろうか。

❶ ことばの聴解能力をしっかりつける

まず，絵とか事物を活用し，音声をたっぷり聞かせ，聴解能力を向上させることに力を注ぐ。ことばを理解する能力が不完全なうちに無理に産出させると，心理的に負担がかかり，また，不完全な発話が固定化 (fossilization) する恐れがある。聴解能力をしっかりつけることによって，それが発話能力のほうに転化 (transfer) していくのである。上の大脳図から明らかなように，縁上回，角回によって知覚，認識され，ウェルニッケ領域で記憶蓄積された言語能力がブローカ領域に転化し，ことばとして発話されるまで

1. 小学生の外国語学習，国際理解学習における特徴と英語活動への示唆

にはかなり時間がかかるのである。

ここで，外国などの自然な外国語習得環境における児童の「沈黙の期間」(silent period)という概念を紹介しよう。

> 4～9歳児は外国語に接して6～9週間は挨拶ことばや定型表現以外には話さず，周囲のことばにじっと耳を傾け，話そうとしなかった。児童はその間じっくりと理解能力（receptive competence）を養成しているようである。
>
> （Dulay, Burt & Krashen, 1982）

筆者の子どもの「沈黙の期間」についてふれることにしよう。1年間アメリカの大学に研究員として赴いた折，同伴した当時7歳の娘は最初のうちは友だちから電話がかかってくると，Yes, No, OK, I see, Bye などいわゆる「定型表現」(formulaic expressions) 以外きちんとした文を話そうとはしなかった。友人とはジェスチャーを使ったりして何とか意思疎通を図っていたようである。数ヵ月すると，ほとんど完全な発音で発話できるようになっていた。こういった「沈黙の期間」の経験を児童期に長期の海外体験をした大学生からも聞いたことがある。

❷ 聴解能力をどのようにつけるのか

1) 語り聞かせ

児童の興味のありそうな絵とか雑誌，新聞などの切り抜きを用意し，それらについて易しい英語で語りかける。そのさい，一方的に語りかけるだけでなく，時々，Yes, No や簡単な英語で答えられるような質問をし，理解しているかどうかをチェックしながら授業を展開していく。

ALTが久しぶりに故郷のイギリスへ帰国した様子を語り聞かせる授業を参観したことがある。出発の時間や，機中でのエピソード，故郷での出来事など絵やジェスチャーも多用しながら，語りかけていたが，生徒は興味深げに聞いていた。

2) 読み聞かせ

絵で内容がかなりわかるような英語の絵本を大きな声で，ゆっくりと，重要な語句は繰り返しながら読み進め，途中で休止し，質問をしながら展開していくのが語り聞かせである。韓国の小学校の英語教育を参観した折，女性の教師が3年生児に時々質問をしながら，ジェスチャーたっぷりで読み聞かせをしていた。たとえば，「北風と太陽」とか

「みにくいあひるの子」のような，児童にとってなじみ深い内容の英語絵本を読んであげることも有益であろう（三省堂編修所，2003参照）。

(2) 定型表現の習得と指導への応用

❶ 母語習得と第二言語習得

1) 母語習得の場合

母語習得においてはかなり早くから定型表現が習得されるという報告がある。Brown (1973) は，幼児が What's at (=What's that)? Who at (=Who's that)? といった表現を固まり (fixed routines) として覚え，使っていたとしている。また，幼児は早くから go away, stop it, don't do it, thank you などといった表現を習得したとも述べている (Brown, 1973, p.181)。

Clark (1974) は3歳児が次のような発話をした，と報告している。

　　I want I eat apple.
　　I want you get a biscuit for me.　　　　　　　　　　(Clark, 1974, pp.5-6)

これらの文は，I want milk [apple, candy]. といった文のなかの I want 〜. という枠を1つの固まりとして習得し，その枠に文をはめ込んだものであるが，幼児は徐々に文の構造分析を行って，最終的に「I want 目的語＋to＋動詞原形〜 (I want you to get a biscuit for me.)」といった複雑な文構造を習得していく，としている。

Peters (1983) はすでに紹介した Brown, Clark 等の説を引きながら，幼児が大人の発話の一部を取り出し，それを徐々に分節 (segmentation) し，その分節された語句 (chunks) をどのように統合していくかを検討している。幼児のこういった「分解」(fission) と「統合」(fusion) の相補的な習得方略は，複雑な文構造を分解，統合，体系化していく神経言語学的手段であろう，としている。さらに，Peters は表現枠に語句を挿入し，何度も練習することによって「自動型」(automatized patterns) を形成しているのであろう，としている。

2) 第二言語習得の場合

Vihman (1982) は幼児の母語習得と第二言語習得における定型表現について論じている。エストニア語を母語とする1歳9ヵ月児の娘は，アメリカの保育園に入って1ヵ月

経った頃に happy birthday to you, what's that? といった語句や文を固まり (unanalyzed units) として習得し，2ヵ月目には come on, stop it, that's mine, jump down, my goodness などといった表現を覚えていた，と報告している。

　母語を習得している幼児や第二言語を習得している児童がどうして決まり文句や定型表現を使うのであろうか。もっとも大きな理由として考えられるのは，限られた言語能力で保育者や遊び友だちと交流するための必要な意思伝達手段として活用する必要があるからだろう。たとえば，Hi, what you doing? (なにしてるの)，What's the matter? (どうしたの)，Get out of here! (向こうへ行って!)，Knock it off! ((ケンカなどを) やめろ!) 等といった表現が使えないと，遊んでもらえない，つまり，社交的必要性が定型表現習得の動機 (motivation) になっている。

　Ellis (1997, p. 8) もまた，初期の第二言語習得者は伝達手段としての定型表現を固まりとして覚え，それを徐々に分析していって，創造的な文法体系を構築していく，としている。

❷ 定型表現習得理論と指導法への応用

1) 理論的基礎

　Ellis (1997) は第二言語 (外国語) の文構造習得の方略として次の2つを挙げている。

1. 項学習 (item learning)
   初期の段階では学習者は文法構造を含んだ発話 (定型表現) を「未分析の全体」(unanalyzed whole) として習得する。
2. 体系学習 (system learning)
   ある文法構造を含んだ複数の発話 (例文) にふれることによってその文法構造を習得する。　　　　　　　　　　　　　　　　　　　　　　(Ellis, 1997, p. 13)

　たとえば，学習者が Can I have a pencil? という表現を「未分化の全体」として習得する。次の段階で，'can' の後に run, go, help などといったいろいろな動詞が来る文に接して，can が能力，許可などの文法機能を表す文法構造 (規則) であることを習得することになる。

2章／関連分野から見た小学生の特徴と英語活動のあり方，進め方

2） 効果的な言語活動
① チャンツによる指導
●文構造の習得

　チャンツとは，文法構造を含んだ表現（チャンク（chunks）と呼ばれる）や国名，外来語のような固定表現を，リズムに乗せて唱和することによって定着させていく方法である。その場合，入力された種々異なった構造のチャンクが，脳の中で分析，統合されて，新しい構造が生み出されていく。その過程はきわめて創造的で，これを「創造的構築過程」（creative construction process）と呼んでいる。

　McLaughlin（1990）はその過程を次のように述べている。

　　定型表現（formulaic expressions）は徐々に「分析」（unpack）され，生産的なことばの基礎を創る。学習者はこの段階で「分析と統合」という新しい方略を採る。それは定型的表現から規則にもとづいた表象（rule-based representation）への移行である。　　　　　　　　　　　　　　　　　　　　（McLaughlin, 1990, p. 123）

　埼玉県の小学校で長年チャンツを活用して英語を教えている小川（2006）も次のように述べている。

　　「チャンク（chunks）は繰り返しの練習によって覚えてしまうと，頭の中で分解され，自分が意識しないうちに，整理されて，必要な時に必要な表現がポンと取り出して言えるような状態に保たれます。」　　　　　　　　　　（小川，2006，p. 13）

　これは McLaughlin の説を実証するものであると言えよう。

　小川（2006）はかなりの数のチャンツを紹介しているが，とくに，児童が喜びそうな次の例を挙げておこう。

Ten fat sausages

Ten fat sausages frying in the pan.
One went POP and another went BANG!
Eight fat sausages frying in the pan.
Six fat sausages frying in the pan,
Four fat sausages frying in the pan,

> Two fat sausages frying in the pan,
> One went POP and the other went BANG!
> Two little sausages frying in the pan,
> One went POP and the other went BANG!
> No more sausages frying in the pan.　　　　　　　　　　　　（小川, 2006, p. 44）

　チャンツは繰り返しが多く，一種の文型練習になっている。習得には繰り返し（repetition, recycling）が不可欠である。チャンツはリズム感があり，楽しいので，記憶を促進しやすい（Stevick, 1982, p. 31）。

● 音調，リズムの習得

　音調は分節音の入る容器のようなもので，母語習得においてもっとも早く習得される。(Menyuk, 1971, p. 59)。チャンツはリズムに乗って発せられるので，自然とリズム感が養成される。

　たとえば，次のようなチャンツを見てみよう。

> What do you wear on your head?　　A hat.
> What do you wear on your hands?　Gloves.
> What do you wear on your feet?　　Socks.
> 　　　　　　　　　　　　　　　　　Shoes and socks.
> 　　　　　　　　　　　　　　　　　Shoes and socks.
>
> （以下省略）
> 　　　　　　　　　　　　　　　　　　　　　　　　　　　（Graham, 1979, p. 5）

　普通の文として発話すると，what を強く発音したり，日本語調に語と語の間を等間隔に発話しやすいのであるが，チャンツとして発話すると，wear と head に主強勢が置かれた自然な音調で発音される。

　チャンツを使ったリズム指導についての以下の発言は的を射ていると言えよう。

　　リズムの指導にはチャンツが最適です。チャンツを利用すれば英語のリズムをしっかり練習できます。チャンツの指導は繰り返し聞かせ，聞こえたところから真似させます。——体でリズムを取りながら聞かせるとさらに良いでしょう。
　　　　　　　　　　　　　　　　　　　　　　　　　　　　　　（小川, 2006, p. 15）

2章／関連分野から見た小学生の特徴と英語活動のあり方，進め方

② **全身反応法（Total Physical Response［＝TPR］）による指導**

　TPRはSan Jose大学の心理学教授であるアッシャー（J. Asher）によって考案された教授法で，スイスの生んだ著名な発達心理学者ピアジェ（J. Piaget）の発達心理学の原理を応用したものである。ことば（たとえば，sit down）と動作とをセットにして学習者に提示し，最初のうちは，学習者は動作だけを真似し，ことばは発しない。これを数回繰り返し，学習者が動作とことばの関係を熟知し「動作認知」（motor recognition）ができた段階で，教授者の動作を真似ながら，学習者は"sit down"と音声を発する。この繰り返しによって，動作と音声の関係が習得される（Asher, 1981）。動作と音声を連動させたTPRはとくに外国語初習者には効果があると言われている。

　こういった学習順序に沿って次の一連の文をTPRで教授実践してみたいものである。

Washing your hands（手を洗う）

1. You're going to wash your hands.（あなたは手を洗います）
2. Turn on the water.（水を出して）
3. Pick up the soap.（せっけんを持って）
4. Wash your hands.（手を洗って）
5. Put the soap down.（石鹸を置いて）
6. Rinse your hands.（水で手をきれいにして）
7. Turn off the water.（水を止めて）
8. Pick up the towel.（タオルを取って）
9. Dry your hands.（手をタオルで拭いて）
10. Put the towel on the towel rack.（タオルをタオル掛けに掛けて）

　　　　　　　　　　　　　　　　　　　　　　　（Romjin & Seely, 1979, p. 100）

こうした指導法について，Asher（1981）は次のようにも述べている。

　　明らかに，ピアジェの幼児発達のモデルは右脳から左脳への緩やかな転移（transition）である。幼児は見たり，触ったり，引っ張ったり，押したり，吸ったり，すべて非言語的動作によって理解（decode）しようとする。感覚運動期の幼児は言語を含むすべての出来事を体感しているのである。この右脳を使った直接的操作（mapping）は左脳による言語を含む高度な論理的思考や語や数といったシンボル

による問題解決にも必要なのである。　　　　　　　　　　（Asher, 1981, p. 63）

　こういった動作による言語理解と言語習得の考え方はアメリカの発達心理学者のブルーナー（J. Bruner）の考えにも通じる。ブルーナーは「初期の言語構造は行動の構造の延長である」とし，「言語の起源は動作であり，動作そのものが固有の文法を有して成り立つのである」と述べ，「動作文法」という考えを提唱している（三嶋，1976，p. 92）。

　TPR はこういった発達心理学的基礎と左右脳の機能差と働きにもとづいた教授法なのである。とくに，児童の英語活動にとって TPR の活用は不可欠であろう。

　なお，TPR に類似した教授法はパーマー（H. E. Palmer）が提唱したオーラル・メソッド（Oral Method）でも実践されていた。たとえば，Walk to the door. Open the door. Close the door. のように口頭（oral）による指示に従って動作をさせるといった方法がとられる。（伊藤，1984；田崎，1995）

(3) 母語と外国語の習得過程の相違点と類似点——指導への示唆
❶ 母語と外国語の習得過程の相違点と類似点

　小学生は初めて英語に接するので，その外国語習得過程は英語を母語とする子どもの英語習得過程と酷似している。最近の神経心理学研究によると，児童の母語習得と外国語習得は同じ「脳の領域」（brain territories）を使って行われることが報告されている（Kinsborne, 1981）。

　まず，幼児の言語習得について考えてみると，生後1年くらいは養育者がほとんど一方的に「ことばかけ」をし，幼児はそれにじっと耳を傾けているだけである。最近の幼児言語の研究では子どもへの「ことばかけ」を「母親語」（motherese）と呼んでいる。母親は「今」目の前にあるおもちゃや出来事について語りかけている。幼児の言語習得活動は here and now（現在，目の前）の現象に限定して展開される。

　こういった幼児の言語習得過程に着目した外国語の教授法が Natural Approach と呼ばれるものである（Krashen & Terrell, 1983）。教師が学習者に与えることばは「教師ことば」（teacherese, teacher talk［＝T.T.］）と呼ばれている。初習者には，T.T. を与えるにあたって，次のような点に気をつける必要がある。

1）スピードを落とす
　母語話者どうしの会話のほぼ3分の2くらいのスピードで語りかける。学習者の

2章／関連分野から見た小学生の特徴と英語活動のあり方，進め方

能力に合わせてスピードを調節する。

2) ポーズを長く取る

発話と発話の間のポーズは普通の会話よりも長く取ることによって学習者の理解を助ける。

3) 具体的でやさしい語句を用いる

Gentleman という普通名詞よりは Mr. Brown といった固有名詞のほうが具体性があって理解しやすい。

4) 短く単純な文を用いる

学習者の言語能力に応じ，比較的短く，構文的にも単純な文を与える。

5) 文法構造を変えて言い換える

たとえば，Where did you go last Sunday? といって理解が困難な場合は，Did you go shopping yesterday? と WH 疑問文から Yes-No 疑問文に切り替える。

6) 繰り返しを多くする

1回の質問や発話で反応が得られない場合は，同じ文を繰り返すか，表現を変えたりして繰り返す。

❷ 豊富な音声・文字入力が小学生の外国語習得に有効

母語習得においては，まず養育者（主として母親）の語りかけ（care-taker speech）に耳を傾け，音声能力と基本的な言語能力を身につけるのであるが，第二言語習得においても「理解可能な入力」（comprehensible input）を豊富にシャワーのごとく浴びることの重要性がクラッシェンら（Krashen & Terrell, 1983）によって強調されている。

たとえば，カナダの New Brunswick の小学校でフランス語を母語とする児童が英語を学んでいる状況を例にとってみよう。児童は教室に用意されている英語の絵本を付録のテープを聞きながら読んでいる。豊富な絵によって内容がわかるようになっており，絵入りの英語辞書も用意されている。生徒たちはカセットをイヤホーンで聞きながら英語の本を声を出して読んでいる。生徒たちはただ聞いた音声を繰り返すだけで，先生や生徒どうしで音声練習をすることはない。もっぱら，絵入りの本を読み，吹き込まれたカセットテープを聞くだけである。

Lightbown & Spada（2006）はこのような聴解中心の児童の学習結果と普通の口頭練習中心の語学教育を受けた児童の学習結果を比較したところ，両者にはあまり差はなく，むしろ，前者のほうがすぐれていることを明らかにした（Lightbown & Spada, 2006, p. 144）。

読解・聴解中心の実践は日本でも行われている。以前，玉川大で開催された日本児童英語教育学会（JASTEC）の研究大会でなされた松香フォニックス研究所の読解・聴解中心の指導では，難易度の異なった英語の絵本を英語話者（English native speakers）にカセットテープに吹き込んでもらい，英語の絵本とテープのセットをビニールの袋に入れて，テーブルの上に並べて置く。学習者は自分の興味とレベルに合った絵本とテープを選び，家庭に持ち帰る。家で，テープを聞きながら，本をじっくりと読み，要旨（summary）を英語で書いて提出する。教師はそれにコメントをつけて返す，というものである。

同様に，読解と聴解に力を入れた指導を受け，小学校3年生で英検準2級を取得した児童は次のような報告をしている。

> 英語の文章がいつの間にか読めるようになり，イメージで意味がわかるようになった。理由は2つならわかる。1つ目は右脳用の英語CDを毎日聞き流していることだ。覚えようとはしないが，何日かすると勝手に頭が覚えてしまう。2つ目は英語の絵本を音読，暗誦することだ。毎日読んでいれば，自然に暗誦できるようになる。
>
> （『聖学院英語教育年報2006』，p.70）

聖学院小学校ではテープによる家庭学習に力を入れているとのことで，「特に，低学年は宿題として英語のテープを持ち帰り，毎日聞き，復習する習慣をつけているので，その発音やヒアリング能力は驚くばかりである」（同上，p.71）という。教室内だけでのインプットでは十分でないので，このような家庭学習は効果的な語学学習には必要であろう。

上述したように，学習者が興味を持つような内容の英語の本を多量に読ませることは語彙力や文字力（literacy）の養成には効果的である。そのためには学習者がなじんでいるような内容を選ぶ必要がある。たとえば，(1) ❷で示した「北風と太陽」「はだかの王様」「みにくいあひるの子」などの英語のストーリーはよい教材となろう。

(4) 英語学習への動機づけとしての異文化間学習

❶ 統合的動機づけと異文化間能力養成

外国語にふれることによって「自民族中心主義」（ethnocentricism）を排し，異民族，異文化への興味を養成し，そのことが外国語学習への興味を高め，外国語学習への「動機づけ」（motivation）になるとの主張がカナダやアメリカの二言語教育者によってなさ

れてきた (Lambert, 1977)。最近では，さらに，異言語学習によって自文化と異文化に対する認識を深め，それが「異文化間能力」(intercultural competence) を高めて，「異文化間交流者」(intercultural speaker) を養成することになる，とする考えに発展している (Byram, 2008)。

　脳の発達面からことばをもっとも効果的に習得する時期は4歳から思春期頃までであるとの説がカナダやアメリカで以前から出されていた (Penfield & Roberts, 1959; Lenneberg, 1967)。しかし，最近の研究では，音声面では 6, 7 歳まで，語彙，文法面では 10 代半ばまでが習得の「敏感期」(sensitive periods) であるとする「複数敏感期説」(multiple sensitive periods hypothesis) が有力である (Long, 2007, pp. 58-59)。

　一方，「異文化間能力」の習得にも「敏感期」があることが指摘されている。箕浦 (1984) は在外・帰国児童約 1,000 人を対象に外国語・異文化習得に関する研究を行っている。それによると，9 歳から 15 歳頃までに児童が属する「文化心理的枠組」が形成され，それ以後は異文化に対して違和感を持つようになり，異文化間能力を身につけることは困難になる，という調査研究結果を出している。

　発達心理学で言われる「9 歳の壁」は異言語習得だけでなく，異文化習得にも存在することが示唆されているわけで意義深い。したがって，外国語・外国文化の導入は 9 歳以前になされるべきであるということになる。

❷ 異文化意識 (cross-cultural awareness) はどのように高めたらよいのか

　私たちのものの考え方は母語や自文化によって規定されており，外国語・異文化学習によってそれらの枠から自己を解放し，多角的思考能力を身につけることが外国語習得の重要な目標である。

　そのためには自文化と異文化を比較対照し，おのおのの特徴を認識し，さらに，両文化の共通点に気づかせることが肝要である。

1) 自文化紹介

　地域の文化や広く自国の社会・文化習慣 (挨拶や年中行事など) を英語で紹介することによって，自文化意識を高める。たとえば，新潟県長岡市では「米百俵」の物語を ALT の助けを借りて英語劇にし，地域の人を招いて上演した。地域の民話や伝説などを ALT の助けを借りて劇化したりすることも一考であろう。

2) 学習言語の文化を学ぶことによって自文化の特徴を認識する

　たとえば，クリスマスやお盆，祭りなど年中行事の比較によってそれぞれの社会

習慣の特徴を英語で学ぶ。オーストラリアのアデレード市の小学校での日本語教室を参観した折,お盆とクリスマスや貨幣などの比較に児童は深い興味を示していた。

　上述したように,外国語学習および異文化学習の最適期は8歳頃までと言われている。英語は2011年から5,6年生で必修になるが,できるだけ低学年から,学校裁量の時間や「総合的な学習の時間」を活用して音声を中心にした英語の予備学習ができれば望ましい。神奈川県や九州などの小学校で行っているように,朝,授業の始まる前や昼休みに易しい英語の歌や簡単な英会話を学校放送で流したりすることも一考であろう。

　小学校段階では「英語に慣れ,親しむ」をモットーに,主として,音声英語の理解能力をしっかりつけることが肝要である。中学校英語教員の8割が小学校英語に「聞くのに慣れる」ことを期待している,と報じられている(『読売新聞』2009年6月20日)。また,外国の文化や社会習慣などにもふれさせ,中学校からの幅の広い英語学習への期待感や興味を持たせることが大切であろう。

（伊藤　克敏）

2 中学入学以前（早期）の英語学習経験者の追跡調査と小学校英語教育への示唆

　中学入学以前（早期）の英語学習が学習者の中・高段階における技能および情意面に及ぼす影響に関する追跡調査結果と,調査結果が示唆する小・中英語教育のあり方について検討する。

（1）早期外国語学習の技能に及ぼす影響に関する追跡調査

　早期外国語学習経験が,その後の外国語学習において学習者の技能面にどのような影響を与えるかを検証した調査研究をいくつか概観していくが,調査内容や調査方法,さらに学習者の条件が異なるため,相互の比較は容易ではない。また,長期的な追跡調査が少ないことや,樋口ほか(2008)が指摘するように,「反復・模倣が得意である」「類推力がすぐれている」といった小学生の言語習得上の特徴をふまえた調査が少ない点も,技能面を扱った追跡調査の問題点である。以下,否定的な見解を示す調査研究と肯定的な見解を示す調査研究を概観する。

❶ 否定的な見解を示す追跡調査研究

国外での調査研究例として García Lecumberri & Gallardo (2003) を紹介する。この調査は英語学習開始年齢が異なる3グループ（表1参照）のバスク語とスペイン語のバイリンガル学習者に対してスピーキングの調査を行なったものである。

表1: García Lecumberri & Gallardo (2003) における調査対象者と調査実施時期

	学習開始年齢	平均学習期間	調査時年齢（平均）
Group 1 （n＝20）	4歳	6年	9-11歳 （9.75）
Group 2 （n＝20）	8歳	6年	13-15歳 （13.80）
Group 3 （n＝20）	11歳	6年	16-18歳 （16.75）

この調査は，「ストーリーテリング・テスト」を実施し，被験者の発話を「外国語なまりの強さ」と「聞きとりやすさ」の観点から分析した結果，表2に見られるように，「外国語なまりの強さ」については Group 3（英語学習開始時期の遅い学習者）の得点が最も高く，他の2グループとの間には有意差が確認された。また，「聞きとりやすさ」についても，同様の結果が得られている。

表2: García Lecumberri & Gallardo (2003)，外国語なまりの強さ点数比較（なまりが強い1点，なまりが弱い9点）

グループ	被験者数	平均点	SD	平均点の差 (G1-G2)	平均点の差 (G1-G3)	平均点の差 (G2-G3)
Group 1	20	2.25	0.97	0.05 [p＝0.99]	−0.95 [p＝0.04*]	−1.00 [p＝0.03*]
Group 2	20	2.20	1.01			
Group 3	20	3.20	1.47			

*5％水準で有意。

国内では白畑（2002）が公立小学校で英語授業を週1時間ずつ3年間，合計105時間受けた生徒と，中学校で初めて英語学習を開始した生徒の中学1年時における英語能力の違いについて，音素識別能力，発音，流暢さの3つの観点から調査しているが，すべてにおいて，小学校英語学習経験者と未経験者間には統計的な差は認められなかったと報告している。

樋口ほか（2008）は，A，B，C 3地区の小6，中1生を対象にリスニング，スピーキングテスト，中3生にはリスニング，スピーキングに加えリーディングテストを実施した。なお，A小は研究開発学校で教科「英語科」として小1から，B小は英語教育特区で「国際コミュニケーション科」として小2から，C小は「総合的な学習の時間」に5，6年生で不定期に英語学習を実施しており，授業時数は大きく異なっている。また，中学校における英語学習時間も異なっている（表3）。

表3: 調査対象者数および英語授業時間数

調査校	調査対象者数	小学校段階	中1段階	中2段階	中3段階	総学習時間数
A小	小6 (43名)	330時間				330時間
A中	中1 (30名)	350時間	140時間			490時間
A中	中3 (30名)	350時間	140時間	140時間	140時間	770時間
B小	小6 (28名)	102時間				102時間
B中	中1 (34名)	73～100時間	140時間			213～240時間
B中	中3 (29名)	40-70時間	140時間	140時間	140時間	460～490時間
C中	中1 (33名)	4時間	105時間			109時間
C中	中3 (32名)	10時間	105時間	105時間	140時間	360時間

調査結果は，地区間に有意差の見られた項目だけを表4に示す。

表4: 各技能における有意差の有無

技能	小6	中1	中3
リスニング	A＞B*	A＞C**，B＞C**	B＞C*
スピーキング	A＞B**	A＞B*, A＞C**, B＞C**	A＞C*
リーディング		なし	B＞C**

*5％水準で有意　**1％水準で有意。

リスニングは，小6段階であったA小とB小間の有意差が中1段階で，中1段階であったA中とC中間の有意差が中3段階でなくなっている。スピーキングは，小6，中1段階に見られたA中とB中間の有意差が中3段階ではなくなっている点や，中1段階に見られたB中とC中間の有意差が中3段階でなくなっている。さらに小学校で体系的に扱われていないリーディングは，中1段階では3地区間に有意差が見られないが，中3段階で，B中とC中間にのみ有意差が見られる。

　以上，樋口ほか（2008）の調査結果においては，開始時期が早く，学習時間も多いグループが中1段階ではすぐれるが，学習時間が長くなると後から学習を開始したグループや小学校での学習時間が少ないグループが追いついていく。これは，A中には小学校での英語学習時間が大きく異なるA小とA小以外の小学校出身の生徒が入学してくる関係上，A小出身者はA小以外の小学校の出身者が追いつくまで，かなりの期間にわたって「足踏み」を強いられること，他方B中にはB小以外の小学校出身の生徒も入学してくるが，両小学校における英語学習経験にあまり差がないことや，小学校での学習経験を生かす小・中連携に十分な配慮がなされていないことが，大きな理由である，としている。

2章／関連分野から見た小学生の特徴と英語活動のあり方，進め方

❷ 肯定的な見解を示す追跡調査研究

　国外では，權 (2007) が，韓国の小学校で教科として英語学習を経験した高校1，2年生 (Ex 4,019 名，2006 年調査) と，未経験の高校1，2年生 (Non-Ex 4,043 名，2003 年調査) を調査対象者として GTEC for STUDENTS を用い，リーディング，リスニング，ライティングの習熟度調査を行っている。

表5：高校1，2年生の小学校英語学習経験者と未経験者点数比較

	Ex (n = 4,019)	Non-Ex (n = 4,043)	平均点の差	t 値	p 値
リーディング	205.5	190.4	15.1	13.132	0.000**
リスニング	187.6	169.7	17.9	16.944	0.000**
ライティング	66.5	54.4	12.1	15.248	0.000**
合計点	459.6	414.5	45.1	16.724	0.000**

（注：リーディングおよびリスニングは 320 点満点，ライティングは 160 点満点，計 800 点満点）

** 1% 水準で有意。

　調査結果は表5に見られるように，リーディング，リスニング，ライティングおよび合計点において，小学校英語学習経験者は未経験者と比べ平均値が上回っており，かつ統計的にも有意差が見られることから，小学校での英語学習経験は高校生の技能の習熟度に肯定的な影響を与えていると報告している。

　静 (2007) は，2006 年度に SELHi 校に在籍する高1～3年生の普通科，国際教養科の生徒 (Ex 316 名，Non-Ex 345 名，計 661 名) に対して，動機づけに関する質問紙調査，および ACE テストを用いた技能テストを実施した。分析の結果，Ex は動機づけと英語総合点，リスニング得点が有意に高いことを報告している。また，この傾向は小学校での英語学習経験が，3年間以上の生徒に顕著に見られるとしている。

　樋口ほか (1986，1987，1988，1989) は，私立小学校での英語学習経験者 (Ex 延べ 432 名) と中学校からの英語学習者 (Non-Ex 延べ 416 名) の合計延べ 848 名を対象として，中1，中3，高2段階での4技能の習熟度に違いがあるかについて横断的な調査を実施している。その結果，4技能すべてにおいて，中1では Ex は Non-Ex よりすぐれているが，中3ではその差はほとんどなくなり，高2で再びその差が大きくなると報告している。

　以上，否定的な結果を示す研究，肯定的な結果を示す研究の両方が見られるが，肯定的な結果を示す研究はいずれも高校生を対象としており，否定的な結果を示す研究は中学生を対象とする研究に見られる傾向がある。これは，小・中の連携が適切になされれば，中学生でも肯定的な影響が見られ，高校生ではいっそう肯定的な影響が見られるか

もしれない，ということであろう。

今後，指導目標や指導内容，指導方法等の違い，指導者や授業時間数の違いなども考慮に入れ，さらに中・長期的な視点からの調査研究が必要である。

（2）早期外国語学習が情意面に及ぼす影響に関する追跡調査

小学校外国語学習経験がその後の外国語学習において学習者の情意面にどのような影響を与えるかを検証した調査研究は，互いに調査内容や調査方法が異なり，さらにそれぞれの観点で分析が行われているため，調査結果の比較が困難であり，結論にばらつきがある感は否めない。また，樋口ほか（2008）が指摘するように，「小・中・高の学習指導要領において主要な位置を占める『コミュニケーションに対する態度』や『自文化理解・異文化理解に対する態度』といった内容」を含めた調査研究が少ない点も，情意面を扱った追跡調査の課題としてある。以下，否定的な見解を示す調査研究と肯定的な見解を示す調査研究を概観する。

❶ 否定的な見解を示す追跡調査研究

学習開始年齢にくわえ，学習時間数と学習動機との関係を検証した研究として Tragant（2006）がある。学習開始年齢と学習時間の異なる9グループの学習者群，計2,010名を調査対象者として，①学習時間数と動機づけの関係，②学習開始年齢と動機づけの関係等を調査した。調査対象者のグループ分けと調査実施段階は表6の通りである。なお，8歳と11歳開始群はスペイン・バルセロナの公立小・中学校の生徒，18歳以上開始群についてはカタロニアの語学学校の学生を調査対象者としている。また，調査時の調査対象者の年齢は，表6からもわかるように，同一ではない。

表6: Tragant (2006) における調査対象者と調査実施段階

調査実施段階 グループ	Time1 (200h)	Time2 (416h)	Time3 (726h)	Time4 (800h)
8歳開始群 (n=1,055)	○	○	○	○
11歳開始群 (n=821)	○	○	○	
18歳以上開始群 (n=134)	○	○		

（注）200hは200時間学習した段階，○は調査を実施したことを示す。

英語学習に対する好き嫌いを二択方式で回答させ，その理由を記述させる方法で調査した結果，学習開始年齢が早いことは必ずしも高い動機づけにつながるとは限らず，ま

た学習時間数の多さと学習動機づけにも統計的な有意差は認められなかったと報告している。この原因として、学習開始年齢や学習時間数以上に、学習者の調査時の年齢が大きく影響しているのではないかと分析している。

次に、(1) ❶で取り上げた樋口ほか (2008) では、技能面だけでなく情意面についても調査を実施している。質問紙調査方式で統計処理を行っており、情意因子に関する先行研究の妥当性を前提とした従来の分類による情意カテゴリーにもとづく調査と、因子分析による情意カテゴリーにもとづく調査の2種類の手法を用いて、(1) ❶で示した小学校2校、中学校3校の児童、生徒を調査対象者としている。表7は、因子分析による情意カテゴリーにもとづく小6と中3の調査結果をまとめたものである。

表7: 因子分析による情意カテゴリーにもとづく調査結果の比較

学年	学校間比較	有意差の認められる項目
小6	A＞B	「内発的動機づけ」* 「英語学習・コミュニケーションに対する態度」* 「自己尊重・他者尊重」*
中3	A＞C	「自文化・異文化に対する態度」*
	B＞A, B＞C	「英語学習・コミュニケーションに対する態度」*

* 5% 水準で有意。

小6段階における2小学校間の比較においては、A小の児童に肯定的な情意形成が認められており、英語学習の本格的な学習開始学年と学習時間数の差が顕著に現れた。しかしながら、中3段階においては、小6段階でA小の児童と比べて有意に低い結果を示していたB小の児童が進学するB中の生徒が3中学校間でもっとも肯定的な態度を示す結果になっており、「逆転現象」が起こっている。この段階では、小学校における英語学習経験の有無、学習開始学年や時間数の違いの影響がほとんど見られなくなっている。これには、不十分な小・小、小・中連携の現状や、そのことが主たる原因と考えられる小学校英語学習経験者の中学校における技能面の伸び悩みの問題が密接に関わっていると指摘している。

❷ 肯定的な見解を示す追跡調査

外国語の学習開始年齢の違いと学習動機との関係を調査した研究として、まず、Cenoz (2003) を取り上げる。スペイン・バスク地方において、4歳、8歳、11歳で英語学習を開始した学習開始年齢が異なる3グループの学習者、計135名を調査対象者として、各グループの英語学習時間が600時間に達した段階で調査を行っている(そのため、調査

時における調査対象者の年齢は同一ではない）。その結果，4歳学習開始グループの学習者が，その他のグループの学習者と比較して，英語学習に対する態度，動機とも有意に高かったと報告し，早期外国語学習の肯定的な影響を主張している。その理由として，学習開始年齢による指導内容や指導方法の違い，学校に対する抵抗感，拒絶感といった心理的要因が強く影響している可能性を示唆している。

樋口ほか (2009) では早期英語学習経験の影響を中・長期的な視点から検証するために，高校生計1,857名（有効回答は1,831名）を対象として調査している。ここでは，早期英語学習経験者（以降，Ex）1,174名と未経験者（以降，Non-Ex）657名の比較において，Ex には英語を使って積極的にコミュニケーションを図ろうとする態度，英語学習や自文化・異文化への関心・態度など，英語学習に対する肯定的な態度が育まれていると報告されている。前掲の樋口ほか (2008) と合わせて考慮すると，小学生に見られた情意面での肯定的態度が，中学生では学年が進むにつれ差が見られなくなるが，高校生で再び大きな差として現れていることになり，中・長期的視点から小学校英語教育が情意形成に肯定的な影響を及ぼしていると報告している。また，学習開始時期については，小2以前に英語学習を開始したほうが英語学習に対する肯定的な態度が形成されること，またコミュニケーションに対する関心・態度の育成には遅くとも小学3,4年生から英語学習を開始することが必要であると指摘している。学習頻度については，月に1,2回学習するだけでは情意面に肯定的な影響を及ぼすには至っていないこと，概して学習頻度が高いほど情意面に肯定的な影響を及ぼしている傾向が見られることを報告している。

長沼 (2006) も Ex と Non-Ex を比較する調査研究を行っており，「東アジア高校英語教育 GTEC 調査2006」の一環として，高校1,2年生3,700人を対象に，小学校英語学習について振り返り調査を実施している。小学校英語教育で育成された「英語が好き」という感情は，中学校や高校における英語学習にどのような影響を与え，またどのように変化していくのかを検証している。「小・中・高の各段階における情意的変化」と「小学校段階で育成された情意の保持と喪失」という2つの観点から Ex と Non-Ex を比較すると，①中学校での英語学習に対する肯定的な回答は Ex のほうが多く，逆に否定的な回答は Non-Ex のほうが多い，②高校段階で肯定的な回答をした被験者のほとんどが小学校または中学校段階で英語学習に対して肯定的に感じているが，否定的な回答をした被験者の多くは中学校段階で否定的な感情を覚えていると報告している。この結果をふまえて，Non-Ex のほうが情意面の育成が難しいこと，また高校段階では Ex のほうが肯定的な回答はやや多いものの，中学または高校で情意的つまずきを覚える学習者も多く，必ずしも肯定的な情意が保持されるとは限らないことを指摘し，早期の段階で肯定的な

情意を育成し，保持させることの重要性を強調している。

　以上，小学校で英語学習を経験することによって，英語学習やコミュニケーションに対して肯定的な態度が育成されているとする報告がある一方で，中学校では学年が進むにつれ，小学校で培われた英語学習に対する肯定的な影響が次第に弱まっているとの指摘もある。小・小，小・中連携が十分に行われていない現状や情意面と技能面の関連性に関する問題など，小・中英語教育の課題が明らかにされている。ただし，高校生を対象とした調査では，学習経験の有無はもとより，学習開始時期が早ければ早いほど，学習期間が長ければ長いほど肯定的な情意形成につながることが明らかにされており，これらの調査報告は，今後，小学校での英語教育を進めるにあたり大いに参考になるであろう。

(3) 小・中英語教育への示唆

　技能面と情意面の両方の調査結果から得られた知見をもとに，小・中英語教育の問題点を克服し，より望ましい英語教育を展開していくための示唆を以下にまとめる。

　小学校の英語教育においてはとかく情意面ばかりが強調されがちだが，情意面と技能面は密接に関連しており，表裏一体の関係にあることが上記の調査報告からもわかる。技能面の伸長も考慮に入れつつ，長期的な視点で情意面をさらに高める指導を展開するために，以下のような工夫が必要であろう。

❶ **小学校**

1) 児童の身近な生活空間を中心とした題材から，国際理解や他教科へと展開し，知的好奇心を満たす工夫をしつつ，歌やチャンツ，クイズやゲームなど楽しい活動形式を取り入れる。

2) 児童期に英語の発音やリズムなどの音声的特徴に慣れ親しむために，また，全体の意味内容を聞き取る類推能力を育成するためにも，内容的にまとまりのある会話や話を聞かせる機会を多くする。

3) 基本的な定型表現や会話表現の機械的な反復練習に留めず，そこから自己表現活動や，相互の考えや気持ちのやりとりがある自然なコミュニケーション活動へと発展させる。

❷ 中学校

1) 中学校では，小学校で培われた素地を伸長していくためにも，小学校で慣れ親しんだ「聞く・話す」をより重視するとともに「読む・書く」活動に発展させ，4技能のバランスの取れた指導を行う。

2) 小学校で行ってきた体験的な活動を思い出させ，英語の文法や構造を体系的に理解させるとともに，コミュニケーションの中で活用させて定着を図る授業展開を工夫する。

3) 小学校でインタビュー活動やスピーチなどのコミュニケーション・自己表現活動を経験していることをふまえたうえで，題材や活動内容を工夫し，中学生の認知レベルや発達段階にふさわしい，挑戦しがいのあるコミュニケーション活動に取り組ませる。

❸ 小・小，小・中の連携

　情意面と技能面の関連性に加えて，小・小，小・中連携の問題への取組みも喫緊の課題として浮き彫りになっている。小学校英語教育の成果を生かすには，とりわけ小・中の連携が今後ますます重要になるが，その連携を円滑に展開するためにも，日本の英語教育における小・中の役割や位置づけを明確にした小・中一貫のカリキュラムの作成が急務である。当面，これが無理であれば，中学校入門期に小学校の学習事項を復習しながら新しい表現等を学習する段階を設け，小と中の英語教育を接続する入門期カリキュラムの作成が必要であろう。このためには，中学校の校区内の小・小間，あるいは小・中間で英語教育について互いの現状を知り，関係者が年間指導計画，題材，言語材料，活動内容などについて資料や成果を公開し，ともに考えていく協力体制を築くことが第一歩である。

（大村吉弘，田邉義隆，樋口忠彦）

〈参考文献〉

伊藤嘉一 (1984)『英語教授法のすべて』大修館書店.

伊藤克敏 (2005)『ことばの習得と喪失——心理言語学への招待』勁草書房.

小川隆夫 (2006)『先生，英語やろうよ！』mpi (松香フォニックス研究所).

權五良 (2007) "Impacts and Effects of Ten Years of Elementary School English Education in Korea"『東アジア高校英語教育GTEC調査2006報告書』, Benesse教育研究開発センター, pp. 78–85.

三省堂編修所（編），ジェリー・ソーレス／久野レイ (2003)『英語で読み聞かせ——せかいのおはなし　1』三省堂.

靜哲人 (2007)「小学校時代の英語学習が高校時代の英語力及び動機付けに及ぼす影響について」『連携のもとで行なう英語教育　スーパー・イングリッシュ・ランゲージ・ハイスクール (SELHi)

（平成16年度～平成18年度）最終年度報告書』pp. 64-76.
白畑知彦（2002）「研究開発学校で英語に接した児童の英語能力調査」『静岡大学教育学部研究報告（教科教育学編）』第33号，pp. 195-215.
聖学院大学総合研究所『聖学院英語教育年報2006』.
田崎清忠（編）（1995）『現代英語教授法総覧』大修館書店.
長沼君主（2006）「日本の高校生の英語学習に対する小中高での情意変化と動機づけ」『東アジア高校英語教育GTEC調査2006報告書』，pp. 21-35.
日本児童英語教育学会（JASTEC）関西支部プロジェクト・チーム（樋口忠彦ほか）（2008）「小学校英語経験者の追跡調査と小・中英語教育への示唆」『英語教育』10月増刊号，大修館書店，pp. 58-69.
樋口忠彦ほか（1986, 1987, 1988, 1989）「早期英語学習経験者の追跡調査——第Ⅰ報～第Ⅳ報」『日本児童英語教育学会研究紀要』第5～8号.
樋口忠彦ほか（2008）「小学校英語学習経験者の追跡調査と小・中学校英語教育への示唆（続）」『近畿大学語学教育部紀要』第8巻2号，pp. 179-234.
樋口忠彦ほか（2009）「中学入学以前の学習経験が高校生の情意面に及ぼす影響」『英語授業研究学会紀要』第18号，pp. 47-79.
三嶋唯義編訳（1976）『ピアジェとブルーナー——発達と学習の心理学』誠文堂新光社.
箕浦康子（1984）『子供の異文化体験』思索社.
Asher, J. (1981) "The extinction of second language learning in American schools: An intervention model." In H. Winitz (ed.) *The Comprehension Approach to Foreign Language Instruction.* Rowley, Mass.: Newbury House. pp. 49-68.
Brown, R. (1973) *A First Language: The early start.* Cambridge, MA: Harvard University Press.
Byram, M. (2008) *From Foreign Language Education to Education for Intercultural Citizenship.* Clevedon: Multilingual Matters.
Cenoz, J. (2003) "The influence of age on the acquisition of English: general proficiency, attitudes and code mixing." In M.P. García Mayo and M.L. García Lecumberri (eds.) *Age and the Acquisition of English as a Foreign Language.* Clevedon: Multilingual Matters. pp. 77-93.
Clark, R. (1974) "Performing without competence." *Journal of Child Language*, 1, 1-10.
Curtain, H.C.A. & C.A. Dahlberg (2004) *Languages and Children: Making the Match.* Boston: Pearson Education.（伊藤克敏ほか訳『児童外国語教育ハンドブック』大修館書店）
Dulay, H., M. Burt & S. Krashen (1982) *Language Two.* New York: Oxford University Press.
Ellis, R. (1997) *Second Language Acquisition.* Oxford: Oxford University Press.
García Lecumberri, M.L. & F. Gallardo (2003) "English FL sounds in school learners of different ages." In M.P. García Mayo & M.L. García Lecumberri (eds.) *Age and the Acquisition of English as a Foreign Language.* Clevedon: Multilingual Matters. pp. 115-135.
Graham, C. (1979) *Jazz Chants for Children.* Oxford: Oxford University Press.
Kinsborne, M. (1981) "Neuropsychological aspects of bilingualism" In H. Winitz (ed.) *Native Language and Foreign Language Acquisition.* Annals of the New York Academy of Sciences. New York: The New York Sciences. pp. 50-58.
Krashen, S. & T.D. Terrell (1983) *The Natural Approach: Language Acquisition in the Classroom.*

Oxford: Pergamon Press.(藤森和子訳『ナチュラル・アプローチのすすめ』大修館書店)

Lambert, W. E. (1977) "Culture and language as factors in learning and education." In F.E. Eckman (ed.) *Current Themes in Linguistics: Bilingualism, Experimental Linguistics, and Language Typologies*. New York: John Wiley & Sons. pp. 15–48.

Lenneberg, E. (1967) *Biological Foundations of Language*. New York: John Wiley & Sons.

Lightbown, P. M. & N. Spada (2006) *How Languages are Learned: 3rd edition*. Oxford: Oxford University Press.

Long, M. H. (2007) *Problems in SLA*. Mahwah, NJ: Lawrence Erlbaum.

McLaughlin, B. (1990) "Restructuring." *Applied Linguistics*, 11. 113-128.

Menyuk, P. (1971) *The Acquisition and Development of Language*. Englewood Cliffs, NJ: Prentice Hall.

Penfield, W. & L. Roberts (1959) *Speech and Brain Mechanisms*. Princeton, NJ: Princeton University Press.(上村忠雄・前田利男訳『言語と大脳』誠信書房)

Peters, A. N. (1983) *The Units of Language Acquisition*. Cambridge: Cambridge University Press.

Romjin, E. & C. Seely (1979) *Live Action English*. Hayward, CA: Alemany Press.

Stevick, E. W. (1982) *Teaching and Learning Languages*. Cambridge: Cambridge University Press.(梅田巌ほか訳『外国語の教え方』サイマル出版会)

Tragant, E (2006) "Language Learning Motivation and Age." In Munoz (ed.) *Age and the Rate of Foreign Language Learning*. Clevedon: Multilingual Matters. pp. 237-268.

Vihman, M.M. (1982) "Formulas in first and second language acquisition." In L.K. Obler and L. Menn (eds.) *Exceptional Language and Linguistics*. New York: Academic Press. pp. 261–284.

3章 英語活動でめざすもの
——学習指導要領とカリキュラムづくり

はじめに

　2008（平成20）年3月に文部科学省より小学校学習指導要領が公示された。従来の「総合的な学習の時間」における教科横断的・総合的な課題のひとつであった国際理解に関する学習の一環としての「外国語活動等」から，独立したひとつの領域として「外国語活動」が新設され，第5，第6学年で年間35単位時間（週1時間）必修化された。

　全国の公立小学校における「英語活動」の実施率は，2009（平成21）年度ではすでに99％を超えた。従来の「英語活動」と2011（平成23）年度からの新教育課程で全国実施される「外国語活動」とは，どこがどう違うのだろうか。過去，試行錯誤の中にも「英語活動」に取り組んできた小学校の先生方には戸惑いも多いことだろう。抽象的な学習指導要領の文言を具体的に読み解き，まず，その目的や理念を理解することから始めよう。共通の教材として文科省から発行された『英語ノート』と『英語ノート指導資料』とはいかなるものなのか。その紙面を順になぞり消化するだけでは教育にはならない。その長所や問題点も含めた特性を知ったうえで，教師として主体的な活用法を工夫したいものである。また，これから初めて取り組もうとする学校はもちろん，学校裁量で低・中学年から実施しようとする地域や学校，すでに「英語活動」に取り組んできた地域や学校でも，新教育課程の中にそれぞれの実践成果を生かした独自のカリキュラム作成が求められる。以下，これら課題について取り上げる。

（髙橋　一幸）

1 学習指導要領と外国語活動指導のポイント

（1）外国語活動必修化の背景

　小学校高学年における「外国語活動」の導入の基本理念としては，以下の3点が挙げられている。

1. 小学生の柔軟な適応力を生かすこと

> 2. グローバル化の進展への対応
> 3. 教育の機会均等の確保　　　　　　　　　　　　　　　　　　（文部科学省，2009e）

いまだ小学校英語に関して賛否両論の渦巻く中で文科省が必修化にふみ切った背景には，次の国外，国内の状況が挙げられよう。

❶ 諸外国における早期外国語教育の実施状況

早期外国語教育の世界の潮流については，1章および11章でもふれているが，EU諸国においては，外国語教育が母語の習得をも容易にするとして，母語以外に2つの外国語を学ぶべきであると確認し（EU閣僚理事会），早い時期からの外国語教育を推進している。

日本と同様の非英語圏のアジア諸国でも，1996年にタイが，97年に韓国が必修化，2001年には中国が段階的に必修化を開始している。韓国では，3, 4年生・週1時間（45分，年間34時間），5, 6年生・週2時間（年間68時間，4年間の総時数204単位時間），正規の「必修教科」として実施している。国定教科書（3, 4年：各8 Lesson，5, 6年：16 Lesson. 巻末に切り取り式上質厚紙絵カード付――日本の『英語ノート』のモデルになったと思われる）を使用し，準拠教材として音声テープと教師用・児童用のマルチメディアCD-Romを完備している。内容は，3年生は音声指導のみ。文字は4年生から段階的に提示し，4年生ではアルファベットの識別から単語の認知まで，5年生では単語の筆写やライティング，6年生からは文を書くことも導入し，6年生修了段階では，モデルを参考に単語を自分に当てはめて入れ替え，手紙などの5文程度のまとまりのある文章を書く段階まで指導する。取り扱う語彙数は，4年間でおよそ500語。担任教師には基礎コースで年間120時間（上級コースは＋125時間）の研修を実施し，他方，教員養成大学で小学校英語教員の養成を行っている。このような小学校での教科としての英語教育を受けて実施される韓国の中学校修了時の到達目標は，文法事項やテキストの分量等から日本の高校修了段階にほぼ匹敵する（髙橋2007）。

❷ 国内における「英語活動」の実施率の拡大と教育の「機会均等」

「総合的な学習の時間」における「英語活動」の実施率は，2005（平成17）年度の93.6%から年度を追って高まり，2009（平成21）年度では99%を超えるに至っている（文科省・小学校英語活動実施状況調査）。とはいえ，実施学年や配当時間数，さらにその内容についてはすべて地域・学校任せであり，文科省研究開発学校や構造改革特別区域で教育課

程の枠を超えた「教科」としての英語を試行実施している学校から，教育委員会がALTを派遣してくれたときに限り，年2～3回程度全校児童を集めて英語の歌を歌ったり，簡単なゲームを行っただけという学校も含まれる。さらに，きわめて少数とはいえ，児童が英語にふれる機会がまったくない小学校も存在する。これは，憲法が保障する教育の機会均等が義務教育である小学校で保障されていない現状にあると言える。この認識が文科省を強く動かしたと思われ，「義務教育として小学校で行う場合には，教育の機会均等の確保や中学校との円滑な接続の観点から，国として各学校において共通に指導する内容を示すことが必要である」，しかし，「目標や内容を各学校で定める総合的な学習の時間とは趣旨・性格が異なる。一定のまとまりをもって活動を行うことが適当であるが，教科のような数値による評価にはなじまない」(中央教育審議会教育課程部会・外国語専門部会2006)との認識から，教育課程上の新たな位置づけとして「領域」としての必修化に至り，共通に指導する内容を示すべく小学校学習指導要領外国語活動にもとづき，『英語ノート1・2』が編集，配布されたのである。

(2) 新学習指導要領と外国語活動の指導

❶ 目標

「総合的な学習の時間」の学習活動例のひとつである国際理解の一環としての「外国語会話」から，「外国語活動」という独立したひとつの「領域」に格上げされた結果，「学習指導要領」の中にその目標や内容が明示されたことは特筆に値することである。次は，『小学校学習指導要領』第4章「外国語活動」の目標である。

> 外国語を通じて，言語や文化について体験的に理解を深め，積極的にコミュニケーションを図ろうとする態度の育成を図り，外国語の音声や基本的な表現に慣れ親しませながら，コミュニケーション能力の素地を養う。

この目標から，教科としての中学校英語教育に引き継ぐべき土台となる「コミュニケーション能力の素地」とは，以下の3つの要素から成り立っていると読み取れる。

①外国語を通じて，言語や文化について体験的に理解を深めること。
②外国語を通じて，積極的にコミュニケーションを図ろうとする態度の育成を図ること。

> ③外国語を通じて，外国語の音声や基本的な表現に慣れ親しませること。

　①〜③のすべての構成要素の冒頭に「外国語を通じて」という枕言葉が付いていることに注意したい。

　①の「言語や文化」については，単に英語という一言語や英語圏諸国の文化にとどまらず，わが国の文化を含む広範な言語・文化について児童に興味・関心を持たせようとしていることが，『英語ノート』を見ればすぐにわかるだろう。これらを教師の日本語での説明を聞いたり，説明文を読んだりするのではなく，英語という外国語を聞いたり，話したりする活動，すなわち，「外国語によるコミュニケーション活動」を通して，児童に「体験的に」気づかせ，理解させるのである。①への興味・関心の高まりや理解が②の「コミュニケーションへの積極的態度」へとつながる。②についても同様に英語を聞き，話すなどの活動を通じて，言語を使ってコミュニケーションを行うことの大切さや楽しさを，体験を通して感じさせ積極的な態度を育てていきたい。そのためには，③の母語とは異なる外国語の音声や基本的な表現に慣れ親しませることが必須であり，小学生のとくに音声に対する「柔軟な適応力」を生かして，児童に英語がわかった喜び，英語が言えた喜び，さらに英語が通じた喜びといったコミュニケーションの成功体験をできるだけたくさん与えてあげることが望まれる。

　①は「知識・理解的目標」，②は「情意的目標」，③は「技能的目標」であり，それぞれ異なる概念の目標であるが，たとえば上に述べたように，これら3つの柱は，互いに補い合い，高め合って相乗効果を発揮するものであることに留意したい。「小学校外国語活動は，態度の育成が主眼であって，技能の育成は必要ない」といったことばを耳にすることがあるが，それは指導要領に示されたこの目標から離れた極論と言えよう。技能の育成なき態度の育成ははたしてあり得るのだろうか。

❷「態度」の育成と「技能」の育成

　コミュニケーション能力は英語にふれ，自ら使うことによって育成される。その前提として，英語を理解したい，使ってみたいという積極的態度が必要であるとともに，相手の話す英語の意味を理解でき，理解できたことを自分でも自信を持って言えるようになってこそ，積極的態度が育成されるのである。

　小学校の教室で次のような場面をよく見かけることがある。①担任とALTが，たとえば買い物の場面の英語でのやりとりを何度か演示したあと，「どんなやりとりをしていたかわかった？　OK？」と尋ねる。児童は声をそろえて「OK!!」と答える。そこで，②

担任やALTが「よし，じゃあ君たちの番だよ。ペアでやってごらん。(OK. It's your turn! Talk in English with your partner.)」と活動開始の指示を出すのだが，それまで元気だった児童のテンションが急降下して教室がシーンと静まり返るのだ。意味がわかることと，それを発話できることはイコールではない。体育の鉄棒の授業で先生が見本を示し，やり方を説明しただけで「逆上がり」ができるようにならないのと同じである。①のインプットを②のアウトプットへとつなぐための練習，すなわち意味のわかった英語に「慣れ親しみ」，再生可能な段階にまで定着を図るインテイクの過程を飛ばしてしまったための失敗である。すべての指導の鉄則は「レディネス」を作って次の段階に無理なく移行することである。高学年では，論理的思考力・理解力が高まり，知識を体系化する能力が高まってくるが，自信を持って理解できず，あやふやなままだと消極的になり，声が小さくなる児童が目立ち始める。What time do you go to bed? — I go to bed at ten thirty. など，『英語ノート』で取り扱う文の長さが長くなる6年生の指導では，この点にとくに注意が必要である。

　次ページに示すのは，学習者の情意面の変容と教師の授業設計モデルを図示したものである。この図は，小・中・高の校種を問わず，すべての外国語指導に当てはまる。ひと口に「(興味・)関心・意欲・態度」と言っても，その階層は異なる。学習者の年齢を問わず，授業でまず大切なことは，新しい言語材料や教材の導入や提示にさいし，児童・生徒の興味を引きつけ，動機づけを行うことである。しかし，このような興味づけ，動機づけは一過性のものであり，必ずしも長く持続するものではない。先生やALTの話す英語の意味がわかり，それをどう言えばいいのか，ことばの形に気づくこと。さらには，意味ある場面での楽しい練習活動を通じて，その言い方に慣れ親しませることが不可欠である。そうしたプロセスを踏んで，児童は初めて，「先生の話す英語がわかった！わかった英語をぼくも私も上手に言えるようになった！」という成功体験を味わう。このような成功体験の積み重ねが，一時的な「興味」を，より持続的な「関心」へと高めていく。そして，最後は，『英語ノート』に見られる「行ってみたい国を紹介しよう」，「将来の夢を紹介しよう」といった自己表現活動，自分の思いを自分のことばとして発信する運用活動へと段階的に高めていきたい。モデルに沿った初歩的な活動であっても，自分で英語が「使えた！」，そしてそれが「通じた！」という成功体験の積み重ねが，永続的な「態度」の育成へとつながるのである。

　小学校英語活動の指導では，次ページに示すモデルの②が弱い授業をよく見かける。活動へのレディネス作りに不可欠な練習なしに，すぐに児童主体の活動に移るため，児童が戸惑い，高学年では自信を失い，「うまく言えなかった」→「英語は難しい」→「嫌

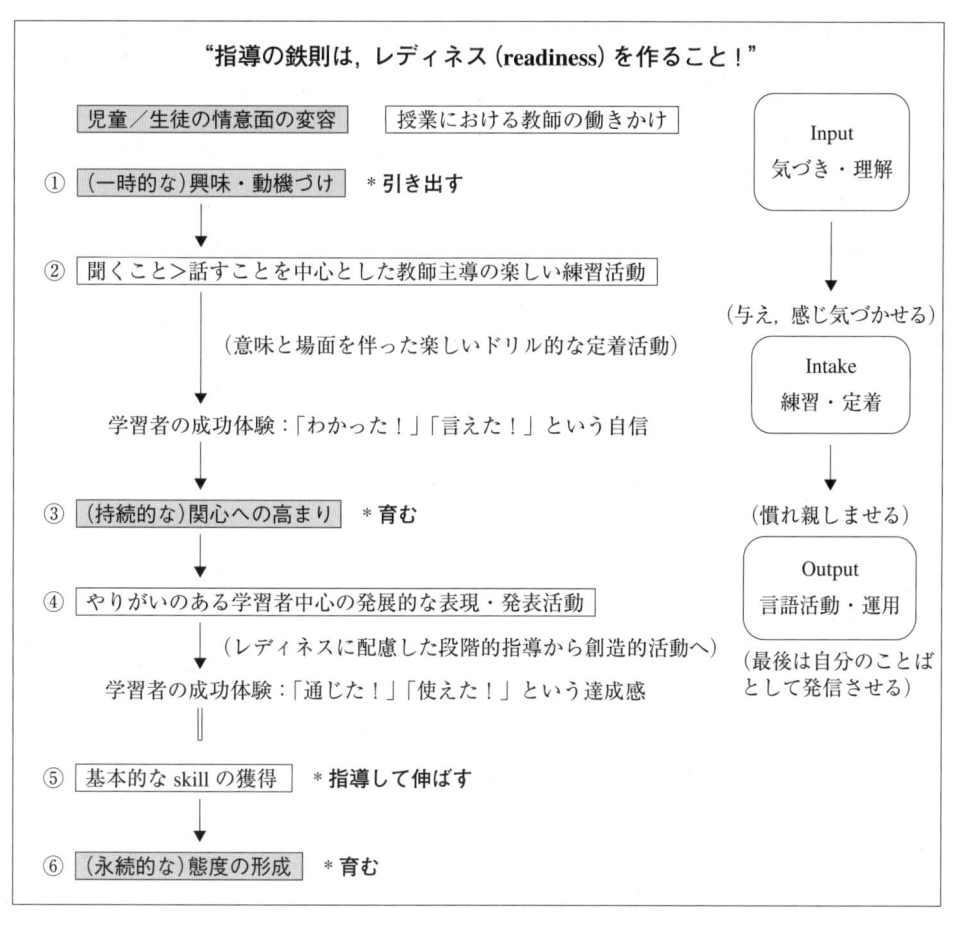

1. 学習指導要領と外国語活動指導のポイント

```
"指導の鉄則は，レディネス（readiness）を作ること！"
```

| 児童／生徒の情意面の変容 | 授業における教師の働きかけ |

① （一時的な）興味・動機づけ　*引き出す

↓

② 聞くこと>話すことを中心とした教師主導の楽しい練習活動

　　　（意味と場面を伴った楽しいドリル的な定着活動）

　学習者の成功体験：「わかった！」「言えた！」という自信

↓

③ （持続的な）関心への高まり　*育む

↓

④ やりがいのある学習者中心の発展的な表現・発表活動
　　　（レディネスに配慮した段階的指導から創造的活動へ）

　学習者の成功体験：「通じた！」「使えた！」という達成感
　　　　　‖

⑤ 基本的な skill の獲得　*指導して伸ばす

↓

⑥ （永続的な）態度の形成　*育む

右側フロー：
Input　気づき・理解
↓（与え，感じ気づかせる）
Intake　練習・定着
↓（慣れ親しませる）
Output　言語活動・運用
（最後は自分のことばとして発信させる）

学習者の情意面の変容と教師の授業設計モデル

い」という児童を作ってしまう危険性がある。必要な練習をさせて成功体験に導くことと教師が一方的に教え込むこととはまったくの別物である。態度の育成と技能の育成もまた，二律背反的なものではなく，相補的関係にあることを忘れないようにしたい。

(3) 内　容

　具体的な指導内容としては，第5，6学年の2年間を通じて指導すべき内容として，上記3つの目標を次のように，1.コミュニケーションに関する事項と，2.言語や文化に関する事項の2つに分けて示されている。

3章／英語活動でめざすもの

> 1. 外国語を用いて積極的にコミュニケーションを図ることができるよう，次の事項について指導する。
>   (1) 外国語を用いてコミュニケーションを図る楽しさを体験すること。
>   (2) 積極的に外国語を聞いたり，話したりすること。
>   (3) 言語を用いてコミュニケーションを図ることの大切さを知ること。

　豊かな表情や身ぶり手ぶりも含め，ことばを使ったコミュニケーションを通して，友だちや先生など関わる人々の新たな面を知ること，自分を知ってもらうことの楽しさを，さまざまな体験を通して感じさせたい。日本語だと恥ずかしくて言えないことも外国語の英語ならためらわず発言できることも多いものだ。とくに小学校では，児童の音声に対する「柔軟な適応力」を生かし，英語を聞き，話すという音声言語への積極的な興味・関心を持たせ，活動を通じて慣れ親しませたい。中学校英語教育では，聞き，話せるようになった英語は，時差を置かず，すぐに読み，書けるようになることが求められ，入門期での生徒の落ちこぼれ（落ちこぼし）を作ることになってきた。小学校での音声中心の楽しい活動体験の積み重ねは，つづりを読んだり書いたりできなくても，聞いてわかる単語や表現が増え，そのうちの何割かをある程度通じる発音で口に出して言えるようになれば，中学校英語教育につながる「素地」として生きることになるだろう。ことばを用いてコミュニケーションを図ることの大切さを，活動を通して体感させることの教育的意義は，現代の子どもたちにとって計り知れないものであり，いじめや不登校といった多くの問題の解決に果たす役割も期待できよう。

> 2. 日本と外国の言語や文化について，体験的に理解を深めることができるよう，次の事項について指導する。
>   (1) 外国語の音声やリズムなどに慣れ親しむとともに，日本語との違いを知り，言葉の面白さや豊かさに気付くこと。
>   (2) 日本と外国との生活，習慣，行事などの違いを知り，多様なものの見方や考え方があることに気付くこと。
>   (3) 異なる文化をもつ人々との交流等を体験し，文化等に対する理解を深めること。

　小学生の持つ柔軟な適応力を生かして，日本語とは異なる英語の発音やリズムに興味を持たせ，慣れ親しませることを通して，子どもたちにとってほとんど空気のような存

在で意識することのなかった母語である日本語の特徴にも気づくことができ，広く言語の多様性や豊かさ，面白さに気づかせることもできるだろう。『英語ノート』の数ヵ所で，英語のみならず，日本語，中国語，ロシア語，スワヒリ語などを扱っているのもその表れである。英語の音声指導では，[r]と[l]の区別など個々の発音の正確さを求めて指導するよりも，強弱やイントネーションなど英語の持つリズムを体得させ，言語による違いとともに，大切な語は強くはっきりと言う，自信がないときや尋ねるときには文末が上がり調子に発音されるなど，言語の共通性にも気づかせたい。文化・習慣についても，まず，その違いを知り，どれが良くてどれが悪いといった優劣はなく，それぞれがそこに生きる人々が長年にわたって伝え，創り上げてきたものであって，どれもがすばらしいものだと受け入れて尊重する姿勢を育てたい。未だ文化的なアイデンティティの固まりきらない児童期は，異文化や異人種・異民族を偏見なく受け入れることのできる時期であり，小学生の柔軟な適応力はここでも発揮されるはずである。適期教育としての小学校外国語活動の所以である。この意味からも，表面的な知識としてではなく，ALTや留学生，地域在住の外国人の方など異なる言語・文化を持つ人々と直接ふれ合う体験や交流の機会を設定することが重要である。

(4) 指導計画の作成と内容の取扱いに関する留意事項

- 指導内容や活動については，児童の興味・関心にあったものとし，国語科，音楽科，図画工作科などの他教科等で児童が学習したことを活用するなどの工夫により，指導の効果を高めるようにすること。
- 指導計画の作成や授業の実施については，学級担任の教師又は外国語活動を担当する教師が行うこととし，授業の実施に当たっては，ネイティブ・スピーカーの活用に努めるとともに，地域の実態に応じて，外国語に堪能な地域の人々の協力を得るなど，指導体制を充実すること。

高学年の指導においては，単なるごっこ遊び的な稚拙な内容の活動のみでは英語学習に対する新鮮な興味は持続しない。「今日はbe動詞を使った文，次回はWhatで始まる疑問文」など，文法構造を順に指導するという発想ではなく，他教科での学習内容，学校行事での体験など，児童の共有体験にもとづく興味・関心に合った内容を取り上げ，それを英語活動化できないか，図工のように形に残る作品を完成するなどの「作業」を

行う過程の中で必然性を持って英語にふれたり使わせたりできないかなど，「内容中心の発想」を持つことである。他教科や行事等での学びを活用すれば，内容ある反応を引き出すことができ，児童の持っている既存の知識を英語を使って再確認・追体験させることで，知的レベルに合った内容も容易に理解することができる。①「題材・活動決定」→②「そこで必要なことばの働きの抽出」→③「必要な語彙や，汎用性が高く，なるだけ平易な表現構造の選択」という順序で単元や授業を設計してみよう。

学級の児童ひとり一人の性格や才能はもとより，他教科での学習内容や行事を含む学校生活全般をもっとも詳細に把握しているのは担任教諭である。指導計画の作成や授業の実施について，学級担任，もしくは外国語活動を担当する（小学校）教師が行うべきことは当然であり，ALTや外部の教員や協力者に依存して「お任せ状態」になれば，小学校としての教育責任の放棄と言わざるを得ない。教育目標と内容を決めるのはあくまで小学校の責任であり，授業準備，授業中の指導など，授業実施に当たって，英語専門でない担任の先生を支援し，協力するのがALTやサポーターの役割である。指導者の「役割の主客逆転現象」が生じないように，小学校教員の意欲と責任感が求められる。

〔コミュニケーションの場面の例〕
（ア）特有の表現がよく使われる場面：あいさつ，自己紹介，買物，食事，道案内など
（イ）児童の身近な暮らしにかかわる場面：家庭での生活，学校での学習や活動，地域の行事，子どもの遊びなど

〔コミュニケーションの働きの例〕
（ア）相手との関係を円滑にする　（イ）気持ちを伝える　（ウ）事実を伝える
（エ）考えや意図を伝える　（オ）相手の行動を促す

活動を通じて英語に慣れ親しませるとき，「どのような場面」でその表現が使われるのか，また，それは伝達上「どのような働き」（機能）を担うのか，つまり，そのことばを使ってなにができるのか，という2つを学習者に意識させることが大切である。たとえば，I want to be a singer. という文は，文型としては「主語＋動詞＋目的語」であり，文法事項としては「不定詞の名詞的用法」を含む。しかし，コミュニケーションへの積極的態度と基本表現への慣れ親しみを促すうえで，児童にとってより大切なことは，その表現を使って自分の「将来の夢や希望を伝えられる」こと，「自己紹介」や「スピーチ」などの場面で活用できることを，体験を通して理解することである。

（髙橋　一幸）

2 『英語ノート』『英語ノート指導資料』の長所と短所

(1) 『英語ノート』の位置づけと活用方法

　本章1節の冒頭でもふれたように，外国語活動必修化の根拠のひとつとなった「義務教育として小学校で行う場合には，教育の機会均等の確保や中学校との円滑な接続の観点から，国として各学校において共通に指導する内容を示すことが必要である」との考えにもとづき，共通の指導内容を示すべく文部科学省により編集され提供された国定教材が『英語ノート』である。

　すでに述べたように「外国語活動」は，道徳等と同じく「領域」であって「教科」ではないので，『英語ノート』も道徳の『心のノート』と同じく教科書（正確には，「教科用図書」）ではなく，その使用を義務づけるものではない。研究開発校や地域の拠点校などでは，『英語ノート』が配布される以前から，試行錯誤の中にも長く英語活動に取り組み，本書に紹介するさまざまな実践事例が示す通り，独自のシラバスを作成したり，教材を開発したりした学校や地域も多い。そのような学校，地域では，たとえば，本章の横須賀市，第10章の南足柄市のシラバスなど，すでに作成実施した独自シラバスの題材や活動の内容と『英語ノート』のそれを照合し，比較検討して，必要に応じて欠落している題材を独自のシラバスの中に取り込んだり，これまでの実践研究の成果を生かして，『英語ノート』の活動を児童の興味・関心に合うように微修正を加えたりするなどの折衷的な活用研究（たとえば，長岡市教育委員会2009『英語ノート＋なじらね：英語ノート活用のための手引き』など）が行われている。

　しかし，先行研究実践校などを除き，これから外国語活動に初めて取り組もうという多くの小学校にとっては，『英語ノート』は大きな支えとなり，拠りどころとなろう。この共通教材を有効に活用するために，この教材の持つ長所と留意すべき問題点について，以下検討していくことにしよう。

(2) 『英語ノート』の長所

❶ 小学校で指導すべき表現と語彙の明示，取り扱うべきテーマと活動の例示

　総合学習における「英語活動」では，中学校英語の先取りはご法度という「お触れ」は出されたが，具体的にどのような英語にふれさせればよいのか，よって立つモデルがなく現場の混乱を生んだが，『英語ノート』を通して，学習指導要領に示された目標や内

容を実現する教材モデルとして，小学校で体験的に児童にふれさせる表現や語彙が明示されたことの意味は大きい。概して言えば，中学校第1学年から第2学年の1学期に学習する文型・文法事項を，文法用語などによる説明や構造理解を排して，あくまでも聞き，話す活動の体験を通して，コミュニケーションへの意欲を高め，ことばへの気づきとともに理解力・発信力の素地を養う教材，ととらえればよさそうである。

また，「世界の"こんにちは"を知ろう」「ランチメニューを作ろう」「行ってみたい国を紹介しよう」など，児童の興味・関心を引くテーマ例と具体的な活動例が示されたことも授業設計や指導の大きな参考となる。とくに『英語ノート2』の最終課であるLesson 9「将来の夢を紹介しよう」の最終時間の第4時間目に行うスピーチの次のようなモデルは，小学校外国語活動の到達目標を示すものと言えよう。

> Hello. My name is Ken. I'm from Yokohama, Japan. I want to be a scientist. I want to help the Earth.

❷ 『英語ノート指導資料』で指導細案を提示

『英語ノート』には，各課のねらいと指導計画，各時間の具体的な指導手順と活動の進め方などの例とともに，各時間の指導案（教師の児童への日本語および英語での指示を含む指導細案）が掲載された『英語ノート指導資料』が用意されており，指導計画の作成や授業の立案と実施に責任を持つべき小学校教諭にとって大いに参考となる。

❸ 「電子黒板ソフト」を含む準拠視聴覚教材の提供

『英語ノート』には，準拠の音声CDはもとより，「電子黒板用ソフト」も作成され提供されている。この電子黒板ソフトを使えば，登場人物のイラストが口や体を動かして会話したり歌ったりする動画を見ながらチャンツや歌をリズムに乗って練習したり，リスニング活動では，英語を聞きながら絵と絵を線で結んだりすることができる。これを活用することで練習や活動が俄然楽しくなること請け合いである。電子黒板はかなり多くの小学校で利用されているが，電子黒板がなくても，パソコンとプロジェクターがあれば，児童が直接黒板にふれて操作することを除き，ほぼ同じ機能を使用することが可能なので，ぜひ活用したいものである。

（3）『英語ノート』『英語ノート指導資料』の短所と
　　それをふまえた指導の工夫

　何事でも長所と短所は紙一重，長所といえども「両刃の剣」で扱いに注意しないと短所に変貌することがある。『英語ノート』についても同じことが言える。

❶ 担任教師にとっての指導の難度と教員研修の必要性

　前項の❷で見たように，『英語ノート指導資料』には，各時間の指導細案が掲載され，指導者（学級担任・ALT）の使う英語も記載されている。ALTと担任の使う英語が明確に区別して書かれているものもあるが，その区別のない指導案も少なくない。概して言うと，指導案のレベルは高く，英語科教員免許を持つ教師（JTE）ならともかく，英語専門でない外国語活動の指導経験も少ない一般の担任には指導難度が高いように思える。また，ALT（またはサポーター：ES）とのティーム・ティーチングを毎時間確保できない地域では，担任に指導上のかなりの負担がかかることは否めない。

　指導の難しさについては，英語使用の問題だけにとどまらない。さらに大きな問題は，児童が一斉に行うペアやグループ活動で，「行きたい国／自分の夢を紹介する」など，ある程度の自由度を与えた創造的な活動の場合，子どもたちの表現意欲にいかに対応して助言するか，また，音声や表現など活動中の児童の発話をいかにして観察・評価（モニター）し，必要な指導，助言を与え得るかである。細かな指導は必要ないが，大きな誤りについては適切な指導を施さないと，誤りが誤りとして気づかれぬままに定着・記憶され「化石化」してしまうと，中学校につながる「素地」どころか，後で修復困難な負の遺産になりかねない。このような個に応じた指導にはある程度の指導の専門知識が必要で，ALTやESがいるからといって必ずしも一任できるものではない。

　中核教員研修を実施し，その研修を受けた教員が所属校で研修を企画運営するといったピラミッド型研修にとどまらず，担任教諭のための指導法悉皆研修の実施を検討するとともに，将来的には真の中核教員として小学生に英語を指導することを中心に学んだ小学校教諭の養成も必要であろう。そのためには小学校英語の「教科化」が前提となる。

❷ 難度の上がる6年生での指導計画における「レディネス」への配慮不足

　『英語ノート』の活動を見ると，先生の後について単語を繰り返しながら，指定されたキーワードを聞いたときには繰り返さず，ペアになる児童との間に置かれた消しゴムを素早く取るという「キーワード・ゲーム」など，同じ活動が繰り返し登場し，ややマン

ネリ感を免れない。指導者には，児童の発達段階に応じてアレンジし変化を持たせる工夫が必要だろう。

活動のバリエーションの問題以上に重要な問題点は，前節でも述べたように，「指導の鉄則」である「レディネス」作りが保障された指導過程になっているか，という点である。概して言えば，『英語ノート1』では，無理なく次の段階に移行できるレディネスに配慮した指導過程が提示されているが，『英語ノート2』については，内容が難しくなり文も長くなるのに，児童にとって新たにふれる言語材料が多く，時間配当も窮屈で，未定着のまま活動に移行すると思われる指導計画や指導過程も少なくない。成功体験は，さらなる意欲を喚起し積極的態度の育成に寄与するが，失敗体験は，自信喪失と英語嫌いを残すのみである。

たとえば，『英語ノート1』(Lesson 4) と『英語ノート2』(Lesson 7) の4時間の指導計画と各時間の内容の概略を比較してみよう。

● 『英語ノート1』(5年生)，Lesson 4「自己紹介をしよう」─────────
　［第1時］　好きなものを含めた自己紹介のリスニング → 食べ物・スポーツの語彙定着を図る単語ゲーム →「Let's Chant」"Do you like apples?"
　［第2時］　チャンツで復習 → 3名の人物の好き嫌いを聞き取るリスニング → 先生や友だちの好き嫌いを予想して尋ね合うアクティビティ（活動）。
　［第3時］　チャンツで復習 → 自分の好きなものの絵を描き表現する練習 → 自由に相手を代えて (flexible pair)，友だちと自己紹介し合うアクティビティ。
　［第4時］　チャンツで復習 → クラスの前で自己紹介を発表するレッスンのゴールとしての最終アクティビティ。発表例："Hello. My name is Mai. I like rabbits. I like strawberries. I like soccer. Thank you."

児童が自信を持って発表できるよう，レディネス作りに配慮してリスニングによるインプット，練習活動から発表活動へとスモール・ステップを踏んだ指導過程を通して，ゴールである簡単なスピーチ発表に導く。最終ゴールとしてのアウトプットの文の数，文の長さ，使う語彙・表現や構造の種類から判断して，十分到達可能な授業設計であると考えられる。

● 『英語ノート2』(6年生)，Lesson 7「自分の1日を紹介しよう」─────────
　［第1時］　Beijing, China などの都市名・国名と各都市の時刻，および日課表現のリス

ニング（1～60の数字，時刻の言い方［ここでは 8:00 などのみ］と get up, go to school, study (at school), play soccer, eat dinner, take a bath, go to bed [at 11:00] の7種の日課表現のインプット）→ 1～60の数字を言う練習 → 時刻を聞き取り時計の短針・長針を書き込むリスニング［ここでは 10:45, 6:22 なども登場］。

［第2時］ モデルとして先生の日課紹介を聞き取るリスニング →「おはじきゲーム」で日課表現を補充（4×4マス＝16 表現：cook, eat school lunch, clean the room, go home, play the piano, watch TV などの表現を追加）し，1日の主な日課と時刻を聞き取りおはじき取りゲームを行う → ジェスチャー・ゲームで何をしているところかを言う → get up, study, eat lunch, clean the room, play baseball, go home, watch TV, go to bed の定着を図る「Let's Chant」。

［第3時］ 先生の日課紹介のモデルをリスニング → ジェスチャーをしながらチャンツで復習 → 先生のモデルと『英語ノート』の6つのイラスト（get up, eat school lunch, study, go home, watch TV, take a bath, go to bed）を参考にして，自分の日課紹介の準備練習を行うアクティビティ。

［第4時］ チャンツで復習 → 日課スピーチをグループ内で発表し合い，聞き手はわかったことをメモするレッスンのゴールとしての最終アクティビティ。発表例："Hello. My name is Ken. I get up at 7:00. I go to school at 8:15. I go home at 5:00. I take a bath at 9:00. I go to bed at 10:30. Thank you."

一見してわかる通り，1～60までの数字と時刻の言い方，多くは児童にとって初めてふれるさまざまな日課の表現，おまけに国名や都市名と時差の存在への気づきなど，とにかく学習内容，言語材料が過密である。時刻の表現や日課表現は，現行の中学校検定教科書では第1学年で登場する言語材料であるが，これらの両方が同一のレッスンに目標文として盛り込まれることは少なく，ましてや同じパート（1時間で扱うことを想定したページ）に混在して登場する教科書は見当たらない。中学校教科書の1課は最低4単位時間，通常5～6時間を配当して指導するのが一般的である。『英語ノート2』のこの課の過密ぶりが想像できよう。

また，活動はもっぱらリスニング中心で，文レベルでの発話練習が不十分なまま，グループ内でのまとまりあるスピーチ発表に突入する。大半が初出の16もの日課表現の中から使いたい表現を選択して使用する最終アウトプットの難度から判断して，十分なレディネス作りが不可欠である。しかも，複数グループが一斉に行う活動で終わるので，活動を円滑に進められない，自信のない児童やつまずいた児童のサポート体制がきわめ

て不十分な状態での発表活動は危険であり，❶で述べた教師による個々の児童の活動のモニター評価や適切な指導のフィードバックも行えず，「やらせっ放し」に終わる危険性が高い。レディネスなしのアウトプット活動による失敗体験は，とくに高学年児童においては，自信喪失や劣等感に直結し，英語嫌いを生むリスクを負う。

❸ ローマ字学習と英語の表記（訓令式／ヘボン式ローマ字）

『英語ノート1』のLesson 1には，「名刺を作ろう」というアクティビティが登場する。今回の小学校学習指導要領改訂で，国語科におけるローマ字の指導は，第4学年から第3学年に前倒しされた。『学習指導要領解説——国語編』では，その理由として，「ローマ字表記が添えられた案内板やパンフレットを見たり，コンピュータを使う機会が増えたりするなど，ローマ字は児童の生活に身近なものになっている。これらのことから，これまでは第4学年であったものを，今回の改訂では，第3学年の事項とし，ローマ字を使った読み書きがより早い段階においてできるようにしている」とあるが，小学校高学年における外国語活動の必修化との連動の側面もあるだろう。しかしながら，小学校で学習するローマ字は，日本語の音韻体系のルールに従った，いわゆる「訓令式ローマ字」であり，英語発音に準拠した「ヘボン式ローマ字」ではない。

したがって，『英語ノート1』の名刺の作成例として示される鈴木健（Suzuki Ken）君なら問題はないが，たとえば，土屋真司（つちや・しんじ）君がいたら困ったことになる。国語の時間に習った訓令式で書けば，Tutiya Sinziとなるが，英語のネイティブ・スピーカーが読めば，[トゥティヤ・スィンズィ]と発音される。正しく読んでもらうには，ヘボン式でTsuchiya Shinjiと書かねばならない。

ならば，「小学校でヘボン式を教えればいいじゃないか」ということになるのだが，ことはそう簡単ではない。というのは，文科省「教科用図書検定基準」に「小学校の第3学年において取り扱うローマ字のつづり方については，『ローマ字のつづり方』（昭和29年内閣告示第1号）の 第1表及び第2表（『そえがき』を含む）によっていること」という文言があり，小学校国語検定教科書の編集に縛りをかけているからである。これは当時の吉田茂内閣総理大臣の名による告示で，「国語を書き表わす場合に用いるローマ字のつづり方を次のように定める」とし，次の「まえがき」がある。

1. 一般に国語を書き表わす場合は，第1表に掲げたつづり方によるものとする。
2. 国際的関係その他従来の慣例をにわかに改めがたい事情のある場合に限り，第2表に掲げたつづり方によってもさしつかえない。

その後に掲げられた第1表が「訓令式」であり，例外的に使用を可とする第2表が「ヘボン式」である。この告示が50有余年を経た現在も変わらず生きているのである。

学校で教わるローマ字は「訓令式」，外務省発行のパスポートの氏名記載にさいしては「ヘボン式」でないと通らないなど，ローマ字については今も混乱がある。グローバル化への対応の名のもとに小学校に外国語活動が導入された今日にあって，ローマ字指導についても見直しが必要な時期ではないだろうか。

❹ 小・中の連携──中学入門期の生徒のつまずきをどう防ぎ得るか？

すでに見てきたように，小学校外国語活動は，あくまで聞き，話す音声中心の活動であり，「アルファベットなどの文字や単語の取扱いについては，児童の学習負担に配慮しつつ，音声によるコミュニケーションを補助するものとして用いること」（学習指導要領）とされ，『英語ノート』でも，A, a は「エー」でなく［ei］，C, c は「シー」でなく［si:］とアルファベットの大文字と小文字の名前を英語らしく発音できることにとどまり，単語のつづりも，見せるだけにとどまる。文字体系を知らない児童に，はたしてヒントとなり得るか疑問は残るが，5，6年生のみ，週1時間の枠内では妥当な判断であろう。

しかし，中学校入門期の生徒の最初のつまずきは，「教師の後について発音できても，教科書の文を自ら音読できない。単語のつづりが覚えられない」というものである。小・中の連携を図ることの目的のひとつが，中学英語へのなめらかな接続により早期の落ちこぼれを防ぐことにもあるとするならば，本章1節で紹介した韓国の小学校や11章1節で紹介した国々の小学校に見られるような体系的・継続的な文字指導も，今後の教育課程編成上の課題のひとつとすべきではないだろうか。

❺ 地域の研究開発学校や拠点校の先行実践の成果継承と教師の授業設計の主体性

本節冒頭でもふれたように，多くの自治体では高学年にとどまらず，低・中学年から英語活動を導入している。そういう地域では，たいへんな作業ではあるが，『英語ノート』を参照しながら，それを調整・分散するなどして新たなシラバスを構築する必要がある。また，試行錯誤のうちに積み上げ，改良を加えてきた地域の先行実践の成果と課題をいかに引き継ぎ発展させていくかという視点も重要だ。『英語ノート』が提供されたことにより，それらの取組みが無になるようでは大きな損失である。また，教師が自分の児童を見ながら，自ら主体性を持って授業づくりに工夫を凝らすことを忘れ，『英語ノート指導資料』を片手に授業を進めるようでは，血肉の通った授業とは程遠いものとなろう。文科省の責任感と親切がアダにならぬよう，教育委員会を含む教育現場の創意

工夫に期待したい。　　　　　　　　　　　　　　　　　　　　　　　　（髙橋　一幸）

❸ 指導目標／到達目標とカリキュラムの作り方

（1）指導の目標

小学校学習指導要領では，「外国語活動」の目標を以下のように示している。

> 外国語を通じて，言語や文化について体験的に理解を深め，積極的にコミュニケーションを図ろうとする態度の育成を図り，外国語の音声や基本的な表現に慣れ親しませながら，コミュニケーション能力の素地を養う。

この目標には3本の柱があり，以下のようにまとめることができる。

外国語を通じて，
(1) 言語や文化について体験的に理解を深めること。
(2) 積極的にコミュニケーションを図ろうとする態度の育成を図ること。
(3) 外国語の音声や基本的な表現に慣れ親しませることにより，「コミュニケーション能力の素地」を養うこと。

しかし，どの程度までの力を育てるのか，具体的な到達目標については示されていない。学習者の発達段階，指導者，学習環境等の変数により教育内容や指導法は変わる。到達目標も同様である。ただし，中学校との連携を考えると，各学校や自治体の判断である程度の到達目標を設定することが求められる。そのさい，小学校から高校までで育てるコミュニケーション能力の全体像を考えることが大切である。上に示された3つの柱を，それぞれ，(1) 知識，(2) 関心・意欲・態度，(3) 技能として考えると，小学校から高等学校までの各段階で育てるべき割合は，おおむね以下のようになろう。

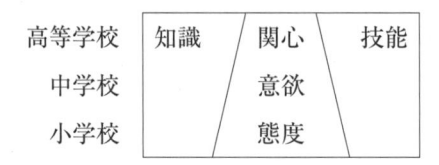

	知識	関心	技能
高等学校			
中学校		意欲	
小学校		態度	

小学校段階では，外国語を学ぶことへの関心・意欲・態度面をもっとも重視して育てることが，その後の母語を含めたコミュニケーション能力育成につながると考えられる。

将来的には，外国語学習においてもプラスの効果が表れる教育内容をめざすことが目標として現実的であろう。逆に，限られた授業時数で，技能面や知識面の指導に重点を置いて実施した場合には，早い段階から英語に対する苦手意識を持たせ，「英語嫌い」を生み出す危険性があり，これだけは避けたいところである。

なお，学習指導要領の「第2　内容」では，「外国語を用いて積極的にコミュニケーションを図る」ことをめざした指導において，［コミュニケーション面の指導事項］として，以下の3点を示している。

(1) 外国語を用いてコミュニケーションを図る楽しさを体験すること。
(2) 積極的に外国語を聞いたり，話したりすること。
(3) 言語を用いてコミュニケーションを図ることの大切さを知ること。

つまり，小学校の「外国語活動」においては，知識や技能の定着をめざす活動というより，コミュニケーションそのものの意義にふれる体験的な活動を行うことが重視されるということになる。教師がことばや文化に関する知識やスキルを「教え込む」のではなく，「体験的な理解」や「気づき」を重視した指導が期待されている。児童が興味・関心を持って活動に取り組み，友だちや先生，ALT等と関わり合いながら，母語や外国語を含めた言語のおもしろさ，コミュニケーションの楽しさやその意義に気づかせるような手立てを考えることが求められているのである。

(2) 指導計画と指導のさいの内容の取扱いのポイント

学習指導要領「第3　指導計画の作成と内容の取扱い」には，原則として英語を指導すること，2年間を通じた適切な目標を立てること，言語や文化に関する指導は体験的な理解を図ることを重視し，必要以上に細部にわたる指導は望ましくないことが示され，ほかに，指導者としての担任・外国人講師の役割，ICTを活用した授業づくり等についても記されている。この中の(4)では，「指導内容や活動については，児童の興味・関心にあったものとし……他教科等で児童が学習したことを活用するなどの工夫により，指導の効果を高めるようにすること」とある。これは，既知の内容を扱うことで，児童の理解を助け，英語の授業に対する心理的な障壁を低くすることがねらいであり，イマージョン教育のように算数や理科，社会科等の内容を英語で指導することを奨励しているのでも目標としているのでもないことに注意したい。

内容の取扱いについては，「イ　外国語でのコミュニケーションを体験させる際には，

音声面を中心とし，アルファベットなどの文字や単語の取扱いについては，児童の学習負担に配慮しつつ，音声によるコミュニケーションを補助するものとして用いること」とある。これは，知識としての体系的な文字指導を積極的に奨励するものではない，ということである。文字指導によって児童の負担が増えると，「理解できない」「覚えられない」という英語への苦手意識を生み，英語嫌いを増やすことになる。十分な配慮が必要だ。

これまで先進的に「英会話活動」に取り組んできた学校の中には，「読み・書き」を含めた中学校の前倒し的な指導が見られるところもある。学習指導要領に照らし，改めてこれまでの「英語活動」の目標および指導内容を見直す必要もあろう。文字指導のあり方やその意義について研究もなされているが，授業時数，開始年齢，教師の資質など，公立小学校の外国語活動の条件下での研究結果を元にしていない場合も少なくない。今後のさらなる研究や調査の取組みが期待される。

(3)「育てたい児童像」につながる評価規準づくりを

学習指導要領，各学年の指導に当たっての配慮事項には，「ア　第5学年における活動」として「友達とのかかわりを大切にした体験的なコミュニケーション活動を行うようにすること」，「イ　第6学年における活動」として「友達とのかかわりを大切にしながら，児童の日常生活や学校生活に加え，国際理解にかかわる交流等を含んだ体験的なコミュニケーション活動を行うようにすること」とあり，どちらの学年でも「友達とのかかわり」が重視されていることがわかる。学習指導要領の解説では，「自分や身近な話題に関してのやり取りを通して，友だちとのかかわりを深めていくことをねらっている。普段，友だちに対してあまり問わないような内容でも，外国語活動においては，友だちとやり取りをすることを通して，友だちや自分のよさをよりよく再認識することで，他者理解や自尊感情などを高めていくことにつながる」とある。ここに，全人教育としての「外国語活動」のあり方，ねらいを見ることができよう。

実施においては，単なる「友だちとのやりとり，活動」を行うだけでは十分ではない。「どのように関わるのか，コミュニケーションの内容，質はどうか」を意識しながら指導を行っていきたい。「友だちとたくさんやりとりをして，たくさんシールを集めました」というような振り返りのことばが子どもから出てくるようでは，「本当に意味のあるかかわり」がなされたとは言いがたい。この「かかわり方」を意識した授業づくりをめざした実践はまだ少ないように思える。今後の現場の取組みに期待したい。

3. 指導目標／到達目標とカリキュラムの作り方

　授業内容はどのような評価規準を立てるかで大きく変わる。評価規準を明確にし，育った学力の可視化へとつながる記録の工夫が望まれる。当然，評価方法は多様になる。「どのような力を育てたいのか」「何をできるようにさせたいのか」を考え，「そのために，どんな活動に取り組むのか」「子どもはどんな姿を見せるのか」を見取っていかねばならない。この過程をPDCAサイクル（plan — do — check — action）で省察しつつ授業改善に取り組むことで，よりよい授業実践が可能となり，同時に，各学校，児童の実態に合った目標の明確化ができるようになってくるだろう（佐野 2005）。

(4) 目標に合った振り返りのことば

❶ ねらいを伝える「振り返りのことば」

　「今日は最後まで言えました」「間違えずに言えました」「シールをたくさん取ることができました」等の振り返りのことばが聞かれる教室は多い。このような振り返りのことばが出てくるということは，取りも直さず先生が設定した授業の「めあて」が，習った言語事項を覚えて最後まで間違えずに言えることや，ゲームでシールを取ることだと児童が思っているためである。しかし，ここには，「コミュニケーションの内容や質」への意識はない。このような授業は，「外国語を用いてコミュニケーションを図る楽しさや意義を体験する」活動としてはたして適切だろうか。逆に，「工夫して友だちに話せました」「A君が僕と同じ○○を好きだと初めて知りました」「B君の言い方は気持ちがよく伝わりました」「Cさんは話すときとっても表情が豊かでした」などのことばが聞かれる教室もある。外国語活動で何をねらうのか，教師がどんなことばを子どもたちにかけるのかで，児童の振り返りでの気づきにも大きな違いが出てくる。

　コミュニケーションには「質」と「量」の両方が欠かせない。児童に「コミュニケーションの楽しさや意義」を体験させたいのであれば，友だちやALTとふれあいながら，子どもの心が本当に動くような場面や活動，「ねらい」を設定しなければならない。

　子どもたちにどのような質のコミュニケーションを求めるのか，それは教師が活動のときに提示する「めあて」，授業の途中で見取りながらかける声かけ，また，授業の最後に振り返りのことばとして与える内容を通して伝えることができる。「Dさんの聞き方がとてもよかった。相手の顔をしっかり見て，うなずいたり，聞き返したりしていたね」「Eさんの話し方はとても丁寧で，聞きやすかったですね」「F君は相手の話が終わってから，ワークシートに聞いたことを書き込んでいて，会話をとても大切にしていましたね」振り返りの時間に，このように教師がその授業で育てたかったポイントを具体的に

55

3章／英語活動でめざすもの

伝えることで，児童にも何が求められているのか，何が大切なのかが伝わる。ALTや外部講師のことばも同様で，単に"Good job!"で済ませるのでは不十分だ。何を評価するのか，前もってALTや外部講師にも伝えておきたい。

児童の変容を促すには，ねらいと振り返りのことばの積み重ねが大切である。コミュニケーションで何が大切か，授業の目標は何かを教師はしっかりと考えておきたい。

❷ ことばとしての指導であるために

外国語活動は国語と同様に「ことばの教育」の場である。英会話活動で従来よく使われてきた「大きな声（big voice）」という合言葉がそぐわないことはすぐにわかるだろう。友だちと話をするのに大声を出す必要はなく，隣の人に大声で挨拶をしたり，自己紹介したりするのは滑稽でしかない。また，自己紹介で自分の名前を伝えるさいに，速く言ったら相手は聞き取れない。What's your name? ― My name is Yuji. Give me a seal. と素早く言って立ち去っていくような自己紹介活動などあってはならない。

ことばを大切にした実践をしている教室で使われる合言葉のひとつに，"Talk softly."がある。My name is Yuji Tanaka. とゆっくり，はっきりと発話するように指導している学校こそ，コミュニケーションを大切にしている学校である。一方，相手に伝わったかどうかも考えずに，大声で英語を叫んでいるだけの活動もある。それは子どもたちのせいではなく，大切にすべきことを「めあて」として，しっかりと伝えていない教師側の問題である。外国語活動の目標の設定は，コミュニケーションとことばの教育であることをしっかりと考え，子どもに与える「めあて」，「振り返りのことば」につながる評価規準をしっかりと準備することから始まるのである。

(5) 年間カリキュラム作成のさいの留意点

❶ 1単元の時間構成

各単元に割り当てられる時間は，その内容や活動によって変わる。英語の音声や表現に慣れ親しませることを目的にした授業なら，ある程度の時間を使って英語を聞いたり，話したりする時間を確保しなければ，言えるようにもならないし，聞いて意味がわかるようにもならず，達成感を得ることができないままで終わってしまう。国際理解の活動を行うのであれば，活動内容にふさわしい時間配当が必要となる。ゲストと直接ふれ合う時間を確保するために2時間連続で実施するなど，弾力的な時間配当も必要となる。各単元を毎回同じ時数で行うのではなく，内容に応じて必要な時間をとり，柔軟な時間

3. 指導目標／到達目標とカリキュラムの作り方

配当を心がけることが必要である。

❷ 中学校「英語科」との違いを押さえる

　外国語活動の時数が週1時間という環境で，非常に大切になるのが復習の時間を十分に取ることである。「習った表現だから」と，十分な復習もなしに発話活動やコミュニケーション活動を行えば，ついて来られない児童を増やしてしまうことになる。中学校では，週3～4時間の授業があっても復習の時間を取りながら進めている。小学校では中学校以上に復習の時間を増やし，児童に繰り返し聞き，話す機会を十分に与えなければならない。ただし，同じ活動や単純な繰り返し練習だけでは，子どもたちはすぐに飽きてしまう。児童が飽きずに同じ言語材料に何度もふれ，練習，運用できる多様な活動（歌・チャンツ，ゲーム等）を準備しておくことが肝心である。

　高学年になると歌やゲームには関心を示さないということも聞く。しかし，中学生や高校生でも，歌やゲームを使った授業への関心は高いものである。小学校の高学年だけが歌やゲームが嫌いだというのはなぜだろう。それは，子どもたちが「歌やゲームが嫌い」ということよりも，高学年の発達段階に合っていない，幼稚な歌やゲームを用いていることが原因だと思われる。つまり，小学校段階の教材開発の余地が，まだまだあるということの表れとも言えるだろう。

　小学校では，中学校「英語科」との条件の違いを押さえたうえで，1単元の時間配分を考えること，小学校段階にふさわしい年間カリキュラムを設定すること，また，高学年に適した教材や活動を工夫することが重要である。

❸ 国際理解のための活動

　国際理解の資質は，すべての教科，カリキュラムを通して育てるべきであることを忘れてはならない。外国語活動の時間においてねらいとすべきは，「知識としての国際理解」ではなく，実際の活動や交流等を通して育む「体験的な知」である。知識や技能の習得につながる関心・意欲・態度の部分をしっかりと育てなければならない。そのためには，子どもたちの「気づき」を大切にした指導が望まれる。教師側がすべてを与えるのではなく，子ども自らが体験を通して身につけるような指導をめざしたい。

　国際理解活動の実施にあたっては，他教科や学校行事との連携・クロスカリキュラムをふまえて，どの時期にどのような内容を与えるべきかに配慮することが大切である。また，異学年との合同での実施を考えるなど，学校全体のカリキュラムにおける位置づけや目的をしっかりと考えたうえでの取組みが望まれる。

(6) 中学年・低学年で取り組む場合

　3, 4年生での「総合的な学習の時間」における英語活動に関しては, 指導要領の「第5章　総合的な学習の時間」の内容の取扱いに関する配慮事項を読み込む必要がある。ここには「国際理解に関する学習を行う際には, 問題の解決や探究活動に取り組むことを通して, 諸外国の生活や文化などを体験したり調査したりするなどの学習活動が行われるようにすること」と記されている。この一節は,「英会話活動」を「総合的な学習の時間における国際理解教育の一環」として実施することについて, 牽制をしているとも取れる部分である。これまで3, 4年生で英語活動を実施してきた学校では, そのカリキュラムや内容を精査し, 学習指導要領の「総合的な学習の時間」のねらいに合ったものになっているか再検討をする必要があろう。「総合的な学習の時間」のねらいも意識しながら, 高学年で出会うことになる言語材料や活動への積極的な学びにつながるような指導が行われるべきである。

　中学年で英語活動を実施するとすれば, 次のような内容が考えられる。それは,「総合的な学習の時間」と他教科で学んだ内容, 年間の学校行事とのクロスカリキュラム的な取組みである。たとえば, 外来語, 外国語・母語・言語への興味・関心を高める調べ学習や, 海外の姉妹校や地域の外国人を対象に情報発信するなど, 国際補助言語として英語を用いた活動や交流などを行うことは意義があると言えるだろう。もちろん, 英語の技能, 知識の定着を求めるべきではない。この段階での体験が, 高学年での外国語活動への動機づけとなるような手立てが必要である。

　低学年で実施する場合には, コミュニケーション活動として, 母語以外の言語に出会うことで,「言葉への興味や関心を育てる」活動が考えられる。しかし, 実施の必要性については, 活動の形態も含めて慎重に検討すべきであろう。3年生から必修教科として英語教育を開始している韓国では, 低学年からの本格的な英語指導の実施を研究してきたが, 結局, 現段階では実施に踏み切ってはいない。わが国においても, どの学年から, どのような指導を始めるのが効果的なのかを含め, 十分な研究は進んでいないのが現状である。今後の小・中9ヵ年一貫の英語・コミュニケーション教育に関する研究開発等の成果を十分検証したうえで進めるべき課題と言えよう。

　低学年では, 新たに「コミュニケーション科」等の新たな名称の授業を置き, 英語会話等はその中に取り込むようにすることも考えられる。たとえば,「外国語を効果的に用いながら, 母語を含めたコミュニケーション能力を育成する」ことを目標に, 活動やシラバス作成を行い, 低学年から高学年の「外国語活動」までつながる一貫性を持たせて

3. 指導目標／到達目標とカリキュラムの作り方

はどうであろうか。すでに低学年からの取組みを行っている研究開発学校等からの，今後の発信が待たれるところである。

(7) カリキュラム作成に『英語ノート』を参照する

　『英語ノート』については，その使用の義務はない。各学校ですでにできあがっているカリキュラムやこれまで用いてきた教材があるのであれば，無理して『英語ノート』を使用する必要はない。『英語ノート』の使用に縛られるあまり，目の前の児童に本当に育てたい力や教師の思いが実現できないようでは本末転倒である。一方，今年から初めて「外国語活動」を始める学校は，『英語ノート』から学べることが多くあるだろう。学習指導要領，解説書，指導者用資料等を読み込みながら，『英語ノート』に示されている具体的な活動を見ることで，「外国語活動」のあるべき姿がわかるはずである。

　すでに自校の年間カリキュラムが作られている学校では，『英語ノート』の中から，内容的に共通する部分で，使用可能な教材を効果的に用いることができるはずである。そのまま用いることができない場合でも，教材作成におけるヒントとなることは多いだろう。各学校，児童・教師の実態に応じた利用を試みるとよいだろう。

(8) おわりに

　「コミュニケーション能力の素地」を育てる外国語活動において大切なことは，外国語・外国文化，および外国語を学ぶことに対する興味・関心と積極的な態度の育成であり，目標言語・文化の特徴，母語や自文化との相違点や共通点を意識しながら外国語にふれる体験を持つことである。限られた時間内で行われる外国語活動で，技能面や知識面の育成に過度な期待をすべきではない。高度なことが求められ，負担が増えれば，児童は英語を学ぶことへの興味を失ってしまいかねない。

　理解を超えたインプットや，機械的な発話練習を強いることなく，友だちや ALT とかかわりながら，「楽しいコミュニケーション体験」を重ねることが大切となる。語彙やフレーズ等の言語形式や音声に慣れるとともに，それらを意識した発話を無理なく少しずつ増やしていきたいものである。

（金森　強）

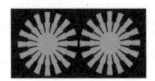

4 5, 6年生年間カリキュラム例
── 横須賀市英語活動カリキュラム「ハッピータイム」

(1) 英語活動を通して育成をめざす児童の姿

　横須賀市では，2002（平成14）年度から小学校第1～第6学年の全学級にALTを派遣するなど指導体制の充実を図りながら英語活動に取り組んできた。研究活動としては，2004（平16）年度から神奈川県教育委員会の小学校英語活動研究委託校として市内の複数校が，2008（平20）年度には文科省の小学校英語活動拠点校として1校が研究に取り組んできた。2009（平21）年度からは，これまでの研究の成果をふまえて，小学校6年間を通して育成したい子どもたちの姿を市として明確にし，学習指導要領に示された英語活動の目標の実現状況を高めるための取組みを行っている。

　次に示すのは，小学校学習指導要領「外国語活動」の目標に記されたコミュニケーション能力の素地を形成する3つの観点にもとづいて，6年間で育成したい児童の姿を低・中・高学年別にまとめたものである。

【6年間で育成をめざす児童の姿】

観点	低学年	中学年	高学年
言語・文化への体験的理解	❶英語の音声や語彙，表現に関心をもつ。 ❷身の回りの文化に興味をもつ。 ❸外国の文化の存在に気づく。	❶英語の音声や語彙，表現と日本語との違いに関心をもつ。 ❷身の回りのことや地域の文化に興味をもつ。 ❸外国の文化の多様性に興味をもつ。	❶ことばのおもしろさや豊かさに興味をもつ。 ❷身の回りのことや地域，横須賀や自国の文化に興味をもつ。 ❸外国の文化や日本の文化との違いや共通点に興味をもつ。
コミュニケーションへの積極的な態度	❶相手の顔を見ながらコミュニケーションを図ろうとする。 ❷相手の言っていることに関心をもち，応答しようとする。 ❸ルールを守りながらみんなと一緒に楽しく活動しようとする。	❶手段を工夫しながらコミュニケーションを図ろうとする。 ❷相手を理解しながら，自分の気持ちや状況を伝えようとする。 ❸マナーを意識しながら積極的に活動に参加しようとする。	❶積極的に言語によるコミュニケーションを図ろうとする。 ❷相手を尊重しながらコミュニケーションを図ろうとする。 ❸マナーやルールを守って人との関わり合いを大切にしながら活動に参加しようとする。

英語の音声や基本的な表現への慣れ親しみ	❶聞いた英語の音声を真似しようとする。 ❷あいさつや自分に関する英語の単語や表現に親しむ。 ❸自分や身の回りのことに関する英語の単語や表現に親しむ。	❶聞いた英語の表現を真似しようとする。 ❷自分や相手についての簡単なやりとりに関する英語の単語や表現に親しむ。 ❸自分や日常生活，地域に関する英語の単語や表現に親しむ。	❶聞いた英語の一部を変えたりしながら英語で伝えようとする。 ❷自分や相手の気持ちや考えなどに関する英語の単語や表現に親しむ。 ❸横須賀や自国，他の国の文化に関する英語の単語や表現に親しむ。

(2) 授業時数と指導体制

　6年間の英語活動の標準授業時数，および1〜4年における教育課程上の位置づけは市で定めている。2009 (平21) 年度からは，1〜4年については年間10時間，独自の教育活動の時間をもって実施している。5, 6年については年間35時間，教育課程上の位置づけを移行措置にもとづき実施している。

　指導体制については，全学年の全授業において学級担任 (HRT) と ALT とのティーム・ティーチング (T.T.) による指導を行っている。小学校専任の ALT が教育委員会から全授業時数，各学級に派遣されている。

(3) カリキュラム作成の意義

　横須賀市では，2002 (平14) 年度から市としてカリキュラムを作成する組織を教育委員会内に作り，(1) で示した6年間で育成をめざす児童の姿を追求するために，①多様な言語や文化を体験的に理解させること，②積極的にコミュニケーションを図ろうとする態度を育成すること，③英語でコミュニケーションを行うさいに必要な基本的な表現に慣れ親しませることを指導指針として，英語活動先進校の研究成果等を取り入れながら，作成と見直しを繰り返してきた。本節で紹介する2009 (平21) 年度版「ハッピータイム」カリキュラムは改訂第4版となる。

　学校任せではなく，市として標準的なカリキュラムを作成することの意義は大きい。年間指導計画と全授業時数の指導案からなるカリキュラムがあることで，6年間の系統性や継続性のある指導を通して，どの学年・学級の児童にも一定水準の教育内容を保障することが可能となるからである。とくに，何をどう教えたらよいのか不安に感じているHRTにとっては授業づくりの強い味方になっている。「ハッピータイム」の英語版指

導案も作成しているが，ALTにとっても準拠すべきカリキュラムがあることで，自分に求められている役割と指導内容がより具体的に理解できるようになる。

　本市教育委員会主催の研修では，各校の担当教諭はもとより，ALTにも本市カリキュラムのワークショップに毎回同席し参加してもらっている。日本人教員とALTが具体的指導について共通理解を深めることが，指導の充実につながっている。

　このカリキュラムは各校で英語活動の指導計画を作成するさいの標準となるが，教育的効果がいっそう高まるよう児童の実態に合わせてカリキュラムに工夫を加えることが重要であることは言うまでもない。

(4) カリキュラム作成上の留意点

カリキュラム作成にさいしては，とくに以下の点を重視している。

〈ことばを通した人間関係づくり〉
- 人とのかかわりを大切にし，仲間と協調して活動する。
- 互いに理解し合おうとする気持ちを大切にし，相手のことばをよく聞いて相手を理解しようとする。
- 伝えたいことをことばで互いに伝え合おうとする。
- ALTの話す英語を聞いてよくわかる喜びを感じるなど，ALTを通してことばや文化が異なる人とも協調していくことの大切さを体感する。

〈発達段階に応じた指導内容・指導方法と評価〉
- 英語の音声や表現をよく聞き，日本語との違いなどことばのおもしろさに気づき，ことばに興味をもつ。
- 児童の発達の段階にふさわしい活動を，無理なく段階的に設定する。
- HRT，ALTそれぞれの指導力を最大限に生かすとともに評価の観点を明確にする。

〈題材内容の拡大〉
- 児童の興味や関心のある題材を取り入れる。
- コミュニケーションの場面や内容を少しずつ変えたり広げていきながら，6年間で英語の基本的な単語や表現に慣れ親しむ。
- 学校行事等での経験や他教科での学習との関連を持たせる。
- 児童の住んでいる地域や本市，日本の文化等について興味を持ち，理解する。

・世界には多様な文化があることに気づき，それらを理解しようとする。

『英語ノート1・2』については，本市の研究推進校の研究実践をもとに作成してきた従来の市独自のカリキュラムと対照しながら，1～4年生も含めて，適宜，分散配置した。以下，低・中学年も含めた横須賀市の小学校6年間のカリキュラムの概要を示す。まず，1～4年生，次に5, 6年生年間指導計画表を示す（pp. 64-69参照）。

（5）年間指導計画にもとづく英語活動の成果と今後の課題

年間カリキュラムにもとづく英語活動の指導を行った成果としては，以下の点が挙げられる。
- どの学年を担当しても6年間の見通しをもって指導できること。
- 各学年で何を学ぶのかがわかるので，学年間の接続が円滑になること。
- 1年間の学習内容がわかるので，他教科・領域や行事等と計画的，意図的に関連をもたせながら効果的な活動を展開できること。
- 低・中・高学年の目標，各単元および1時間の授業の目標を意識し，その達成をめざす指導ができること。

なお，よりよい小学校外国語活動の指導と小・中連携をめざして，今後も以下の課題をもって取り組み，指導の改善発展を図りたいと考えている。
- 本カリキュラムにもとづく学習により，本市のめざす児童の姿の実現が図られているかという観点から，児童の学習の実現状況を分析し，カリキュラムの見直しを継続して行うこと。
- 各単元や授業において，より効果的な学習活動や教材に更新していくこと。
- 英語活動の評価についての研究を行うこと。
- 本カリキュラムによる授業での具体的な指導方法について，教員およびALT対象の研修を継続していくこと。

3章／英語活動でめざすもの

【平成21年度 ハッピータイムIV 年間指導計画表】
1) 低・中学年の年間指導計画表（各学年とも年間10時間）

	第1学年	第2学年	第3学年	第4学年
			(4月、1～4年生は授業なし)	
5月	**あいさつしよう――はじめまして** Hello. Nice to meet you. (あいさつのマナーを知り初対面のあいさつをする) ・歌 The Hello Song, Good Morning to You ・リズムでチャンツ ＊「英語ノート1」Lesson 1 と関連	**あいさつしよう――お名前は？** My name is ～. Nice to meet you. (初対面のあいさつや名前を言い合う) ・歌 The Hello Song ・リズムでチャンツ ＊「英語ノート1」Lesson 1 と関連	**あいさつしよう――またね！** See you again/later/tomorrow/next time. Have a nice day/weekend. (出会いや別れのあいさつをする) ・歌 Hello! ・あいさつリレーゲーム	**あいさつしよう――とても元気です！** How are you? — I'm great/sleepy/tired. (気持ちや様子を伝え合う) ・歌 Hello! ＊「英語ノート1」Lesson 2 と関連
6月	**あいさつしよう――こんにちは・さようなら** Hello. Good-bye. (「こんにちは」と「さようなら」のあいさつをする) ・歌 Twinkle, Twinkle, Little Star ・友だち探しゲーム ＊「英語ノート1」Lesson 1 と関連	**英語で遊ぼう** Let's enjoy the Star Festival. (英語の歌やゲームを通して七夕を楽しむ) ・歌 Bingo, Twinkle, Twinkle, Little Star, Ten Little Stars ・七夕チャンツ、友だち探しゲーム	**朝、昼、夜のあいさつをしよう** Good morning/afternoon/evening/night. (時間に合わせてあいさつする) ・歌 Good Morning!, Twinkle, Twinkle, Little Star ・七夕チャンツ、あいさつスキット	**「どうしたの？」と聞こう** What's the matter? — I'm sick. (相手を気づかう気持ちや体調を伝え合う) ・歌 What's the Matter?, Twinkle, Twinkle, Little Star ・七夕チャンツ ＊「英語ノート1」Lesson 2 と関連
7月	**あいさつしよう――ごきげんいかが** How are you? — I'm fine, thank you. How are you? (相手の様子を尋ねる) ・歌 The Hello Song ＊「英語ノート1」Lesson 2 と関連	**おはじきゲームをしよう** Two chips, please. — Here you are. Thank you. — You're welcome. (欲しい物をもらう／渡す) ・歌 Thank You, You're Welcome. ・おはじきゲットゲーム	**好きなスポーツを言おう** I like soccer/tennis/basketball/judo. (好きなスポーツを伝え合う) ・スポーツカルタ ＊「英語ノート1」Lesson 4 と関連	**具合が悪いことを伝えよう** What's the matter? — I have a fever. Are you OK? Take care. (具合が悪いことを伝える) ・歌 What's the Matter? ＊「英語ノート1」Lesson 2 と関連
9月	**ごめんなさいを言おう** I'm sorry. That's O.K. (謝ったり許する気持ちを伝える) ・歌 The Hello Song, Seven Steps	**命令ゲームをしよう** Touch your head/shoulders/ears. (体の部分を使ったダンスやゲームを楽しむ) ・歌 The Hello Song, The Hokey Pokey	**好き嫌いを尋ねよう** Do you like basketball? — Yes, I do. / No, I don't. How about you? (スポーツの好き嫌いを伝え合う)	**できるスポーツは？** I can swim/ski/skate. Can you ski? — Yes, I can. / No, I can't. (できるスポーツを伝え合う)

4, 5, 6年生年間カリキュラム例

月				
9月	・ごめんなさいリレー	・Simon Says ゲーム	・歌 The Hello Song ・○×クイズ、スポーツ名ビンゴ *「英語ノート1」Lesson 4 と関連	・歌 The Swimming Song ・絵本 From Head to Toe *「英語ノート2」Lesson 4 と関連
10月	数で遊ぼう 1〜10 one, two, ... ten (英語の数字遊びを楽しむ) ・歌 Seven Steps, Ten Little Witches ・数とりゲーム *「英語ノート1」Lesson 3 と関連	数で遊ぼう 1〜10 one, two, ... ten (英語の数字遊びを楽しむ) ・歌 Ten Little Witches, Make a Circle ・カウントゲーム *「英語ノート1」Lesson 3 と関連	数で遊ぼう 1〜20 one, two, ..., eleven, ... twenty (英語の数字遊びを楽しむ) ・歌 Ten /Twenty Little Witches ・ビンゴゲーム、カウントゲーム *「英語ノート1」Lesson 3 と関連	得意なことを紹介しよう I can play the recorder. I can do this. (得意なことを紹介する) ・Sports チャンツ、Yo-Yo チャンツ ・絵本 From Head to Toe *「英語ノート2」Lesson 4 と関連
11月	色で遊ぼう What's this color? — Yellow / pink / blue / red / green. (色の名前を言う) ・歌 Colors ・カラーバスケット、カラーチャンツ	好きな色を言おう What color do you like? — I like pink / blue, etc. (好きな色を言う) ・歌 Rainbow, Colors ・カラーバスケット、リズムゲーム *「英語ノート1」Lesson 4 と関連	野菜の好き嫌い Do you like carrots? — Yes, I do. How about you? I don't like carrots. (好きな野菜を伝え合う) ・絵本 The Gigantic Turnip *「英語ノート1」Lesson 4 と関連	動物クイズを楽しもう Guess what? — Hint, please. (It's) Black, and white. (It's) Big. It says, "moo-moo". (動物クイズを楽しむ) ・歌 Old MacDonald, 鳴き声の歌 ・3 ヒントクイズ、アニマルハンティング ・絵本 Brown Bear
12月	果物の名前を言おう banana / melon / apple (果物の名前を言う) ・歌 Ten Little Apples ・フルーツチャンツ、フルーツバスケット	好きな果物を言おう What fruit do you like? — I like bananas. How about you? (好きな果物を伝え合う) ・フルーツチャンツ、バスケット *「英語ノート1」Lesson 4 と関連	文房具を貸してもらおう What's this? — It's a pencil / an eraser. Do you have a ruler? — Yes. Here you are. (文房具を貸し合う) ・これはなにチャンツ *「英語ノート1」Lesson 4 と関連	ものの当てクイズをしよう What's this? — It's an eraser / a spider. (何が入っているか当てる) ・これはなにチャンツ ・3 ヒントクイズ *「英語ノート1」Lesson 7 と関連
1月	福笑いをしよう eyes, ears, mouth, nose... (福笑いを楽しむ) ・歌 Head, Shoulders, Knees & Toes ・Simon Says ゲーム、福笑い	動物カルタをしよう Let's play Karuta. (十二支の動物名など mouse, cow, tiger ... 動物カルタを楽しむ) ・動物カルタ ・絵本 Brown Bear	年齢を言おう How old are you?—I'm nine years old. (年齢を伝える) ・ビンゴチャンツ ・豆まきチャンツ	好きな曜日を言おう What day is today?—It's Monday. What day do you like?—I like Sunday. (好きな曜日を伝え合う) ・歌 Sunday, Monday, Tuesday ・絵本 The Very Hungry Caterpillar

3章／英語活動でめざすもの

月				
2月	じゃんけんをして遊ぼう Rock, scissors, paper. 1,2,3. Card, please. Thank you. (じゃんけんを使うゲームを楽しむ) ・じゃんけん列車ゲーム、豆まきカード集め	日本の遊びを楽しもう I like kendama (cup and ball). I can do this. (a top/ Japanese marbles) — Good job! / Great! (日本の昔遊びをALTと楽しむ) ・カード交換ゲーム ・ALTの国の昔遊び	おやつの時間を楽しもう I have cookies / apples / oranges. / I have three cookies. One for you. (おやつの交換を楽しむ) ・歌 The Snack Time Song ・おやつのカード交換ゲーム	住んでいる地域を紹介しよう Kamoi is famous for Kannonzaki Light House. Kurihama is famous for Flower World. (自分の地域をALTに紹介する) ・Famous for チャンツ
3月	ALTの先生とお楽しみ会！ (1年間のまとめとして歌やゲームを楽しむ) ・歌 Seven Steps, Make a Circle, I Have a Joy, その他これまで習った歌 ・先生をガードゲーム	ALTの先生とお楽しみ会！ (1年間のまとめとして歌やゲームを楽しむ) ・歌 Five Little Monkeys, I Have a Joy, その他これまで習った歌 ・デザートバスケット、カルタ	ALTの先生とお楽しみ会！ (1年間のまとめとして歌やゲームを楽しむ) ・歌 Five Little Monkeys, I Have a Joy, その他これまで習った歌 ・ビンゴゲーム、Simon Saysゲーム	ALTの先生とお楽しみ会！ (1年間のまとめとして歌やゲームを楽しんだ歌 ・Simon Saysゲーム、ALTにインタビュー、クイズ合戦 ＊「英語ノート1」Lesson 7と関連

2) 高学年の年間指導計画表（各学年とも年間35時間，【　】は配当時間，❶～❸／❹は，第1時～3時／4時の主な内容）

	第5学年	第6学年
4月	**世界の「こんにちは」を知ろう 【3時間】** 【表現】Hello. My name is ～. Nice to meet you. 【目標】世界のさまざまな言語でのあいさつを知り，初対面のあいさつや自己紹介をする──❶世界のさまざまな言語でのあいさつを知る ❷あいさつのマナーを確認し積極的にあいさつする ❸友だちと名刺交換をする ・歌 Hello! Hello to All the Children of the World ・ハローチャンツ，キーワードゲーム ＊『英語ノート1』Lesson 1 と関連	**自己紹介をしよう 【3時間】** 【表現】Where are you from? I'm from ～. I like ～. I can ～. Here's my name card. 【語彙】スポーツ名，教科名，動作を表わす動詞 【目標】世界の国のあいさつに関心をもち自己紹介をする──❶あいさつのマナーを守り積極的にあいさつする ❷相手の出身地や好き嫌いについて尋ねる ❸名刺交換をしながら積極的に自己紹介する ・歌 Hello!, Bingo ・世界のこんにちはチャンツ，○×クイズ ＊『英語ノート1』Lesson 1, 4, 『英語ノート2』Lesson 4 と関連
5月	**ジェスチャーをしよう 【3時間】** 【表現】How are you? — I'm ～. How about you? 【語彙】happy, hungry, tired, sleepy などの自己の状態を表す形容詞 【目標】ジェスチャーを交えてコミュニケーションを楽しむ──❶ジェスチャーに興味をもちその大切さを知る ❷日本と外国とのジェスチャーの違いを知る ❸表情やジェスチャーを交えて気持ちや様子を伝え合う ・歌 The Feeling Song, If You're Happy and You Know It ・ジェスチャーゲーム ＊『英語ノート1』Lesson 2 と関連	**アルファベットで遊ぼう 【3時間】** 【表現】What's this? What do you have? I have "A/a". 【語彙】A～Zのアルファベットの文字，いろいろな単語のつづり 【目標】アルファベットに興味をもつ──❶大文字の読み方を知る ❷小文字があることを知るとともに世界のさまざまな文字に興味をもつ ❸身の回りにあるアルファベットに興味をもち書き写す ・歌 The Alphabet Song, ABC Steps ・カード交換ゲーム，マッチングゲーム ＊『英語ノート2』Lesson 1 と関連
6月	**外来語を知ろう 【4時間】** 【表現】What do you want? ～, please. 【語彙】果物，野菜，食べ物，スポーツ，動物など 【目標】身近な外来語に興味をもち，文化の伝播に気づく──❶身近な外来語をさがし英語の言い方を知る ❷いろいろな国の食べ物に興味をもち英語の言い方を知る ❸ほしい果物を伝えフルーツパフェをつくる ❹外来語クイズをつくり楽しむ ・歌 ABC Song, Twinkle, Twinkle, Little Star ・外来語チャンツ，What do you wantチャンツ，七タチャンツ ・仲間さがしゲーム ＊『英語ノート1』Lesson 6 と関連	**道案内をしよう 【4時間】** 【表現】Where is the music room? — It's on the 3rd floor. Go straight. Turn left/right. 【語彙】school, bank, hospital などの建物や施設名 【目標】英語で道案内をする──❶音楽室などの英語の言い方を知る ❷ALTに学校の中を案内する ❸町にある建物や施設の英語の言い方を知る ❹道案内をする ・歌 Twinkle, Twinkle, Little Star ・Go straightチャンツ，Whereチャンツ，七タチャンツ ・Simon Saysゲーム，おはじきゲーム，カードゲーム ＊『英語ノート2』Lesson 5 と関連
7月	**数で遊ぼう1～60 【3時間】** 【表現】How many? Two plus five is seven. 【語彙】数字 one ～ sixty 【目標】英語の数字遊びを楽しむ，世界の数の数え方	**お天気を伝えよう 【3時間】** 【表現】How's the weather? — It's sunny. 【語彙】rainy, windy, cloudy など天気を表わす形容詞 【目標】世界のいろいろな国や地域の天気を伝える

67

3章／英語活動でめざすもの

月		
7月	に興味をもつ──❶60までの数字の言い方を知る ❷漢字の画数ゲームをする ❸英語で算数ゲームをする • 歌 The Feeling Song • ビンゴゲーム，数字カルタ，漢字の画数当てゲーム，友だち探しゲーム，算数ゲーム ＊『英語ノート1』Lesson 3 と関連	──❶天気を尋ねる言い方を知る ❷電話で天気を伝え合う ❸いろいろな国や地域の天気を伝え合う • 歌 How's the Weather? Weather Song • 七夕チャンツ，お天気チャンツ，伝言ゲーム
9月	好きなスポーツを言おう 【4時間】 【表現】What sport do you like? ─ I like soccer. I can play soccer. Can you play soccer? 【語彙】スポーツ名 【目標】好きなスポーツを伝え合う──❶英語のスポーツ名を知る ❷好きなスポーツを伝え合う ❸できるスポーツを伝え合う ❹好きなスポーツ選手を伝え合う • 歌 The Swimming Song • スポーツチャンツ • じゃんけんカードゲーム，仲間あつめゲーム，マッチングゲーム，スポーツサインゲーム ＊『英語ノート1』Lesson 4 と関連	自分の1日を紹介しよう 【4時間】 【表現】What time is it now? ─ It's seven. I get up at 7 o'clock. I have breakfast at 7:30. 【語彙】leave home, watch TV, take a bath など日課を表わす動詞句 【目標】自分の1日を紹介し合う──❶世界に時差があることや時刻の言い方を知る ❷1日の生活の動作を言う ❸何時に何をするのか日課を言う ❹自分の1日を紹介する • 歌 This is the Way • Daily Routine チャンツ • おはじきゲーム，1日の動作カルタ，聖徳太子ゲーム ＊『英語ノート2』Lesson 7 と関連
10月	ランチメニューを作ろう 【3時間】 【表現】What would you like? ─ I'd like juice. 【語彙】bread, milk, sausages などの飲食物 【目標】食べたいものを伝えランチメニューをつくる──❶世界の料理に興味をもつ ❷注文したいものを伝え合う ❸ランチメニューをつくる • 歌 Are You Hungry? • What would you like チャンツ, Spicy, Salty, Sweet チャンツ ・カフェテリアごっこ ＊『英語ノート1』Lesson 9 と関連	好きな教科を紹介しよう 【3時間】 【表現】What subject do you like? ─ I like P.E. Why? Mr. / Ms. ～ is our homeroom teacher. 【語彙】interesting, exciting, difficult などの形容詞 【目標】好きな教科を伝え合う──❶好きな教科を言う ❷先生を紹介する ❸好きな教科となぜ好きかを伝え合う • 歌 Sunday, Monday, Tuesday • クラスチャンツ，じゃんけんカードゲーム ＊『英語ノート1』Lesson 4, 8 と関連
11月	時間割を作ろう 【4時間】 【表現】I like Monday. I study science. I like science. 【語彙】曜日，教科名 【目標】夢の時間割を作り，伝え合う──❶ALTの国の小学校の様子や学習する教科を知る ❷好きな教科を伝える ❸好きな曜日と教科を伝える ❹グループで時間割をつくり発表する • 歌 Sunday, Monday, Tuesday • クラスチャンツ，教科カルタ ＊『英語ノート1』Lesson 8 と関連	行ってみたい国を紹介しよう 【4時間】 【表現】Where do you want to go? ─ I want to go to ○○. I want to eat ～. I want to see ～. 【語彙】国名，食べ物や場所名 【目標】行ってみたい国について伝え合う──❶世界の国と有名な事物に興味をもつ ❷行きたい国について調べその魅力を知る ❸行きたい国を尋ね合う ❹行きたい国とその理由を伝え合う • famous for チャンツ, I want to go to Italy チャンツ ＊『英語ノート2』Lesson 6 と関連
12月	横須賀市を紹介しよう 【3時間】 【表現】Yokosuka is famous for /as ～. 【語彙】port, lighthouse, museum, memorial hall などの場所や curry などの特産品 【目標】横須賀の歴史についてやさしい英語で追体験	行ってみたい県を紹介しよう 【3時間】 【表現】Kanagawa is famous for /as ～. I want to go to ～. I like ～. 【語彙】場所や特産品など 【目標】県の名所・特産品や行ってみたい県を伝え合

4, 5, 6年生年間カリキュラム例

月	(5年生)	(6年生)
12月	するとともに，名所などを ALT に紹介する── ❶横須賀の名所を考え英語で何というか知る ❷横須賀カルタをする ❸横須賀の名所などを ALT に紹介する ・Famous for チャンツ, 横須賀カルタ	う──❶神奈川県の名所や特産品を ALT に紹介する ❷日本の世界遺産や各地の特産物を ALT に紹介する ❸行ってみたい県を紹介する ・県名チャンツ, Famous for チャンツ ・県当てクイズ *『英語ノート2』Lesson 6 と関連
1月	**カレンダーを作ろう 【3時間】** 【表現】When is ~? We have Children's Day in May. 【語彙】12ヵ月，季節，行事名 【目標】日本や外国の季節や行事に興味をもちカレンダーを作って紹介する──❶日本の祭りや行事に興味をもち月名を知る ❷好きな季節を伝え合う ❸自分の誕生月のカレンダーを作る ・歌 Twelve Months ・季節のチャンツ, 干支チャンツ ・キーワードゲーム, 月名カルタ *『英語ノート2』Lesson 3 と関連	**誕生日を尋ね合おう 【3時間】** 【表現】My birthday is in April. When is your birthday? ─ It's December 4th. 【語彙】順序を表す数 【目標】誕生日を伝え合う──❶世界の行事や祭りが行われる月を知る ❷誕生日の言い方を知る ❸誕生日を伝え合う ・歌 Twelve Months, Happy Birthday to You ・12ヵ月チャンツ ・マッチングゲーム, 日付を見つけよう！ *『英語ノート2』Lesson 3 と関連
2月	**ショッピングをしよう 【3時間】** 【表現】May I help you? ─ Do you have a cap? I don't like green. How much is this? ─ Twenty dollars. 【語彙】T-shirt, sweater などの衣類, yellow, purple などの色 【目標】ほしい服のショッピングをする──❶身につけるものを英語で何と言うか知る ❷値段の言い方を知り，ほしい服を言ったりする ❸買物のスキットを演じる ・歌 What are You Wearing? ・洋服チャンツ, Do you have a cap チャンツ ・買物スキット *『英語ノート1』Lesson 5 と関連	**将来の夢を伝えよう 【3時間】** 【表現】What do you want to be? ─ I want to be a teacher. Why? ─ I like children. 【語彙】doctor, carpenter などの職業名 【目標】将来の夢を理由とともに伝え合う──❶いろいろな職業の言い方を知る ❷自分が将来つきたい職業を言う ❸つきたい職業を理由とともに伝え合う ・歌 Do You Know the Astronaut? ・職業チャンツ, When I grow up チャンツ *『英語ノート2』Lesson 9 と関連
3月	**ALT の先生とお楽しみ会！ 【2時間】** 【目標】1年間のまとめとして，ALT と「クイズ大会」を楽しむ──❶11~20, 30, 40, 50, 60 の言い方を復習し，英語で計算ゲームをする ❷ALT とインタビュークイズを楽しむ ・歌 I Have a Joy ・計算マッチングゲーム, ○×クイズ *『英語ノート1』Lesson 7 と関連	**卒業スピーチをしよう 〜「将来の夢」【2時間】** 【目標】6年間のまとめとして「将来の夢」をスピーチとして発表する 【表現】My name is ○○. / I'm ○○. I like sports. I can play soccer. I want to be a teacher. (Why? I like children.) Thank you. ❶習ったことをもとにスピーチの内容を考え，ペアで練習する ❷クラスで卒業スピーチを発表する ・歌 Do You Know the Astronaut? ・When I grow up チャンツ *『英語ノート2』Lesson 9 と関連

(黒川理美, 髙橋一幸)

〈参考文献〉

大城賢・直山木綿子(編著)(2008)『小学校学習指導要領の解説と展開　外国語活動編』教育出版.
岡秀夫・金森強(2009)『小学校英語教育の進め方――「ことばの教育」として〔改訂版〕』成美堂.
佐野正之(2005)『はじめてのアクション・リサーチ――英語の授業を改善するために』大修館書店.
髙橋一幸(2003)『授業づくりと改善の視点――よりコミュニカティブな授業をめざして』教育出版.
髙橋一幸(2007)「日韓の義務教育における英語教科書の比較研究――小中連携英語教育の将来像検討のために」『神奈川大学　心理・教育研究論集』第26号. pp.5-48.
中央教育審議会教育課程部会・外国語専門部会(2006)「小学校の英語教育の充実について(審議のまとめ)」.
樋口忠彦・金森強・國方太司(編著)(2005)『これからの小学校英語教育――理論と実践』研究社.
文部科学省(2008a)『小学校学習指導要領』.
文部科学省(2008b)『中学校学習指導要領』.
文部科学省(2008c)『小学校学習指導要領解説　外国語活動編』東洋館出版社.
文部科学省(2009a)『英語ノート1』教育出版.
文部科学省(2009b)『英語ノート2』教育出版.
文部科学省(2009c)『英語ノート1指導資料』.
文部科学省(2009d)『英語ノート2指導資料』.
文部科学省(2009e)『小学校外国語活動研修ガイドブック』旺文社.
横須賀市教育研究所・小学校英語活動研究員会(2009)「ハッピータイムⅣ」.

4章 よりよい英語活動を展開するために

はじめに

　授業は，指導者，教材・指導法，児童の三者の有機的な関連において展開される。英語活動においても，指導者は英語活動の指導目標や児童の発達段階に合った教材を使用し，その教材の指導に適した方法で授業を展開することが大切である。つまり，教材・指導法は指導者と児童を結ぶものであり，よりよい英語活動を実施するためには，しっかりとした教材研究と児童の発達段階に適した指導法にもとづいた英語活動を組み立てなければならない。本章では，教材研究として，教える側と学ぶ側の視点にたった教材研究の進め方，および教材開発，教材改良の視点と具体例を示す。また指導法については，英語活動にふさわしい指導法と，その指導法の背景にある言語理論や特徴を紹介し，児童の発達段階や教材に応じた指導法の活用例を示す。

（國方　太司）

1 教材研究の進め方と教材の開発，改良の視点

　これまで公立小学校の英語活動は，「総合的な学習の時間」の国際理解教育の一環として位置づけられており，シラバスもテキストも教材もなく，学校や担当者の裁量に任されることが多かった。しかし，新学習指導要領により2011（平成23）年度より外国語活動が小学校高学年で必修になることを受けて，『英語ノート』が配布される予定である。教材は非常に重要な役割を果たすので，よりよい英語活動を展開するためには『英語ノート』を中心に授業を進める場合でも，児童が興味・関心を持ち，楽しく，そして繰り返し学ぶことができ，また，さまざまな活動ができるような豊富な内容を含んだ教材を開発したり，このような教材に改良したりして，児童に提供することが大切である。

(1) さまざまな教材

　教材には，『英語ノート』，京都市，金沢市などのような自治体や学校独自のテキスト，

出版社のコースブック，絵本，目的別教材として用いることができるゲーム集やソング集，CDやDVDなどの音声教材など多くの種類があり，それぞれ特徴がある。したがって，教材を使用するさいには，題材，言語材料，活動が学校の年間指導計画や指導内容，到達目標に合っているか，単に楽しいだけではない活動であるか，何をどの程度，どの順序で，どのように指導するかなどを吟味する必要がある。

では，よい教材とはどのようなものであろうか。既存の教材をよりよい教材に改良したり，新たに教材を作成したりすることは重要である。そこで，望ましい教材の条件を挙げてみる。

① 年間指導計画に沿って，目的・目標を達成できるような内容になっている。
② 児童の発達段階や，興味・関心，生活に合っている。
③ 異文化理解，国際理解を培う視点が生かされている。
④ 適切な教授法に依拠した内容になっている。
⑤ 単語や表現が児童の生活に身近なものであり，それらを用いて活動できるように配慮されている。
⑥ 良質で本物の音声が録音されている教材が付属しており，リズムや発音を楽しむことができ，何度も聞いて慣れ親しめる内容になっている。
⑦ 児童の知的好奇心を刺激し，他教科とも関連した楽しく興味深い内容になっており，児童が発見したり，自分で考え学習できるように工夫がされている。
⑧ 遊びの要素を取り入れ，何度も繰り返し使う中で自然と習得できる内容になっている。
⑨ さまざまな課題（タスク）やプロジェクト，活動などが設定されており，児童がコミュニケーション活動や自己表現を楽しめる内容になっている。
⑩ お互いを知り，達成感や自己肯定感を感じる活動が設定されている。

（2）教材研究の必要性

2009（平成21）年度より移行期間に入り，『英語ノート』やCD，デジタルコンテンツなどが小学校に配布されている。しかし，十分に教材研究をしないで教えると，児童が理解できなかったり，英語が嫌いになったり，指導効果が上がらなかったり，教師が自信を持って教えられなかったりする可能性もある。よい授業の成否は教材研究の深さで

決まるといっても過言ではない。児童にわかりやすく，親しみやすいもの，そして指導者の視点に立てば教えやすく，指導目標に応じた活動を行うさいにもっとも有効であり，到達目標まで段階的に学習できるように準備された教材をいかに用意するかは大きな課題であり，また楽しみでもある。指導者の言語観や教材観が反映され，さらに活動を通して児童ひとり一人が興味を持って取り組み，その中に自分の居場所があり，それをもとにコミュニケーション・自己表現へと発展させることができる教材を考える必要がある。歌やチャンツ，ゲームや絵本もただ用いればよいということではなく，どのようなねらいで，どのような内容のものを，いつ，どの場面で用いるのかを事前に考えることが教材研究において大切である。

(3) 教材研究の進め方

教材は，効果的な授業を行い，指導目標を達成するための一つの道具であるので，授業を計画・運営するさいに教材研究を十分に行っておくことが重要である。

❶ 教材研究の視点

教材研究は，次表で示すように，教える側と学ぶ側の視点で考える必要がある。

	教える側の視点	学ぶ側の視点
指導／到達目標	到達目標が明確で，言語材料と言語活動の関連性が適切か。 教育観や言語観に合っているか。	児童の認知的発達段階やレディネスに合っているか。 難易度は適切か。
年間指導計画	学習指導要領の内容が具現化されているか。 単元・題材の内容，言語材料，活動や課題の選択や配列は適切で論理的か。	無理なくスパイラルに学べるようになっているか。
単元の指導目標	指導目標や年間指導計画に合っているか。	題材や指導内容が児童のニーズや興味・関心に合っているか。
単元の指導計画	段階的に配列されているか。 技能のバランスはよいか。	児童の生活体験に合致した教材か。 活動やタスクは変化に富んでいるか。
本時の目標	ねらいが明確で，1時間で教える内容になっているか。	児童が到達できる内容になっているか。
指導過程	補助教材（CD，ワークシート等）が充実しており，学習を支援する情報や手だては与えられているか。 文化や価値観に違和感はないか。 異文化理解に関する視点を扱っている	児童が興味を持てる本物の教材（authentic materials）が扱われているか。 わかりやすく，明確に指示や説明がされているか。

4章／よりよい英語活動を展開するために

	か。	学習の動機づけや興味が持続できるか。活動に達成感や成就感があるか。
評価	評価計画が明確か。児童の自己評価の時間等を設定しているか。	授業でできたこと，わかったこと，わからなかったことなどを振り返ることができるか。

❷ 教材研究の進め方

　小学校の教材は，螺旋的／循環的シラバス(スパイラル)になっていることも重要である。何度も同じ単語と表現に出会わせ，何度も塗り重ねるように自然と英語を習得させることが望まれる。また，単元全体，また1時間の指導計画の中で，指導目標と到達目標に合わせて，もっとも適した題材や活動は何かを考え，指導過程のどの場面でどのような教材を用いてどのような活動をさせ，どのように教えるかを考える。

　指導案を作成するさいには，その授業における教師の指導目標と児童の到達目標を設定することが求められる。そのさい，言語材料については，新出の単語・表現などの量や扱い，提示方法，未習事項と既習事項の関係や難易度は適切か，などを検討する。また，なぜその活動をその場面で行う必要があるのかといった目的とねらいを明確にし，児童の技能，知識，コミュニケーションへの関心・態度など，どの面を伸ばそうとしているのかも，あらかじめ考え準備しておくことが求められる。以下に，『英語ノート1』のLesson 8 "I study Japanese."（時間割を作ろう）を用いて，教材研究の進め方について具体的に紹介したい。

　まず，単元のねらい，指導目標と到達目標を考える。**本単元のねらい**としては，これまでの英語活動の中で，児童は英語を聞いたり話したりすることや，日本と世界の習慣や文化について興味・関心を深めてきており，さらに世界の小学校で学習されている教科や時間割に興味を持たせ，自分たちの理想の時間割を考え発表させることを通して，教科や曜日の言い方を学ぶとともに，日本の小学校と外国の小学校の共通点や違っている点に気づかせることである。そこで，**指導／到達目標**は，①世界の小学校の学校生活に興味を持つ（異文化への興味・関心），②時間割について聞いたり話したりすることで教科や曜日の言い方に慣れ親しむ（言語スキル），③積極的に自分の理想の時間割を伝えようとする（コミュニケーションへの態度），④英語で話されている時間割の内容を理解したり，自分たちの理想の時間割を伝えたりする（理解・表現の能力），となろう。

　次に，**単元の指導計画**は，既習事項と未習事項を整理して立案する。あいさつ，好きなものが何かについて言ったり（I like 〜），教室にあるものが何かを言ったりすること

についてはすでに学習している。本単元の話題は学校生活で，活動は時間割の紹介である。新出表現は I study .... What do you study on Monday? などであり，主な単語は，教科名，曜日名，および study, teach, subject である。国際理解の視点から，世界の小学校の学校生活について知ることを通して，外国への興味を喚起し，可能であれば，姉妹都市や姉妹校などとの異文化交流につなげたい。

『英語ノート』の単元の指導計画では4時間の配当になっているので，ここでは4時間の指導計画を立てることにする。そのさい，各時間の目標と扱う表現，活動内容と流れを考える。学習する表現や活動内容などは易しいものから次第に難易度を上げること，重要な単語や表現は何度も繰り返しふれるようにすること，最終的に自己表現やコミュニケーション活動が行えるように，基本的な学習から発展的な学習になるように段階的に配列する。歌やチャンツは毎時間行い，ゲームや活動はさまざまな工夫をしたい。

単語や表現の定着のために，各時間とも以下の内容を入れる。

- 歌：曜日の歌（飽きないようにさまざまなバージョンを用い，振付けも変える）
- テーマソング："Let's Go to School!"（授業開始前や活動中に流す）
- 絵本の読み聞かせ：*A Hungry Caterpillar* または *Today is Monday*
- 単語：教科名，曜日名，study, teach, subject

各時間の指導目標と指導内容は次のようになろう。『英語ノート』の教材研究の結果を活かし，改良，改善した目標および言語材料に★をつけ下線部で表示しておく。

●第1時：【目標】★<u>外国の小学校の様子や，どのような教科を学んでいるかについて知る</u>とともに，教科と曜日の言い方について知る。

【指導内容】

- 曜日と教科名
- 表現：What do you study?　I/We study math.　I teach English.

1時間目の主なねらいは，国際理解の視点を扱い，単元内容について興味を持たせることと，単元に関連した単語と表現を導入することである。世界の小学校の建物の写真や，小学生のスクールバッグの中身，昼食・給食などについてスライドで見せたり，毎日同じ時間割になっている国や州，世界の興味深い教科や特色あるものなど，ICT機器を活用して紹介すると児童の興味・関心を高めることができる。

●第2時：【目標】教科名や曜日について慣れ親しむとともに，★<u>好きな教科について尋ねたり答えたりする。またどの先生がどの教科を教えているか聞き取る。</u>

【指導内容】
- 教科名と曜日
- 表現：★ Do you like science?　Yes, I do./No, I don't.　What subject do you like? I teach math. What subject do you study in the first period on Monday?

2時間目の主なねらいは，教科名を用いて，自分の好きな教科を伝えたり，相手に尋ねたりすることである。またリスニング活動を通して，教科担当の先生や，何曜日の時間割について話されているかなど，言われている内容を聞き取らせる。

●第3時：【目標】★自分の理想の時間割を作成し，友人と意見を交換し，互いを知る。
【指導内容】
- 教科名と曜日
- 表現：I study math, P.E., and music on Monday. What do you study on Monday?

3時間目は，自分で1週間の時間割を作成し，英語で発表することと，友人の発表を聞き取れることをめざしたい。

●第4時：【目標】グループで理想の時間割を作成し，その理由とともに発表を行う。また話された内容を理解する。★他の国の時間割も思い出しつつ，時間割No.1を選ぶ。
【指導内容】
- 教科名と曜日
- 表現：What subjects do you study on Monday? We study Japanese, English, math, home economics and P.E. on Monday.

4時間目のねらいは，これまで習った内容の復習とそれらを総動員して，グループで理想の時間割を作成し，理由とともに発表することを通して，学校生活に興味を持たせることと，日本の様子を外国の小学生に発信する準備をすることである。

（4）教材の開発，改良の視点とその具体例

『英語ノート』を用いて教え，使いこなすためにはどうすればよいだろう。目の前の子どもの能力や興味，地域の特性や学校の実態に応じて，異言語や異文化への興味・関心，態度を培い，音声に慣れ親しみ，コミュニケーションや自己表現へと発展させることができるように，『英語ノート』の創造的な活用を考え，少しアレンジしたり大幅に変更したりしながら，オリジナルな教材へと生まれ変わらせたいものである。以下に，具体例

1. 教材研究の進め方と教材の開発，改良の視点

を挙げてみたい。

❶ 『英語ノート2』Lesson 4 "I can swim." 「できることを紹介しよう」の問題点

『英語ノート指導資料』によれば，単元の目標は，①Show & Tell で発表することに興味を持つ，②積極的に友だちに「できること」を尋ねたり，自分の「できること」や「できないこと」を答えたりする，③「できる」「できない」という表現に慣れ親しむことであり，指導計画は次の通りである。

第1時	第2時	第3時	第4時
Let's Listen 1 動物のできることできないことを聞こう	Let's Chant ♪ I can swim. ♪		
Let's Listen 2 できることできないことを聞こう	Activity 1① ジェスチャー当て	Activity 2 インタビューをしよう	Activity Show & Tell をしよう
Let's Chant ♪ I can swim. ♪	Activity 1② 先生のできることを聞こう	Activity Show & Tell をしよう（準備）	
	Activity 1③ 友だちにインタビューしよう		

本単元の問題点として，スポーツをする，楽器を演奏する，料理を作る，といったさまざまな場面で使われる動詞や単語が混在していること，その使い方の指導を十分に行う機会がないこと，言語の使用場面がばらばらに設定されていることが挙げられる。また，動物や先生のできることを聞かせた後，すぐに友だちにインタビューをさせたり，スピーチをさせるなど，表現活動を急ぎすぎて，十分な口慣らし，橋渡し活動が行われていないことも挙げられる。さらに，国際理解の視点や考えさせる活動，他教科関連教材が含まれておらず，単に，「できる・できない」の紹介に終わり，6年生の知的好奇心に合っていないことである。それでは，どのようにすればよいのであろうか。単語の選択や導入方法，聞く活動の工夫を行うとともに，橋渡しの活動を導入し，国際理解や他教科との連携の視点を取り入れて，知的好奇心を刺激する内容も盛り込みたい。その具体的な改良，改善案を以下に示してみたい。

❷ 具体例1：単元「できることを紹介しよう」の大幅な変更案

1) 単元の指導目標

①いろいろな動作や活動の単語・表現に慣れ親しむ。

②これまで学習した単語や表現を使って，自分ができること，できないことについて尋ね合ったり，簡単なスピーチをすることができる。

③外国の子どもたちのできることや遊びを知り，共通点や相違点に気づく。また，今，地球のために自分たちができることを考えてみる。

④人はそれぞれできることや興味が異なることに気づき，互いに理解したり尊重し合うことの大切さを知る。

2) 単元の指導計画（全4時間）

- **第1時**：①いろいろな動作の英語に慣れ親しむ。②I can .... I can't .... の表現に慣れ親しみ，自分のできることやできないことを友だちと互いに伝え合う。
- **第2時**：①Can you ...? Yes, I can. / No, I can't. の表現に慣れ親しみ，尋ねたり答えたりして，積極的にコミュニケーションを図ろうとする。②先生のできること，できないことを聞き取り理解する。
- **第3時**：①What can you do?　I can .... の表現に慣れ親しみ，友だちのできることを尋ねたり答えたりする。②自分のできることを考え，発表する。
- **第4時**：①既習単語や表現に慣れ親しみ，使うことができる。②絵本を通して地球の現状を聞き，自分たちができることを考え，発表する。

3) 主な言語材料

①単語：動作，スポーツ名，楽器名，日本の伝統的な遊び（cup and ball/beanbag/top）などを動作をつけて絵カードや実物とともに導入する。あるいはプロジェクターのシルエットクイズで何ができるかを尋ねてもよい。

②表現：I can .... I can't ....Can you ...? Yes, I can. / No, I can't. What can you do?

③教材：歌 "Who Can Ski?" を毎時間用いる。また，第4時に絵本 *What Can You Do?* の読み聞かせを行う。

4) 各時間の授業の流れ

- **第1時**：たっぷりと音声を聞かせて，I can .... I can't .... に慣れ親しませ，友だちと自分のできること，できないことを伝え合うことをめざす。そこで，導入として，指導者がけん玉や，お手玉，こま，あやとりなどを実演し，canの用法に気づかせる。次に，展開として，本単元で用いる単語を絵カードを用いて発音させる。そのさい，動作やジェスチャーを用いることが大切である。さらに，歌 "Who Can Ski?" を用いて

単語と表現を聞かせ，TPR的手法を用いて実際に身体で反応させてみる（I can jump three times/walk fast/skip merrily など）。発展として，質問を聞き（e.g. Can you ride a unicycle?），できること，できないことを "I can ride a bicycle." "I can't ride a unicycle." などとペアになって答えさせる。また，知的好奇心を刺激する内容として，Can you count numbers in English/Chinese/Korean? などと問い，I can count. と 1～10 を指を使って数えさせる。

- **第2時**：既習の単語をカードゲームなどを用いて復習し，歌，チャンツを用いて I can dance. I can't cook. などの表現を振り返らせる。次に，知っている先生のできること，できないことを話しているスピーチの内容を聞き取り，理解させる。次に，Can you ～? Yes, I can. / No, I can't. の表現を全体，グループ，ペアで十分練習した後，それらを実際に使わせて，子どもたちどうしでインタビューカードやビンゴカードを用いて，できるかどうかを尋ね合う活動をする。また，用いる単語はスポーツ，遊び，音楽，料理など，学校でできること，家でできることなどを織り交ぜて表現できるようにワークシートを工夫する。たとえば，A: I can play tennis. Can you play tennis? B: No, I can't. But I can play golf. A: Wow, how nice! など，児童が積極的に尋ねたり答えたり，反応したりして，楽しくコミュニケーションできるように工夫する。

- **第3時**：歌，絵カードを用いたこれまでの復習と，新出表現 What can you do? I can ……. の導入と練習により，インタビュー活動で友だちのできることを尋ねたり答えたりしたのち，自分のできることを考え，発表させる。白い紙にできることを2つ，できないことを2つ絵に描かせて，それを見せながら，Show & Tell 形式で発表させるとよい。発表は5人グループで行い，各グループの代表数名が全体で発表する。

- **第4時**：既習単語や表現の復習を歌，チャンツ，Keyword Game, Snap! などを用いて丁寧に行い，その後，絵本 *What Can You Do?* を通して地球の現状を聞き，自分たちができること，できないことを考え，発表させる。とくに絵本の最後部分 "We can study, learn from our past, think about our future, make each other happy. We can even make weapons and start wars, but only we can stop the war. We sure can!" のメッセージを聞き取らせて，他教科で習った地球環境や戦争の問題なども思い起こさせながら，自分たちができることをグループで考えさせ，発表させる。最後に歌 "Heal the World" を DVD で視聴させ（日本語の歌詞付き），まとめと振り返りを行う。

❸ 具体例2：単元「できることを紹介しよう」の小幅な手直し案

次に『英語ノート指導資料』を参考に，少し手直しをして授業を行う例を示したい。

4章／よりよい英語活動を展開するために

次の例は第1時の授業であるが，授業過程の中で，新たにつけ加えたものを★で，改良したものは◆で，削除したものは×で示している。

過程 (分)	児童の活動	指導者（HRTとALT）の活動・支援	指導上の留意点，評価の観点	教材
あいさつ (2)	◆1. 当番があいさつする。 ★2. 質問をする。天気・曜日・日付。	・全体にあいさつをする。 ・個別にあいさつする。 ・児童の支援と確認をする。	・元気よくあいさつし，子どもどうしであいさつができるようにする。	
ウォームアップ (3)	★歌を動作をつけて歌う。 ♪ Who can sing? ♪	・歌を紹介し動作をつけて歌う。	・歌詞とともに絵が掲載されているものを提示し，意味を理解させる。	CD 歌詞
導入 (10)	1. 3ヒントクイズ・指導者のヒントを聞いてどの動物か質問に答える。 2. Let's Listen 1 ・CDを聞きながら，動物のできること，できないことを聞き取り，どの動物か番号を書く。 ★3. 指導者の後について，単語を発音する。動作は実際にやってみたり，ジェスチャーをつける。	・ヒントを言い何の動物か当てさせ，解答を確認する。 What animal is this? It's big. It can swim. It has a big mouth. ― Very good. It's a hippo. A hippo can swim but it can't fly. ★動作を表す単語を絵カードで示し発音する。	・can, can't を意識して話し，児童に気づかせる。 ・動作をつけて話す。 ・児童の理解度に応じて，繰り返し聞かせる。 ・リズムよく発音させる。 ・最後は児童だけで発音させる。	動物カード 『英語ノート』 CD 動物／動詞カード 絵カード
展開 (20)	★1. 配られた動物になったつもりで，できること，できないことを考える。 Yes, I can. (魚) No, I can't. (鳥) ◆2. 指導者ができる	★動物カードを配り，その動物になったつもりで，できること，できないことを考えさせる。 Can you swim? ◆HRTとALTででき	・動作はジェスチャーを用いて繰り返し練習する。 ・ジェスチャーをつけ	動物カード

展開 (20)		こと，できないことを聞いて，○×で答える。	ることとできないことを話す。 A: Kate, can you play tennis? B: Yes, I can. I can play tennis. I like tennis. Can you play tennis? A: No, I can't. I can't play tennis, but I can play table tennis. How about you? …	て楽しそうに会話する。 ・2回聞かせたのち，文章を言い，内容が正しいかどうかを確認させる。 例: Kate can play tennis. ○○ sensei can't play table tennis.	
		3. Let's Listen 2 ・CDを聞き○をつける。 ・答え合わせをする。 ×4.【Let's Chant】	・CDをかける。 ・答えを言う。		『英語ノート』CD
発展 (8)		★1. ○×ゲーム 尋ねられたことができるかどうかを考え，○×カードを上げながら，Yes, I can. I can swim. No, I can't. I can't skate. などと答える。	★絵カードを見せながら，できるかできないかを尋ね答えさせる。	・実演を行い，ゲームの内容がわかったか確認してから行う。	デジタル教材
あいさつ (2)		◆・振り返りカードに記入する。 ・あいさつをする。	・本時の振り返りをする。 ・あいさつをする。	・できたことを具体的にほめ，次時に意欲がつながるようにする。	カード

(5) まとめ

本節で述べてきたように，『英語ノート』はよい教材（素材）集であるが，それだけでは不十分であり，各教員が，児童の興味・関心を観察し，生活に関連させ，実態に合った教材を開発することが重要である。また，作成した教材・教具は，単元や目的，場面・話題ごとに整理し，校内で共有し，誰もが用いることができれば有益である。また，ネット上に共有フォルダを作成し，互いに用いたり，改良したりできるようにしたい。

　教師は，外国語活動の中で，子どもの「本音」や「叫び」が授業中に滲み出て，時に

は溢れ出すような瞬間に出会うことがどれだけあるだろうか。子どもが笑顔で，目は生き生きと輝いているような場面をどれだけ作ることができるだろうか。子どもは自分の言いたいことがうまく発言でき，それが相手に伝わり，受け入れられたりほめられたときに，本当にうれしく喜びを感じるものである。そのためには，教材研究が不可欠である。

(泉　惠美子)

❷ 小学生にふさわしい指導法

　外国語の指導法は，いつの時代でも，より効果的な方法を求めて修正がなされてきた。とくに明確な指導理論のなかった時代から，科学的な根拠にもとづく指導法が提唱されるようになり，それぞれの指導法の根拠とする理論も言語学から応用言語学，心理言語学，社会言語学，第二言語習得研究等，関連諸科学におよんでいる。また外国語学習の目標が言語構造の理解から言語使用へと移行してきた。指導者は，それぞれの指導法の特徴をしっかりと理解し，子どもたちの発達段階，授業の目的や内容に応じて，いろいろな指導法を組み合わせて指導することが必要である。以下で小学生の指導に役立つさまざまな指導法を概観する。

(1) オーラル・メソッド (The Oral Method)

　オーラル・メソッドはハロルド・E・パーマー (Harold E. Palmer) が提唱した指導法である。言語構造より言語使用 (use) を重視する立場をとり，言語習得理論についても，元来人間には，ことばを習得する能力を生得的に有しているという側面と，習慣形成的側面が共存することを認め，幼児が言語習得を成功させる秘訣は5つの習性によるものとした。

①耳による観察：単音，音の連続，強弱，抑揚，語，句，文などをよく聞く。幼児は生後10ヵ月はただ静かに聞くだけである。この間に語や文の聴覚像を頭に蓄える。
②口による模倣：聞いた単音，音の連続をまねて言う。
③口慣らし：ある一連の動作を同じ方法で繰り返しているうちに，自分の行っていることを無意識に機械的に行えるように筋肉をならしていく。
④意味づけ：語・語句・文をその意味と融合させる。
⑤類推による作文：①〜④の習性によって習得した基本言語材料を使って，学習者自

身が何らかの規則を発見することにより，場面に応じて基本文の一部をさしかえて派生的に言語を作るという習性である。方法として置き換え練習（単語の入れ替え），転換（肯定文を否定文や疑問文に転換）がある。

以上の言語習得の5習性の理論にもとづき，教室活動の方法として，①耳を訓練する練習，②発音練習，③反復練習，④再生練習，⑤命令練習，⑥定型練習を提唱し，言語構造を習慣形成により獲得させようとする指導法が，オーラル・メソッドである。この指導法の長所，短所として以下の事項が考えられる。

〈長所〉
- 実物提示・実演動作により，場面に即して指導するので，入門期の児童に興味を持たせることができ，英語学習への動機づけが高まる。
- 耳による観察を重視することから，「聞く力」が養成される。
- 音声言語を重視するため，入門期における文字学習の負担が少ない。

〈短所〉
- 教師の話す時間が長く，生徒の話す時間が少ない。教師が発問し，児童が答える活動が中心になり，児童は発問に含まれる構造，語句を用いて答えるにとどまり，児童が主体的かつ創造的に発話する機会が少ない。

●外国語活動での活用法と留意点

オーラル・メソッドは，新教材の提示，練習，展開の指導過程において活かすことができる。新教材の提示では，児童にとって身近な場面を設定し，その場面にふさわしい表現や対話を聞かせながら，実物提示や実演動作により指導する。児童は，場面，対話の内容，視聴覚教材などの助けを借りて，意味を推測し，内容理解を深めることができる。十分に新しい表現や対話を聞かせ，音声に慣れさせた後，「口による模倣」を通じて，さらに英語の音や音の連続に慣れさせる。その後，「口慣らし」を通して，無意識的に表現が口から出てくるまで練習をさせた後，その表現の一部分を入れ替える置き換え練習などを通して，その表現に慣れ親しませる。意味の把握やその表現に慣れ親しむ練習活動は習慣形成の考え方にもとづく。反復，模倣，置き換え練習等の進め方には一定のパターンがあり，授業作りに役立つ。しかし，この教授法では，児童の理解できる表現を使って英語を聞かせる程度の英語力が指導者に要求されることとなる。また，児童が主体的かつ創造的に英語を使用する機会をどのように組み入れるかについても工夫し

なければならない。

(2) TPR (Total Physical Response)

　聴解中心の指導法では，幼児の母語獲得の過程や幼児や児童の第二言語習得過程の観察にもとづき，母語の獲得においても第二言語（外国語）習得においても，音声のインプット（入力）を十分に与え，それを理解させることによって習得が可能になるという前提に立ち，外国語学習の入門期には聴解練習を中心にし，口頭練習を後回しにすべきであると考えている。こうした考え方をとるジェイムズ・アッシャー（James Asher）は，幼児の母語習得の過程を観察することで次のことに気づいた。

① 　聞く作業が話す作業よりはるかに先行する。
　まだ1語も話すことのできない幼児でさえ，母親の指示に対して反応することを考えると，話す力がつくまでに，かなりの聴解力がすでに備わっている。
② 　聞く作業は，からだで反応することによって行われている。
　幼児は母親の音声だけの指示に対して，耳だけでなく体全体で受け取り，即座に体を使って反応している。たとえば，"Put your red truck in the box in your room." といった指示に対して，幼児は，おもちゃのトラックを箱に入れるという動作で反応する。さらに注意すべきことは，母親は幼児が体で反応できるような命令文で指示を与えていることである。つまり，大人が幼児と対話できる状況とは「大人が幼児に動作を期待するような指示をすると，その答えとして幼児が体を使って動作で反応を示す」場面である。
③ 　聞く作業は，幼児がことばを話し始めるさいの「レディネス」としての働きをする。
　聞く作業が十分に行われないうちに話させようとするのは，歩く準備のできていない幼児を無理に歩かせようとする行為と同じである，としている。つまり，聞く作業が十分に行われ，飽和状態になると，自然と発話が生まれてくるとしている。

　以上の発見から，アッシャーは，「言語習得の場合，脳と神経系統は特殊な順序と様式のもとに，生物学的にプログラム化されており，これは母語であろうと外国語であろうとかわりはない。その特殊な順序とは，話す前に聞くことであり，その特殊な様式とは言語と学習者の身体の動きを一致させることである」と考え，外国語学習においても，

この順序と様式を適用すれば，自然な形で効果的に学習できると考え，TPR（全身反応法）を提唱した。

以下にその指導手順を示す。

① 児童は教師による命令を聞き，その命令に答える動作のモデルを見て，同じようにその動作を行う。この段階では，教師は明確な動作で曖昧さの恐れのないモデルを数回示しながら指導する。児童が互いに関連のある一連の動作をスムーズにできるようになるまで繰り返す。

② 次の段階では，教師はモデルを示さず，教師の指示で個別に児童に一連の動きをさせる。次に，今まで教師の指示になかった新しい組み合わせの指示文を出す。児童はすでに十分に指示文の意味を理解し，動作ができるようになっているため，新しい表現でも間違えず反応する。ただし，適切な反応ができない場合は，教師がモデルを示し，その動作をさせる。一連の動作に適切に反応できれば，新しい語彙を導入する。ただし，一度に多量の語彙を導入しないように注意が必要である。

③ 10時間ほど学習した段階で，今まで学習した命令文を含むプリントを配付する。教師は命令文を読み上げながら，動作を示す。なお，この段階でも，児童に声を出させたり，繰り返させたりする必要はない。

④ 15時間程度経過した時点で，役割交代をする。この段階まで，聞くことを通して話す準備をしていた児童が話し始めることになる。つまり，児童が他の児童に命令を発するようになる。

この指導法の長所，短所として以下の事項が考えられる。

〈長所〉
- ことばと全身反応の連合により，学習事項の定着や記憶の保持がよい。
- 初期の段階から話すことを強制しないので児童に緊張を強要しない。

〈短所〉
- 命令文を用いて指導するため，提示できる文が限られ，動作に結びつかない語句や文，または抽象的語などは教えにくい。

● 外国語活動での活用法と留意点

TPR は，聞いた英語を身体で表現できる題材を扱うには非常に適した指導法である。

たとえば，教室英語の導入や，道案内の指示，身体の語彙，前置詞の指導などの場面が考えられる。教室英語の指導を例にとると，"Stand up." "Sit down." "Walk." "Stop." "Jump." などの短い指示から始め，"Walk to the blackboard." "Touch the blackboard." "Walk to your chair and sit down." と指示を複雑にして行くようにする。しかし，感情を表したり，好き嫌いを話したりする表現などを指導する場合には利用できないことがある。また，英語の指示を聞かなくても，まねをすればできてしまう場合，あまり意味のない活動になるので，使用する表現や提示の方法に注意が必要である。

(3) コミュニカティブ・ティーチング (Communicative Language Teaching)

コミュニケーションの側面に焦点をあてた指導法であるが，コミュニカティブ・ティーチングはさまざまな特徴や理念を包括した指導法である。

まず，機能・概念シラバスにもとづいた指導法をさす場合がある。「提案」ということばの働きは，"Shall we go to the zoo?"，"Let's go to the zoo."，"Why don't you go to the zoo?" など，さまざまな文法形式で表現できる。つまり，文法形式とことばの働きは一対一で対応していない。したがって，文法形式をひと通り学習しても，言語の伝達機能の習得には必ずしも結びつかない。そこで，言語構造よりも日常生活においていろいろな目的やねらいを持って使用される「ことばの働き」と，その目的を達成するために必要な「語彙や表現（概念）」に注目してシラバスを構成し，そのシラバスにもとづいて指導したほうがコミュニケーション能力を育成すると考えるものである。

また，インフォメーション・ギャップを利用した言語活動を取り入れた指導法をさす場合もある。たとえば，社会的な場面を設定して，買い物客と店員などの役割を割り当てて対話をさせるロールプレイやあらかじめ答えの決まっている対話ではなく，自分は知っているが，相手は知らない情報をやり取りさせるような指導法である。

いずれにしろ，従来の外国語学習では言語の構造・用法（usage）などの文法規則の習得が目標とされていたが，この指導法では，教室内で言語使用（use）の体験を与えることでコミュニケーション能力の育成をめざす。そのために教室内では，指導者と児童，あるいは児童どうしのメッセージのやりとり（インタラクション）が重視される。コミュニケーションに飛び込んでいこうとする意欲を育て，コミュニケーションに関わらせながら英語の基礎・基本を学ばせる指導法である。

習得すべきコミュニケーション能力の内容について，Canale (1981) は以下のように下

位分類し，学習の初期の段階から育成すべきとしている。

①文法能力：言語を理解し発話するために必要なルールの体系としての文法知識
②社会言語学的能力：社会的，文化的に適切な言語使用をしているかどうかについての知識
③談話能力：一貫性のあるまとまった内容を伝えたり，理解したりするために必要な文法的な形式と意味を結びつける知識
④方略的能力：コミュニケーションの効果を高めたり，不十分な知識をどのように補うかについての知識

この教授法はコミュニケーション能力の育成を目的としていることから，単なる句や文の寄せ集めでなく，まとまりや一貫性のあるコミュニケーションの場面や話題を設定し，その場面にふさわしい言語の伝達機能を重視し，教室で擬似的なコミュニケーションを体験させるようにしなければならない。実際のコミュニケーションでは，最初から結果のわかっているコミュニケーションが行われることはない。コミュニケーションの参加者が互いにインタラクションをしながら，コミュニケーションの目的を遂行する。そのための条件として以下の項目が考えられる。

① コミュニケーションの目的がある。
コミュニケーションに参加する学習者は何を目的にメッセージを伝え合うのかを理解する必要がある。
② インフォメーション・ギャップがある。
コミュニケーションは互いに知らない情報をやり取りするので，対話者の間に知らない事柄（インフォメーション・ギャップ）を作り，伝えたり，尋ねたりする活動をさせる。
③ 発話者が内容や表現を選択できる。
コミュニケーションでは発話の内容，またその内容をどのような表現で伝えるかは話し手が決めなければならない。その意味で，話す内容・形式をあらかじめ決めた活動は避けなければならない。

この指導法の長所，短所として，以下の項目が考えられる。

〈長所〉
・コミュニケーション能力の育成に直結する。

　学習者が外国語を使って実際に行ってみたいことを具体的に行わせることができる。たとえば，「買い物ごっこ」「ファーストフード店での注文」「道案内」などロールプレイで，機械的なドリル等で慣れ親しんだ英語表現を実際に使用する機会を与え，コミュニケーションを体験させることができる。

・人間関係を大切にすることができる。

　コミュニケーションでは情報の発信者，受信者が必要である。そのため，話す活動や聞く活動では，学習者どうしの協力的な態度は不可欠な要素である。このような活動を通じて，互いを認め合う関係を築くなどの人間的な成長が期待できる。

〈短所〉
・表現に慣れ親しむ練習活動が不足する。

　コミュニケーション活動を重視するあまり，学習者が使用する表現に十分慣れ親しむ活動が不十分なため，学習者が活動に戸惑い，活動が停滞する場面に出会う場合がある。

・学習者の間違い訂正がタブー視される。

　メッセージの伝達に焦点があたり，間違いの訂正等がタブー視される場合があり，間違いが固定化してしまう恐れがあり，訂正の方法等に注意しなければならない。

●外国語活動での活用法と留意点

　教室内でコミュニケーションを体験させるため，子どもたちが，英語を使って何をしたいのかを考えなければならない。そのために，ことばの働き（あいさつをする，人にものを頼む）を考え，その働きを表す語彙や表現，ことばの使われる場面（学校で，家で）を選択して，子どもたちにどのような内容について互いに伝え合わせるのかを考える。場面，会話の内容，それに必要な表現を整えることで，子どもたちが自分の気持ちや考えを伝える自己表現活動が可能な状況を作るようにしなければならない。

　社会的な場面で使用する表現を教室内で擬似体験できるロールプレイや，インフォメーション・ギャップを利用した活動は子どもが本当に情報のやり取りを体験する機会になるだろう。しかし，子どもたちが積極的に自己表現したり，与えられた役割を演じるロールプレイに積極的に関わるには，それぞれの子どもが自信を持って発話できるように十分な練習量を確保しなければならない。十分な練習なしにコミュニケーション活動を進めてしまうと，子どもたちは英語を使う自信が持てず，かえってコミュニケーションへの意欲を減退させる結果となるので注意が必要である。

(4) 内容中心指導法（Content-Based Instruction）

　内容中心指導法の理論的背景は，スティーブン・クラッシェン（Stephen D. Krashen）の「インプット仮説」である。インプット仮説は，言語習得において，大量の「理解可能なインプット」に接することがきわめて重要であると主張している。学習者の現在の言語の能力（"i"）に対して，多少知らない単語や文法などを含む "$i+1$" のインプットにふれることが大切とされ，学習者が既存の言語知識や背景知識，その場の状況的情報，話の前後関係などからインプットを理解する過程で，言語を習得することができるとしている。クラッシェンはインプット仮説のほかに関連する以下の仮説を提唱している。

① 習得―学習仮説

　文法を意識的に学び，その知識を蓄積する「学習」と，子どもが母語を覚えるように意思伝達のためにことばを使いながら無意識のうちに習い覚える「習得」とはまったく別物であり，学習によって得られた言語知識が習得された言語知識へ変化することはないとしている。なお，この仮説に対して，練習を重ねれば学習された言語知識がほとんど無意識に使用されるようになることは日常的に起こることであり，「学習」と「習得」をまったく別物とすることを疑問視する考え方もある。

② モニター仮説

　意識的に学習した文法は，第二言語を使用する場合，発話を引きだすことなく，発話のさいの文法的正確さをチェックするモニターの役割しか果たさないとしている。

③ 情意フィルター仮説

　学習者に不安，学習意識の欠如，自信喪失などの心理的な問題があると，それらが障害となって第二言語のデータがインプットとして学習者に理解されず，言語習得に支障が生じるとする。

　以上の仮説に従った指導法を考えると，教室では，実際のコミュニケーションの場，またはそれを模した場を設定し，できるだけ大量の「理解可能なインプット」を与えるように工夫する必要がある。主なインプットの供給源は指導者である。指導者はできるだけ母語を使わず，話すスピード，語彙，内容をコントロールし，絵，ジェスチャー等の助けを借りながら，内容を学習者が理解できるように伝える。また，外国語の形式に重点をおいた機械的な繰り返しや置き換え練習などは行わず，すべて児童にとって有意味な活動となるものを選ぶ。このような条件を備えたイマージョン教育を以下に紹介す

る。イマージョン教育は内容中心指導法の代表的なものである。

　イマージョン教育では，各教科の内容を目標言語で教えていく。社会，数学，理科などの教科と外国語科目との区別をしないで，それらの教科内容を外国語で教え，その過程において目標言語を自然な形で習得させようとする。その内容の伝達の過程で外国語の意味のある使用機会を与えることとなる。このイマージョン教育では，まだ外国語の能力が限られている学習者を対象に，教科内容などの中身の濃いインプットをどのように理解させるのかについて，指導者は，さまざまな工夫をしている。以下にその例を紹介する。親が子どもに話しかけるときに使う一般的な手法とよく似た特徴を持っている。

① 話すスピードを落としたり，十分にポーズをあけて言語を理解する機会を与える。
② 明瞭な発音で話したり，誇張したイントネーションで話す。
③ 重要な単語や表現などは強調したり，繰り返したりする。
④ 視聴覚に訴える教材を多用したり，ジェスチャーや顔の表情を豊かに使う。
⑤ 複雑な内容や作業などは，活動の順序に番号を振り，黒板に示しながら説明するなど，噛み砕いて説明する。
⑥ 個人作業やグループ活動を行ったりする場合には，まずモデルを示して，何が期待されているかをはっきりさせる。

　このように学習者のレベルに合わせて，理解可能なインプットを与えることが必要となる。英語活動において他教科の内容を利用した指導が行われているが，これはこうした内容中心指導法の考え方にもとづいている。この指導法の長所，短所は以下の事項である。

〈長所〉
・児童の発達段階，知的好奇心に応じた話題を選択できる。
・日本のように教室外で外国語を使用する機会の少ない社会において，知識の伝達を通じて言語を使用する機会を与えることができる。

〈短所〉
・指導者に，教科の内容を指導する能力と，外国語を使って指導する能力の両方が要求されるため，指導者の確保が困難である。

2. 小学生にふさわしい指導法

●外国語活動での活用法と留意点

　児童の興味・関心に合った話題を選択し，その話題に適した教材を使って，意味のある内容を聞いたりするのに，小学校の他の教科の内容を利用することが可能である。たとえば，三角形や長方形，正方形，丸などの図形を使って，形や数の学習などを行い，英語の表現に慣れ親しませるようにする。ただし，英語に注意が向けられるのでなく，学習している内容に集中するように配慮しなければならない。また，理解可能なインプットを与えるという観点から，すでに習っている内容をもとに，新しい内容を付け加えるなどの工夫が必要である。一方，児童が理解しながら，興味を持って聞き続けるためには，十分な準備ときめ細かな指導が不可欠となるであろう。また，英語を聞かなくても，課題ができたり，内容が理解できたりすることのないよう注意しなければならない。

(5) タスク中心指導法 (Task-Based Instruction)

　外国語学習の要因としての「理解可能なインプット」の重要性は，いろいろな指導法で述べられている。しかし，インプットの理解だけでは言語習得の条件としては不十分で，インタラクションに参加することが必要である。つまり，インタラクションに参加することにより，わからないことを聞き返したりするなどの「意味交渉」がおこるため，相手のインプットがより理解しやすいものになり，言語習得が進むと考えられている。こうした考えにもとづき，児童に教室内で「アメリカ人のALTに自分の名前，好きなこと，得意なことなどを伝えて，自己紹介する」などの具体的な課題（タスク）を与えて，学習した英語を使いながら意味の交渉を行わせる指導法が，タスク中心教授法である。

　従来の指導では，学習者と直接に関係のない登場人物に，学習者となんら関係のない場所で，道案内をするといった設定で，あらかじめ決められた対話文を練習し，十分慣れた段階で，一部の表現を入れ替えながら，道案内の擬似的な体験をさせていた。一方，タスク中心指導法では，学習者自身が現実の世界と関連のある場所，たとえば，自分の住んでいる町，あるいは修学旅行に行く町の地図を見ながら，道案内を聞いて，それに沿って目的地にたどり着こうとする。そして道案内の表現に慣れてきた段階で，今度は自分が人に道案内をして，相手が目的地にたどり着けるように説明する。つまり，タスク中心指導法では，課題の遂行が学習の目的であり，その手段としてことばが学ばれるということになる。評価の観点も，学習した言語をどれだけ正確に言えたかではなく，コミュニケーションの課題がどこまで達成されたかで判断されなければならない。また，

扱われる課題が教室内の擬似的な体験ではなく，現実の世界（社会）と密接に関連していることも大きな特徴である。この指導法の長所と短所は以下の事項である。

〈長所〉
- タスクの到達点がはっきりしているため，コミュニケーションの目的が明確である。また，タスクを完了させるために情報交換という「意味交渉」があり，児童が外国語を利用する必然性がある。
- 選ぶタスクが現実の社会活動と深く関わっているため，実際のコミュニケーションと同じ作業または類似した作業を体験する。

〈短所〉
- 指導者が練習などを主導するのではなく，どのような内容を，どのような表現を使って，課題を達成するのかは学習者にゆだねられることになる。課題達成のためには，みずからの既成の言語能力を活用し，課題解決に取り組まなければならないため，成熟した学習者であることが求められる。

● **外国語活動での活用法と留意点**

　実際のコミュニケーションや実生活に即した課題を与えることが大切である。そのため，本来であれば，児童の生活場面を考え，児童が取り組むタスクを選び，年間指導計画を組み立てることが必要となる。しかし，実際には非常に困難な作業となるので，従来ある活動をタスクに変えることで，外国語活動にタスク中心指導法を取り入れることができる。たとえば，ショッピングを例に取ると，従来の活動では，あらかじめ会話文を練習し，与えられたショッピングリストにもとづいて買い物をするという手順を踏む。タスク中心指導法では，いろいろなショッピングの場面を見せて，その中から児童自身が自分に役立つ表現や語彙に気づくようにタスクを工夫しなければならない。そこで，ショッピングリストを渡すのではなく，バースデイパーティを実施するために，何を買うのかを考えさせて，その買い物をさせることがタスクとなる。タスク中心指導法は実社会と直接関係し，ことばを使ってコミュニケーションの目的を達成させるので，知的好奇心を刺激するこのようなタスクは児童に喜ばれる。しかし，指導者は，児童が自分に役立つ表現や語彙に気づくようなタスクをいくつも準備する必要があり，時間と労力が必要である。また，児童自身にも，自分で見つけるという積極的な学習態度が要求される。

(6) 指導法紹介のまとめ

　以上，代表的な指導法について紹介をしてきた。大別すると，次の2つの考え方にもとづく指導法に分けることができる。

① 学習者は指導者に提示された言語項目を着実に学んでいくことが必要であり，その積み重ねが言語習得となる。基本的な学習順序としては，まず規則の理解と発見，そしてその表現に慣れ親しむために繰り返し練習することによって学習項目を定着させる。意味伝達を目的とするコミュニケーションは，最後のステップと考える。そのさいには，学習した項目を恥ずかしがらずに積極的に使っていくことが必要である。また，正確な言語使用を心がけることが望まれる。

② ことばはコミュニケーションの手段である。そのために，伝える意味内容を重視しなければならない。また，私たちは言語を使って，回りの世界について理解を深め，他者とつながっていくことができる。こうした前提に立って，具体的な場面で，学習者の興味・関心に合った内容を，互いに伝え合う活動を通じて外国語を習得させようとする。その習得の過程において誤りを犯すことは，ごく自然なことであり，それを教師が無理やり訂正しようとすることは慎まなければならない。

　外国語活動では，言語や文化への体験的理解，コミュニケーションに対する積極的な態度の育成，外国語の音声や表現に慣れ親しむことを通じて，コミュニケーション能力の素地を養うことが目的とされていることから，②の考え方にもとづく指導法がとられることが多い。しかし，入門期の段階などでは，①の考え方にもとづく指導法のほうが，学習者に学習する項目をすばやく理解させることができ，また，手順が明確であるため，学習が進むにつれて，外国語学習への自信と関心を持たせることができ，結果的に永続的な学習への態度を育てることができる。教室内では，扱う題材，学習者の学習体験，学習者の興味・関心などを考えて，いろいろな指導法のよい点を折衷的に使用することが望まれる。

（國方　太司）

〈参考文献〉
安藤昭一（編）(1991)『英語教育現代キーワード事典』増進堂.
和泉伸一 (2009)『「フォーカス・オン・フォーム」を取り入れた新しい英語教育』大修館書店.
小川芳男・小島義郎・斎藤次郎・若林俊輔・安田一郎・横山一郎 (1982)『英語教授法辞典 新版』

4章／よりよい英語活動を展開するために

　三省堂.
クラッシェン，スティーブン・D.，トレイシー・D. テレル（著），藤森和子（訳）（1986）『ナチュラル・アプローチのすすめ』大修館書店.
白畑知彦・冨田祐一・村野井仁・若林茂則（1999）『英語教育用語辞典』大修館書店.
田崎清忠（編）（1995）『現代英語教授法総覧』大修館書店.
文部科学省（2009）『英語ノート1, 2』教育出版.
文部科学省（2009）『英語ノート指導資料1, 2』
Asher. J. (1996) *Learning Another Language through Actions* (5th. ed) Los Gatos: Sky Oaks Productions.
Canale, M. (1981) "From communicative competence to communicative language pedagogy." In J. Richards and S. Schmidt (eds.) *Language and Communication*. London: Longman.
Howatt, A.P.R. (1984) "Harold Palmer and the teaching of spoken language." *A History of English Language Teaching*. Oxford: Oxford University Press.
Lyster, R. (2007) *Learning and Teaching Languages through Content: A counterbalanced approach*. Amsterdam: John Benjamins.
Willis, D and J. Willis (2007) *Doing Task-based Teaching*. Oxford: Oxford University Press.

5章 学習指導案の作り方と工夫のポイント

はじめに

　2008（平成20）年3月に小学校学習指導要領が告示され，外国語活動が第5学年，第6学年で各35時間ずつ年間授業時間数に定められた。これにより，現場ではそれぞれの時間に合わせた学習指導案が作成されることになるが，その作成にあたっては先生方の不安は大きい。そこで，本章においては，学習指導案の作り方と工夫のポイントを紹介する。

　まず1節の「基本的な指導過程」の中では，文部科学省から発行された『小学校外国語活動研修ガイドブック』（2008）にもとづいて基本的な指導過程について解説している。次に2節の「各指導過程のねらいと進め方」においては，45分枠の授業の中で使用される基本的な指導案の流れに沿って，主に具体的な事例を提示しながら，具体的な展開について解説している。最後に，3節においては，低・中・高学年の学年段階に即した学習指導案の具体例と調べ学習中心および交流活動中心の活動別学習指導案例を示している。この章を通して，学習指導案の作成の基本的な知識が得られるとともに，実際の作成に当たっては，具体的例を参考にしながら，自分なりの学習指導案が作成できるようになるだろう。

（大城　　賢）

1 基本的な指導過程

（1）カリキュラムから年間指導計画，さらに学習指導案作成へ

　文部科学省の『小学校外国語活動研修ガイドブック』（以下『ガイドブック』と略す）を読んでみると，「カリキュラム」ということばは出ていない。また，他の学習指導要領解説書に目を通してみても使用頻度はきわめて低い。「カリキュラム」とは，一定の教育の目的に合わせて，入学から卒業までに学習者が学ぶ科目の種類や時間数，履修する学年などを定めた教育課程のことであるから，指導者はそのことをまず考慮しておく必要がある。一方，「年間指導計画」という表現にはよく出会う。そして，本稿の「学習指導

案」は，毎時間の授業の流れを数分単位で細かく記したものであり，年間指導計画および各単元ごとの毎時間の授業計画に沿った位置づけになる。すなわち，これら3つのことばは，単純に区分けすると，それぞれ，長期的・中期的・短期的な計画であると言えるが，一貫性が必要であり，何よりも基礎となる学習指導要領にもとづいたものでなければならない。ともすると，現場の先生方は日常の児童の生活指導に追われ，「木」を見て「森」が見えなくなる場合も出てくるであろうが，基本的には逆の「森」から「木」を見る視点で指導することが望まれる。

(2) 学習指導案はなぜ必要なのか

　何事を遂行するにも計画性のあるほうがよい結果が出しやすい。中学校や高等学校の英語指導においては，その専科の教諭が担当すればそれで済むが，小学校の場合は学級担任が全教科の責務を負っている。そのような状況の中で「外国語活動」が5, 6年生で必修になったということは，担任にとっては負担が当然増えることになる。さらに，「外国語活動」に関わる可能性がある人たちは，学級担任以外にALTや，場合によっては英語に堪能な地域の人材にまで広がることになるので，教える内容をしっかりと揃えておかなければならない。そのまとめ役が学級担任なのである。したがって学級担任は，45分枠の中の基本的な流れである「①あいさつとウォームアップ → ②前時の復習 → ③新内容の導入 → ④展開（と発展）→ ⑤まとめと振り返り → ⑥おわりのあいさつ」というフレームを外さないように指導案を作成する必要がある。そうすることにより，担当者が異なっても自信を持って授業に臨むことが可能になるし，次回以降の授業への継続性が保たれる。くわえて，学級担任主体の指導案に問題点が見えた場合には，他の担当者からのアドバイスが受け入れやすくなり，児童を中心に据えての，担当者どうしのコミュニケーションが取りやすくなる。とくにALTとの「ティーム・ティーチング」を行う場合が今後増えてくると思われるので，指導案作りを介してのお互いの「こころのふれあい」が児童の目から自然に見えるようになっていれば，現場の雰囲気は理想的である。このようにさまざまな場合を想定すると，たとえそれが細案であれ略案であれ，指導案なしの授業の進行はあり得ないことになる。

(3) 学習指導案構成の基本

　上述の「年間指導計画」が定まれば，構成された各単元ごとに，毎時間の授業計画を

立てることになる。すなわち，5,6年生を対象にすると，それぞれ35時間分に相当するので，計70種類の指導案を作成することになる。研究授業として作成する場合を除けば，通常は，現場の先生方の負担を考慮すると「略案」に落ち着くのではなかろうか。しかし，仮にもし『英語ノート』のみを継続的に使い続けたとしても，「略案」の内容には年々改善が加えられ，児童の期待に応えるものであって欲しい。

単元構成の基本として『ガイドブック』が掲げているのは次の3つである（p.44）。

❶ 児童の興味・関心とコミュニケーション能力の素地をすり合わせる
❷ 児童の発見や思考を生かす
❸ 様々な種類の活動をバランスよく配列する

まず1点目は，学習指導要領に合わせて，聞く活動から話す活動へと，児童が興味・関心を持ち，やってみたいことに対して児童中心の活動を設定するということである。2点目は，知的好奇心が高くなってくる高学年の児童に対して，彼らの発見や思考，さらには感動を呼ぶ内容にするということである。最後の3点目は，活動の種類（歌・クイズ・スキット・チャンツ・絵本の読み聞かせ・スピーチ・ゲーム・ロールプレイ・作品作り等）と活動形態（全体活動・グループ活動・ペア活動・個別活動等）が偏りすぎないように，単元の中にバランスよく組み入れるということである。

（4）学習指導案構成の方法

単元構成の方法として『ガイドブック』は次の4点を掲げている（p.45）。

❶ 目標を決める
❷ 活動の種類を決める
❸ 活動形態を決める
❹ 具体的な表現を決める

❶の目標設定に関しては，まず学習指導要領の外国語活動に関する大目標である「外国語を通じて，言語や文化について体験的に理解を深め，積極的にコミュニケーションを図ろうとする態度の育成を図り，外国語の音声や基本的な表現に慣れ親しませながら，コミュニケーション能力の素地を養う」という部分の3つの柱を常に念頭に置くべきである。次に年間指導計画を構成するさいには3つの柱にもとづき，5年生と6年生の児

童にそれぞれ1年間で身につけさせたい力を目標として掲げることになる。さらに各単元ごとの目標も設定しなければならないし、それに沿って、指導案作成に直接関わる各時間ごとの目標を定めることになる。目標に関しては、これまで外国語活動に積極的に関わってきた学校と必修化になって初めて取り組む学校との間ではかなり異なったケースが出てくると思われるが、3つの柱を絡ませながら、児童や地域の実態に応じて設定することになる。

❷の活動の種類に関しては、当然目標に合ったものでなければならない。各単元が4時間構成であれば、授業の流れはまず音声をたっぷり聞かせながらの聞く活動から徐々に口を使った話す表現活動が加わることになろう。さらに児童が積極的に取り組める活動を仕掛け、記憶として定着できるような活動が望ましい。したがって、各単元の第何回目の授業に相当するかで指導案の構成は多少異なってくるが、単元全体の流れがスムーズになるように構成されるべきである。

❸の活動形態を決めるということは、目標に沿うためにはどのようなコミュニケーション活動を行えばよいかを考えるということである。たとえば指導要領「第3 (2)-ア」の第5学年における活動では「外国語を初めて学習することに配慮し、児童に身近で基本的な表現を使いながら、外国語に慣れ親しむ活動や児童の日常生活や学校生活にかかわる活動を中心に、友達とのかかわりを大切にした体験的なコミュニケーション活動を行うようにすること」（下線は筆者）となっているので、下線部を例に考えてみる。「友達とのかかわり」においては、日本語ではあまりにも日常的すぎて無意識のうちに交わされている「あいさつ」をはじめ、「学校生活」「食事」等に関する話題も「外国語活動」の視点から捉えてみると、「自分」と「友達」の間での共通点や相違点、あるいはお互いの長所や短所等への再発見に至る場合もある。その結果、さらなる「自分理解」や「他者理解」へとつながることになるので、指導案の作成に当たっては、「体験的なコミュニケーション活動」を意識した活動形態にする必要がある。

❹の具体的な表現に関しては、児童の立場に立った、つまり児童の目線から見た表現を中心に取り扱うことが望まれるわけで、児童にとって難しいと思われるものは避けるということである。

(5) 学習指導案構成上の注意点

『ガイドブック』は授業構成上の注意点として次の5つを掲げている (p.45)。

> ❶ コミュニケーション能力の素地を養う
> ❷ 活動の流れに注意する
> ❸ 多様な機器類を積極的に活用する
> ❹ 児童と教師とが一対一でやりとりをする場面を取り入れる
> ❺ 余韻を残す

　まず外国語活動に関するキーワードをひとつ選ぶとすれば，❶の「コミュニケーション能力の素地」は外せない。つまり，小・中・高・大の連携という視点から見ると，この小学校段階での素地が，それ以降の英語教育におけるコミュニケーション能力向上の土台になるからである。「コミュニケーション能力向上を図ること」については，菅（2008）が「小学校は，農地の土壌を耕し，種を蒔く段階であり，中・高等学校はそれに水を撒き，肥料を与え，花を咲かせ，実を結ばせる段階である。そして，大学や社会に出て，その実を活用することになるのである」（p.3）と述べているように，農地の耕し方と種の撒き方を誤らないようにしなければならない。したがって，積極的にコミュニケーションを図ろうとする態度を育成し，体験を通して児童が言語や文化について理解を深め，自ら学びたいと思うような指導案の作成が必要になる。

　❷では，歌であれゲームであれ単調な繰り返しは避け，児童の知的水準を満たし，学習意欲を低下させないように，有機的なバランスの保たれた流れが大事である。

　❸では，CD，DVD，コンピュータのみならず電子黒板の積極的な活用は音声中心の授業展開においては欠かせない。とくに発音に自信がない方々にとっては自分の学習手段として大いに利用する価値がある。児童は一生懸命に取り組む姿勢を見せる学級担任のそのような姿勢に魅せられるはずである。

　❹の項目では，クラス単位で想定される対話場面としては，担任と児童，ALTと児童が一対一でやりとりが可能な場面を取り入れ，児童が自ら学びたくなるような指導案作成が望まれる。また，担任／ALTと児童という二対一でのやりとりの場面を想定した指導案も作成しておくとよい。

　❺については，外国語活動の指導は過去に学習した内容も繰り返しながらスパイラルに教えることが理想的であるが，「スキル」ということばが過度に頭をよぎると，教える側はついつい無理をしがちになるであろう。しかしここでは，無理をしないということが前提であるから，児童が「もう少しやりたかったのに」と思わせるくらいにして，次回への期待感が保てるような指導案作成を心がけたい。

（阿部　　弘）

2 各指導過程のねらいと進め方

　本項では前項の(2)で述べた基本的な指導案の流れに沿った事例を取り上げ，各指導過程のねらいと進め方および考慮点を検討してみる。なお，( )内の時間配分は，あくまでもひとつの目安である。

(1) あいさつとウォームアップ (3分)

　何と言っても授業は最初が肝心である。先生の気分はダイレクトに児童に伝わるからである。指導案の例としてよく見かけるのは，次のような機械的な「あいさつ」の例である。なお，T は Teacher を，S は Student を指す。

　　T: Good morning / afternoon. How are you ?
　　S: I'm fine, thank you. And you? / How about you ?

　さて，T はさわやかな気分であいさつしているのであろうか。顔はにこやかなのであろうか。たとえば，最初の文に関しては下げ調子のイントネーションが通常であるが，T の気分によっては児童に機械的で冷たい感じを与えかねないので，場合によってはやや不自然に聞こえることにもなるであろう。したがって T としては "Good morning / afternoon, class." とか "Good morning / afternoon, everyone." "Hello, class / everyone." などと1語を付加することにより，最後を上げ調子で，しかも児童にさわやかに優しく語りかけるような口調にすると「あいさつ」が活きてくる。決してネガティブな表情を見せないことがコツである。"How are you?" に関しては "are" か "you" のいずれかにストレスを置いてリズムのバランスを取るとよい。

　S の表現は，日本人には易しくない。"fine" の [f] と [n] (とくに語尾の n) は問題になりやすい。また，"thank" の [θ] と [æ] も難しい。"And you ?" のつなぎ (リエゾン) にも慣れておく必要がある。最後の "How about you ?" に関しては，相手に聞き返しているわけであるから，当然 "you" にストレスが置かれるべきなのに，驚くほど多くの人が "about" に山を作る傾向がある。おそらく "How are you ?" との混同があるのではなかろうか。

　はじめのあいさつは，児童の緊張をほぐし，英語の雰囲気作りの準備とするために毎回繰り返されることになるので，担当者は児童に間違った習性をつけないように最大の

2. 各指導過程のねらいと進め方

努力をしなければならない。

　時間と気持ちに余裕があれば，若干のウォームアップとして高学年の知的レベルを満たす早口ことばや歌を導入することもできる。前者の例としては，日本人が口をすぼめるのを苦手とする音 "w"［w］で構成されている次のようなものが考えられる。全部取り扱うと長くなるので，2行程度でも十分な筋肉練習はできる。

> How much wood would a woodchuck chuck,
> If a woodchuck could chuck wood?

　ここでのポイントは，英語は面白くて楽しいものであるということを児童に理解させるために，彼らにとっての引きつけ役に教師がなりきることである。

(2) 前時の復習 (5分)

　あいさつとウォームアップで児童の緊張をほぐしてからは，時間がかかる場合もあるが，前時に習ったことを中心に繰り返しながら，じっくりと内容の定着を図ることが大切である。覚え込ませる姿勢ではなくて，ほめながら継続的に興味を引きつけることによって，本時の活動へのモーティベーションアップにつながるからである。

(3) 新内容の導入 (10分)

　本時の単元のテーマ（『英語ノート』ではタイトル）で取り扱う新出語彙や語句，基本構文等を十分にインプットしながら児童に無理なく提示する活動である。たとえば『英語ノート』の第5学年，Lesson 3の「数で遊ぼう」においては，1から20までの数が導入されているが，それらの新出語をいろいろな方法で導入してあげなくてはならない。聞くことに主眼を置いて歌で導入するならば，付属のCDの中に紹介されている "Ten Steps" や "Twenty Steps" 等はよい材料となる。動作を使ったゲーム形式であれば，たとえば，まずバックミュージック用の音楽CDをかけながら児童に教室内を歩き回らせ，先生が音楽を止めて，英語で1〜20までのある数字を言う。次に児童はその数字を聞いて同じ人数のグループを作り，できたグループから座らせる，等の動作を繰り返させる。このような練習により，たっぷり数を聞かせ，さらには正確に数を数える練習をさせるくらいまでは授業内で消化できるであろう。しかし，残念ながら日本人の英語学習者の中には，それらを正確に発音できる人の数は，筆者の体験からするとさほど多くはない。

具体的には，1, 7, 9, 10, 11, 13～19における語尾の [n] の発音や1, 2の発音における口のすぼめ等は弱点となるので，担当者には児童に対して視覚的に十分認識してもらえるモデルになっていただきたい。もし，可能でなければ，ALTや視聴覚教材等を通して課題を克服していただきたい。

(4) 展開（と発展）(20分)

「繰り返し聞いて，繰り返し口頭練習する」としても，ただ消化するだけの単調なドリルでは意味がない。「コミュニケーション能力の素地」というからには，通用する正しい音の基礎作りや，語順正しく発話できる感覚作りは大切である。ここは担当者の腕の見せ所である。引き続き数に関してその展開を考えるならば，「①そのまま数える → ②逆から数える → ③奇数のみを数える → ④偶数のみを数える → ⑤奇数を逆から数える → ⑥偶数を逆から数える → ⑦4つ／5つずつ数える → ⑧4つ／5つずつ逆から数える」等というふうに応用して行けば，いくらでも可能性は広がる。

発展としてクイズ形式での数の練習に取り組むとすれば，算数と絡めて「足し算・引き算」には，"What is ten plus five?"，"What is nineteen minus eleven?" 等を用いて容易に応用できるし，場合によっては「かけ算・割り算」への切り込みとして，"What is three times six?" や "What is twenty divided by five?" 等の取り扱いも可能になる。要するに，高学年の知的好奇心をくすぐりながら，楽しい授業を展開し，発展的に次回への興味をつないでおく必要がある。

なお「絵本の読み聞かせ」は効果的なので，時間的な余裕があれば，高学年生には "Story Time" 等と名づけて，本項(4)の後に位置づける形で，ぜひ試みていただきたい。

(5) まとめと振り返り (5分)

ここでは授業の終わりが近づいて来ていることを児童に意識させ，本時の目標が達成されたかどうかを振り返り，その確認をする活動となる。同時に，次回に向けての動機づけのねらいもあるので，簡潔にまとめたいものである。

(6) おわりのあいさつ (2分)

はじめも肝心だが，おわりも同様である。いつも単調な決まり文句では面白みがない

ので，多様な表現を使う工夫をしたいものである。たとえ授業がうまく流れたとしても，最後の詰め次第で，児童に与える印象は変わってくる。したがって「みんなも楽しく学んだと思うけど，先生も同じだよ」という心からの表情を示して，次回への希望をつなぐ閉めにしてもらいたい。また，ALT等のゲストがいる場合，他人を思う気持ちを育てるためにも，心から発する感謝のことばは欠かせない。

（阿部　　弘）

③ 学習指導案の具体例

（1）低学年・絵本を使った授業

❶ 単元名：オリジナル動物絵本を作って紹介しよう

❷ 本単元，本時の工夫，特徴

　本単元は，絵本の読み聞かせから活動を広げていくところが特徴である。ここで取り上げる絵本 *Brown Bear, Brown Bear, What Do You See?* には，色とりどりの動物たちが登場する。そして，"..., ..., what do you see?"，"I see ... looking at me." の繰り返しでストーリーが進む。これをリズムに合わせて言うことで，何度も楽しく繰り返すことができる。低学年の児童は，まねて言ったり，繰り返し声に出して言ったりすることが大好きである。最後には，自分の好きな動物を好きな色で塗り，班の友だちと組み合わせてオリジナル絵本を作り紹介するのである。言い慣れたリズムに乗って自分たちのオリジナル絵本を紹介する楽しい活動である。

　本単元の指導にあたっては，まず *Brown Bear, Brown Bear, What Do You See?* の絵本の読み聞かせをする。教師が，リズムに合わせて楽しげに読むことが大切である。そして，次のページに進むさい，ページをほんの少し開けて動物の一部だけを見せ，"What's next?" と尋ね，次のページに何の動物が出てくるかを予想し発表させるやりとりをしながら読み進んでいく。何度か聞かせたら，"..., ..., what do you see?" のパートと "I see ... looking at me." のパートに分かれて，掛け合いをさせると楽しい。はじめは教師対子どもたち，次に子どもたちを2つのグループに分けて行うなどの工夫をすると，何度も飽きずに行うことができる。

　読み聞かせの後，教師自身が作成したオリジナル絵本を紹介する。そして，このような絵本を自分たちも作ってみんなに紹介するという課題を与え，その課題に向かうための3時間の活動内容を紹介する。このように，はじめに単元を通した課題を示し，全3時間の1時間1時間のめあてと活動内容を示すことで，低学年であっても，見通しをもって活動することができると考える。

5章／学習指導案の作り方と工夫のポイント

　全3時間のうち第1時と第2時は，いろいろな歌やゲームを通して，絵本に出てくる色や動物の英語に慣れ親しませる。具体的には以下のような歌やゲームである。

- 動物当てクイズ——動物の一部だけやシルエット，ぼかしやうずまきなどに加工した画像を見せて何の動物かを当てる活動である。"What animal is this?" という問いかけに答えるというやりとりを行う。
- 好きな動物大集合ゲーム——好きな動物を全員が1つ決める。相手を見つけてお互いに好きな動物を言う。同じ動物どうしでペアができたら座る。
- 歌："Rainbow"——虹色の7色が順番に出てくる歌（Songs and Chants with Pictures，松香フォニックス研究所）である。虹の絵のそれぞれの色を指さしながら歌う。慣れてきたら，一人ひとりが1つの色を担当し，担当した色の部分を立って色カードを頭上で見せながら歌う。
- カラータッチゲーム——教師が発音した色を聞き取り，身近にあるその色をした物をタッチしたら，タッチした場所に座る。最初は教師が指示するが，慣れてきたら，子どもが指示をする。
- 動物を探せゲーム——6色のドアの中の1つに動物が隠れている。色を言って，どのドアに隠れているかを当てさせる。"Which door will you open?" の質問に，自分の思った色を英語で言うやりとりを行う。

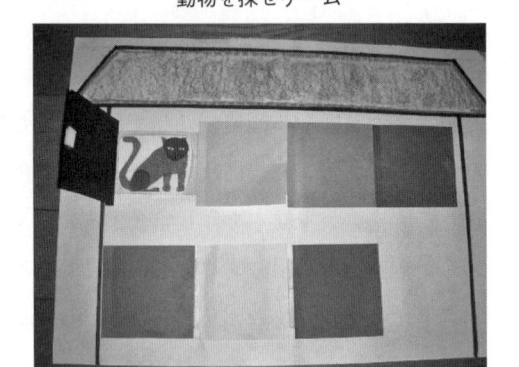

動物を探せゲーム

　本時にあたる第3時は，オリジナルの動物絵本を作り，紹介する時間である。まず，動物絵本を作るさい，好きな動物の絵や好きな色のクレパスを英語を使って教師からもらう活動を行う。"..., please." と言わなければ好きな動物の絵や好きな色のクレパスをもらえないので，英語を使う必然性がある。覚えた英語を意味もなく言わせるのではなく，それを使う必然性のある場面を設定することが大事である。最後に，一人ひとりが作った絵本のページを班で組み合わせて，みんなの前で紹介させる。

❸ 単元の指導目標

- 英語を使って，絵本作りをすることに興味をもつ。
- 積極的に絵本作りをしたり，友だちに紹介したりしようとする。
- 色や動物を表す英語や，"..., please." という英語表現に慣れ親しむ。

3. 学習指導案の具体例

❹ 活動計画（全3時間）

時	主な活動	英語表現
1	絵本の読み聞かせ，ゲームなどの活動を通して動物を表す英語に慣れ親しむ。	単語：bear, bird, horse, frog, cat, dog, sheep, etc. 表現：What animal do you like? I like cats.
2	歌やゲームなどの活動を通して色を表す英語に慣れ親しむ。	単語：brown, red, yellow, blue, green, white, black, etc. 表現：What color do you like? I like red.
3 本時	自分の好きな動物と色を選んで絵本の1ページを作り，班で組み合わせた動物絵本を紹介し合う。	語句：red bear, brown bird, yellow horse, blue frog, etc. 表現：..., please.

❺ 本時の目標

・積極的に英語を使って，ほしい動物の絵やクレパスをもらったり，オリジナル動物絵本を紹介しようとしたりする。

❻ 本時の展開

学習活動	HRTの支援	ALTの支援
1. あいさつとウォームアップ（5分） （1）あいさつをする。 （2）Hello Song を歌う。	・あいさつをする。 ・ペアで向かい合って掛け合いで歌わせる。	・あいさつをする。 ・子どもたちと一緒に歌う。
2. 導入（10分） （1）これまでの活動を振り返り，本時のめあてを確認する。 （2）動物絵本の作り方を理解する。	・教師が作ったオリジナル動物絵本の例を紹介する。 ・絵本の作り方を実演を交えて説明する。	・オリジナル動物絵本のよさについてコメントする。 ・絵本の作り方を実演を交えて説明する。
動物絵本を作って紹介しよう		
3. 展開と発展（25分） （1）動物絵本を作る。（10分） 1人ずつ自分の好きな動物と色を考え，材料をもらいに行き，色をぬる。 ..., please. Thank you. （2）班ごとに動物絵本を紹介する。（15分）	・動物の絵コーナーで子どもに絵を渡す。 Here you are. You're welcome. ・最初は，子どもと一緒に言うようにし，だんだん子どもだ	・クレパスコーナーで子どもにクレパスを渡す。 Here you are. You're welcome. ・紹介が終わるごとに賞賛し，本にして，黒板に掲示してい

発表例：Yellow bird, yellow bird, what do you see? I see a blue cat looking at me. Blue cat, blue cat ...	けで言えるようにする。	く。
4. 振り返りとまとめ (5分)	・振り返りカードを書かせ，発表させる。	・子どもを賞賛する。 Good. Excellent.

❼ 授業にあたっての留意点

　英語にはリズムがある。強く言うところが等間隔で繰り返し現れる。絵本の読み聞かせをしたり，子どもたちに発表させたりするさいは，英語のリズムに気をつけたい。

　　　●　　　　●　　　　●　　　　●
　"Brown bear, brown bear, what do you see?"

のように●の部分を強く，その他を弱く言うとよい。

❽ 応用・発展

　今回の実践では，動物や色のカード，それが何かを当てさせる加工をした画像等をパワーポイントで作成し，プロジェクターでスクリーンに映し出して活動を行った。『英語ノート』デジタル版の配付に伴い，電子黒板を活用している学校も多いと思う。電子黒板を使うと，子どもたちに操作しながら発言させることもでき，子どもたちの興味を引くことができるであろう。

❾ 低学年における外国語活動の教育課程上の位置づけ

　学習指導要領で外国語活動は，第5学年および第6学年のみに位置づけられている。したがって，低学年で外国語活動を行う場合，学校裁量の時間を使うこととなる。各学校が工夫して生み出した余裕時間である。これまで生活科や学級活動の時間を使って低学年の外国語活動の実践を行っていた学校も見られたようだが，それは認められない。生活科や学級活動にはそれぞれ達成されるべき目標がある。したがって，低学年の外国語活動は学校裁量の時間を使って行うこととなるのである。

　以下，「振り返りカード」である。

◀振り返りカード

(上原 明子)

(2) 中学年・スポーツをテーマにした授業

❶ 単元名：友だちと好きなスポーツを伝え合おう

❷ 本単元，本時の工夫，特徴

　本単元は，体を動かしながらスポーツを表す英語に慣れ親しみ，友だちと好きなスポーツを伝え合うという内容である。中学年の児童は，ギャングエイジと言われるほど活動的であり，気の合う仲間で行動し始める頃である。体を動かしながらスポーツを表す英語に慣れ親しみ，友だちと好きなスポーツを伝え合うというこの単元の学習は，中学年の児童にとって楽しい活動である。

　本単元の指導にあたっては，まず，いろいろなスポーツの写真を見せ，"What sport is this?" という問いかけをする。それに答えさせることでスポーツに興味をもたせる。また，石川遼，浅田真央，イチロー，北島康介，福原愛などの有名選手の顔写真を見せ，何の選手かについてやりとりをする中で，いろいろなスポーツを表す英語を聞かせる。さらに，教師の好きなスポーツについて話し，この単元の最後にクラスの好きなスポーツランキングを作ることを説明することで，友だちの好きなスポーツに興味をもたせる。はじめに単元を通した課題を示し，各時間のめあてと活動内容を示すことで，児童は見通しをもって活動することができる。

　全3時間のうち第1時と第2時は，いろいろな歌やゲームを通して，スポーツを表す英語に慣れ親しませる。具体的には，以下のような歌やゲームである。

・歌："Take Me Out to the Ball Game"――すべてを完全に歌えるようになることをね

5章／学習指導案の作り方と工夫のポイント

らうのではなく，歌いやすい部分から歌い，少しずつ歌えるところが増えていけばよい。振りもつけさせるとよい。はじめに一度CDを聞かせ，簡単に歌詞についての説明をする。歌詞の中に出てくる"Root! Root! Root!"は応援の掛け声であること，Cracker Jackの写真を見せ，アメリカのスナックであることなどにふれると子どもたちは興味をもつ。そして，メジャーリーグの試合のビデオを見せ，7回裏の攻撃の前に地元チームの観客が全員立って"Take Me Out to the Ball Game"を歌う様子を見せるとよい。

- ジェスチャー当てゲーム——教師または子どもが行うジェスチャーを見て，何のスポーツか当てる。ジェスチャーはコミュニケーションの大切な手段であることをとらえさせる。
- 3ヒントクイズ——教師が話す3つのヒントをしっかり聞いて，それが何のスポーツかを答えさせる。たとえば，racket — serve — table なら table tennis，goggle — cap — water なら swimming である。

本時にあたる第3時は，友だちの好きなスポーツを知ることを楽しむ時間である。具体的には，以下のような活動を行う。

- インタビュービンゴ——まず，スポーツの絵を9マスの枠の中に思い思いに貼らせる。たて，よこ，ななめ，そろえばビンゴである。友だちに"What sport do you like?"と尋ね，相手が答えたスポーツに斜線を入れることができる。速くビンゴになるためには斜線を入れたいスポーツを好きと思う友だちのところへ行って尋ねなければならない。したがって，友だちに関心をもち，その子の好きなスポーツをある程度知っていたり，予想できたりする必要がある。また，ビンゴが終わった後，内容の振り返りをすることが大事である。教師が"Who likes baseball?"等と尋ね，誰が何のスポーツを好きかわかったことを発表させる。そうすることで，単に英語が使えればよいのでは

◀ジェスチャーをする子どもたち

なく，友だちの好きなスポーツを知るために英語を使っているのであるということを意識させることができる。
- クラスで人気のあるスポーツランキング——"Who likes soccer?" などの英語を使い，スポーツごとに，そのスポーツが一番好きな子どもを立たせ，人数を数える。そして，クラスで一番人気のあるスポーツを決める。
- 外国のスポーツについての話——外国には，日本ではあまり知られていないスポーツがあることや，国によって人気のあるスポーツが異なることなどを話す。写真を見せたり，実演をしたりするとよい。

❸ 単元の指導目標
- 外国のスポーツや，国によって人気のあるスポーツが異なることに興味をもつ。
- 積極的に友だちと好きなスポーツを尋ねたり，答えたりしようとする。
- スポーツを表す英語や好きなスポーツを尋ねる英語表現に慣れ親しむ。

❹ 活動計画（全3時間）

時	主な活動	英語表現
1	友だちの好きなスポーツを尋ねるという単元の課題をつかみ，スポーツについての会話をしたり，歌 "Take Me Out to the Ball Game" を歌ったりして，スポーツ名を表す英語に慣れ親しむ。	単語: baseball, soccer, basketball, swimming, tennis, dodge ball, volleyball, table tennis, skiing, badminton, etc.
2	スポーツを表す英語を使って，ジェスチャー当てゲームや3ヒントクイズを楽しむ。	単語: 1時に同じ。
3 本時	インタビュービンゴや人気のあるスポーツのランキング作りをして，友だちの好きなスポーツを知ったり，外国のスポーツについての話を聞いたりすることを楽しむ。	単語: 1時, 2時に同じ。 表現: What sport do you like? I like baseball. Who likes ...?

❺ 本時の目標
- インタビュービンゴや人気のあるスポーツのランキング作りをして，友だちの好きなスポーツを知ることを楽しむ。

❻ 本時の展開

学習活動	指導上の留意点と教師の主な発言	配時
1. あいさつとウォームアップ （1）あいさつをする。 （2）動作をつけて歌を歌う。 "Take Me Out to the Ball Game" （3）本時のめあてについて話し合う。	・曜日，日付，天気の確認を行う。 ・動作をつけて元気に楽しく歌わせる。	10
友だちの好きなスポーツを知ろう		
（4）学習の流れを確認する。	・カードを使って説明する。	
2. 復習 （1）スポーツ名を表す英語を発音する。 baseball, soccer, basketball …	・絵カードの一部だけを見せ，何のスポーツかを当てさせるやりとりをしながら，何度も発音させる。 ・リズムにのせて発音させる。	30 (5)
3. 導入 （1）好きなスポーツの尋ね方を知る。 What sport do you like? I like baseball.	・教師と代表の子どもによるやりとりを見せた後，クラスをグループに分けてさせたり，2人組でさせたりする。	(5)
4. 展開 （1）インタビュービンゴをする。 ・インタビュービンゴの進め方を知る。 ・インタビュービンゴの準備をする。 ・インタビュービンゴをする。 （2）クラスの人気スポーツランキングを作る。	・スポーツの絵の中から9枚選ばせ，マスに貼らせる。消したいマスのスポーツが好きと答えそうな友だちのところに行って尋ねさせる。 ・スポーツごとに，そのスポーツが一番好きな子どもを立たせ，人数を数える。そして，クラスで一番人気のあるスポーツを決める。	(15)
5. 発展（国際理解タイム） （1）外国のスポーツについての話を聞く。	・写真を使ったり実演をしたりして外国には日本ではあまり知られていないスポーツがあることや，国によって人気のあるスポーツが違うことなどを話す。	(5)
6. 振り返りとまとめ （1）振り返りカードを書き，発表する。 （2）終わりのあいさつをする。	・子どもを賞賛する。Excellent. ・子どもと一緒に終わりのあいさつをする。That's all for today.	5

3. 学習指導案の具体例

❼ 授業にあたっての留意点

スポーツをするという表現は play をつける場合と，do または practice をつける場合，また，何もつけない場合がある。よく間違えることがあるので，教師が英語を使用するさい，気をつけたい。

> ○ I play baseball. のように play をつけて表現するスポーツ（球技）
>   soccer, basketball, tennis, dodge ball, volleyball, table tennis, badminton など。
> ○ I do *judo*. などのように do または practice をつけて表現するスポーツ
>   *kendo*, *karate* など。
> ○ I swim. のように，そのまま表現するスポーツ
>   ski, ice-skate など。

この単元は，友だちと好きなスポーツを伝え合い，お互いを理解し合うことが目標である。したがって，子どもたちには本当に好きなスポーツを答えさせたい。教師が準備した絵カードにないスポーツを好きな子がいたら，そのスポーツを表す英語をその場で教える。そうすることで，その英語がその子のものになる。形式的に英語を言えればいいのではなく，いつも自分を表現するために必要な英語を使うようにさせたい。

❽ 応用・発展

ALT が来る日であれば ALT の国の人気のスポーツや ALT 自身の好きなスポーツ，得意なスポーツ，経験したスポーツなどを尋ねるとよい。また，外国のスポーツ（クリケット，カバディなど）を英語でやってみるとよい。ALT に英語で，ジェスチャーなどを交え，ルールを話してもらう。聞くだけでルールがわからなくても，実際にスポーツをやっていくうちにだんだんわかってくる。インターネットを検索すると，これらの資料がたくさん出てくるので活用されたい。

❾ 中学年における外国語活動の教育課程上の位置づけ

学習指導要領で外国語活動は，第 5 学年および第 6 学年のみに位置づけられている。したがって，中学年で外国語活動を行う場合，学校裁量の時間を使うこととなる。各学校が工夫して生み出した余裕時間である。これまでは，総合的な学習の時間を使って中

学年の英語活動を行ってきた。しかし，新学習指導要領では，総合的な学習の時間に国際理解に関する学習を行うさいには，問題の解決や探求活動に取り組む必要があることが明記されている。したがって，中学年の外国語活動は学校裁量の時間を使って行うこととなろう。

(上原　明子)

(3) 5年生・日課的な活動をテーマにした授業
❶ 単元名：「あなたの1日，わたしの1日」
❷ 本単元，本時の工夫，特徴

　子どもたちは学校に登校した後，あらかじめ決められた時間でほぼ同じ活動をしている。5年生は自分の周りにいる人の言動が気になり始め，自分と比べ始めるが，友だちはほぼ自分と同じような生活を送っていると考えている子も多い。自分と友だちの生活習慣の違いを考えたり認めたりすることがなかなかできず，トラブルが増える時期でもある。本単元では，お互いの起床時刻や就寝時刻などを聞き合う活動を通して，自他の違いに目を向けさせ，お互いに「もっと聞きたい，もっと話したい」という意欲と友だちへの関わりを持たせたい。日常生活の中で行う習慣的なことは，どの子にとっても身近で尋ねやすく話しやすいものである。相手が，いつ，何をするかは人によって異なるため，インタビューの後にクラスで分かち合うことによって，新たな発見や共通点を見つけることもできる。英語で尋ね合う活動が単なる会話練習でなく，英語での自然な会話を通して，他者を理解する活動としても位置づけたい。本単元の指導に当たっては，時刻の言い方と，「その時刻には何をしているのか」の言い方を学ぶ必要がある。第3時まではビデオや絵本，クイズ等を通して，「その時刻には何をしているか」を表す英語表現に慣れさせ，第4時のインタビューへつなげる。

- 絵本やビデオ——絵本やビデオを用いて日常繰り返される行動と時刻の英語表現を繰り返し聞かせることができる。絵本 *What's the Time, Mr. Wolf?* (by Annie Kubler) はオオカミの顔の指人形がついていて，"It's ～ o'clock." がページをめくるごとに繰り返され，それに伴う行動の表現もある。指人形を使いながら，子どもたちは楽しんで英語にふれることができる。
- ジェスチャークイズ——HRT は子どもに起床してから就寝までの1日の行動を日本語で考えさせ，英語でどう表現するのか ALT に尋ねさせる。子どもたちにはその行動をどのようにジェスチャーで表すのかを考えさせる。たとえば I get up ... の場合は，「I は胸に手を当て，get で両手を軽く握って曲げ，up で両手を高く上げる」のような

ジェスチャーを考えさせる。友だちのジェスチャーを見て，何をしているところなのか言わせると，とても楽しんで英語表現を覚えていく。
- インタビュービデオ――学校の先生方に「何時に何をするのか」をインタビューしてビデオを制作する。校長先生や教頭先生が何時に起きて，何時に家に帰るのかなど，子どもたちは興味をもって聞くことができ，そこで使われる表現に慣れ親しむことができる。

本単元では，英語での会話を通して相手のことを理解する活動を重視する。常に相手を見て話したり聞いたりすることを促すだけでなく，英語でうまく伝えられない場合は，ジェスチャーを用いようとする姿勢を評価したい。また自分の言いたいことや尋ねたいことが言えるように，わからない英語表現があれば，"How do you say ～ in English?" を使って ALT に尋ねさせるようにする。

❸ 単元の指導目標
- 日常生活についての英語表現を知り，時刻を加えて紹介する表現に慣れる。
- 友だちや先生の日常生活について尋ねたり，自分のことを話したりして，積極的に友だちとのコミュニケーションを楽しむ。
- インタビュー活動を通して，人によって生活のリズムはさまざまであり，異なっていることに気づく。

❹ 活動計画（全4時間）

時	学習活動	英語表現
1	①絵本 What's the Time, Mr. Wolf? の読み聞かせを通して，時刻の尋ね方と言い方を知る。 ②数字 1～60 の言い方を復習する。 ③時刻カードで時刻の言い方を練習する。 ④「What time is it? ゲーム」をグループで楽しむ。ALT に時刻を尋ね，聞き取った時刻をグループで答える。 ⑤朝起きてから学校に行くまでの行動を考え，それぞれの行動をジェスチャーしながら発話練習をする。	・What time is it? It's 7 o'clock. It's 6:30. ・1～60 ・I get up (get dressed, wash my face, go to school, brush my teeth, brush my hair).
2	①えいごリアン4「What time is it? 大変！時計を忘れちゃった」の「ユージの時計台の番人」を見て，時刻の言い方の復習をする。 ②起床してから学校へ行くまでの行動についてジェスチャー当てゲームをする。HRT/ALT は黙って	・It's 7:00 / 7:30 / 7:45 /. ・What time do you get up? I get up at 7:00. ・I go home (watch TV, do my homework, take a bath, go to

5章／学習指導案の作り方と工夫のポイント

2	ジェスチャーを行い，その英語表現をグループ全員でジェスチャー付きで答える。 ③HRT と ALT のインタビューのデモンストレーションを見て，それぞれの行動に時刻を加えて話す英語表現を学ぶ。 ④帰宅後の行動を考え，それぞれの行動をジェスチャーしながら発話練習をする。	bed).
3	①帰宅後の行動についてジェスチャー当てゲームをして，夕方からのスケジュールの英語表現に慣れる。 ②先生方へのインタビュービデオを見て，行動に時刻を加えた言い方に慣れる。 ③ワークシートに自分が行う行動の順序や時刻を記入し発表する。	・May I ask your schedule? ・What time do you go to bed? 　I go to bed at 9:30.
4 本時	友だちの1日のスケジュールをインタビューし，起床時刻と就寝時刻について聞き取ったことをクラスで話し合う。	・May I ask your schedule? ・What time do you get up? 　I get up at 7:00. 　(get up, get dressed, go to school, watch TV, take a bath, go to bed)

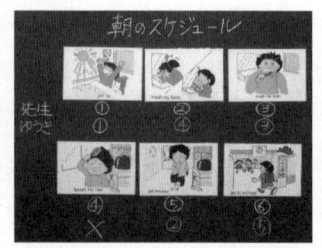

【ワークシート例】（自分のスケジュールを記入し，次時に使用する）

行動	朝起きる	着替える	歯みがき	顔を洗う	登校
順序					
時刻	：	：	：	：	：
行動	テレビを見る	風呂に入る	宿題をする	寝る	
順序					
時刻	：	：	：	：	

❺ 本時の目標（4/4 時）

　友だちの日常生活について尋ねたり，自分のことを話したりして，積極的に友だちとのコミュニケーションを楽しみ，人によって生活のリズムはさまざまで異なっていることに気づく。

3. 学習指導案の具体例

❻ 本時の展開（第4時）

学習内容	HRTの支援	ALTの支援
1. あいさつとウォームアップ（2分）	・あいさつをして、子どもに気分等を聞く。	・天気、日付、曜日、時刻の確認をする。
2. 復習（5分） ・チャンツを使って前時の復習をする。	・絵カードを提示する。 ・ジェスチャーを使っての発話を促す。	・リズムボックスやチャンツを使い、動作しながら発話させる。
	<u>Get up.</u> <u>I get up.</u> <u>I get up at 6:30.</u>	
3. 導入（10分） ・デモンストレーションを見て、1日のスケジュールを尋ねたり話したりする練習をする。 get up, get dressed, go to school, watch TV, take a bath, go to bed	・インタビューの仕方を理解させる。 A: Excuse me. May I ask your schedule? What time do you <u>get up</u>? H: I <u>get up</u> at <u>6:30</u>. How about you? A: I <u>get up</u> at <u>7 o'clock</u>. Thank you. ・2グループに分け、波線部を置き換えてそれぞれの言い方を練習させる。	・HRTとデモンストレーションする。 ・HRTと役割分担してジェスチャーを交えて発話練習させる。
4. 展開（10分） ・友だちの生活リズムについてインタビューする。	ワークシートを使って自分の聞きたい友だちのスケジュールについてインタビューさせる。（朝起きる時刻と寝る時刻は必ず聞くようにさせる。）	
5. 発展（10分） ・インタビューしてきたことについて話し合う。	・インタビューで得た情報を会話や板書を通して、クラスで共有する。	・誰が何時に起きるかを質問する。 Who gets up at 6:30? Who gets up before 6:00?
6. 振り返りとまとめ（7分） ・振り返りカードを書き、本時のまとめをする。 7. あいさつをする。	・HRTは2～3名指名し、今日の授業について、感想等を発表させる。 ・あいさつをする。	・数名にその子の朝と帰ってからのスケジュールを質問する。 ・あいさつをする。

❼ 授業にあたっての留意点

　高学年の英語活動では、子どもたちが伝えたい情報や知りたい情報を含んだ意味のある活動を行わせたい。丸暗記の英文をスラスラ言うことや習ったことをオウム返しに言

115

う活動を避け，自分が伝えたいことを相手に何とか伝えようとする姿勢を大事にしたい。インタビューで聞き取ってきたことを話し合う場面では，遅刻した子に "What time did you get up today?" と聞くと，日本語なら叱られるからと口をつぐむ子でも英語活動では "At 7:40." と返してくる。クラスによってはそれを聞いた子たちが日本語で「寝坊したの？」と返したり「ご飯食べてきた？」と心配したりする。そのつぶやきを HRT や AET が上手に拾って "Did you eat breakfast?" と聞いてみると会話が広がっていく。その時に，子どもたちから "Are you hungry?" "How about you?" などと自発的な発話が返ってくるようなコミュニケーション活動にしたいものである。

❽ 応用・発展

　この単元は宿泊学習やキャンプの時期に合わせて取り上げ，本時の後にキャンプの活動日程を英語で確認する学習にしてもよい。

　時刻の言い方が既習のときは，自他の違いを認め合う学習の発展として，本時の後に世界地図や地球儀を用いて，世界の時差を紹介する学習を加えて世界に関心を向けさせても面白い。また HRT と ALT で電話をかけてインタビューするデモンストレーションを行い，子どもたちに聞き取らせてもよい。使用する英語表現は，本時までに使った聞き慣れた表現を用いるようにする。"Hello. This is 〜. What time is it in Paris?" "Hello. It's 8:00 in the morning in Paris. I am going to school now. I go to school at 8:00 everyday." というような表現にし，学校へ行く時間や帰宅時間が国によって異なり，また，日本時間と現地時間が違っていることに気づかせていくと，外国や世界についての興味・関心も高まっていくだろう。

（新川　美紀）

(4) 6年生・スピーチを通してコミュニケーションの大切さを体験する授業

❶ 単元名：「将来の夢を紹介しよう」

❷ 本単元，本時の工夫，特徴

　自分の夢や将来について考えたり，具体的な職業やなぜその職業につきたいのか理由を考えたりすることは中学進学を控えた6年生にとって大きな意義がある。自分の将来の夢について卒業アルバムに載せたり，卒業式の証書授与時に発表したりする学校もあろう。職業と夢を関連させ，自分の夢を英語で発表することを単元の最終目標に掲げ，さらに将来の夢の理由をこれまで学んできた英語表現を使って伝えるという条件をつけ

ると，自分の将来について本単元を通して考えることができ，自分から英語を使おうとする意欲を持たせることができる。本時で本当に自分のつきたい職業を選んで話せるように，職業に関する数多くの単語を始めから聞かせていく。子どもたちの心理的負担を考え，全部覚えさせるのではなく，毎回徐々に職業に関する単語や文を増やしたり，チャンツやデモンストレーション，クイズ，インタビュービデオ等を取り入れ，理由の言い方や発表の仕方を繰り返し聞かせたりして，英語での発表に対する抵抗を和らげる。HRTやALTと面接形式で複数の質問に答える練習を行い，本時までに何度も話す活動を行う。友だちの夢を尋ねたり互いに伝え合ったりすることで新たなコミュニケーションが生まれるであろう。

本単元では単に学習した英語表現を使って発表する活動にせず，日常生活のどの場面でも行われている「相づちを打つ」ことを再学習し，発表場面で取り入れる。共感したり励まし合ったりすることを通して互いに伝え合う発表会を体験させれば，子どもたちは主体的に「話す・聞く活動」を楽しみ，「聞き合う」ことの大切さと楽しさを感じ，英語を用いたコミュニケーションに意欲的になるはずである。発表会を単なる自分のことを伝える場に終わらせず，自分と同じところや違うところ，知らなかったこと等，相手のことを理解する場へと変えることで新しいコミュニケーションの仕方を学ぶ機会になっていくと考える。

全4時間の活動では，クイズやゲームを通して職業を表す英語に慣れさせる。活動計画（全4時間）に取り上げたゲームやクイズ等は，次の通りである。

- "What am I?" クイズ――職業絵カードを黒板に複数貼って下記の例のような短い文で職業を紹介して What am I? と質問し，該当する絵カードを選ばせたり，日本語で職業を答えさせたりする。また，その後で英語を全員に復唱させる。例) I work at a hospital. I help doctors. I wear a uniform. What am I?
- 仕事道具ビンゴゲーム――道具の絵を描いたビンゴシートを数種類用意し，発話された職業に必要な道具をチェックさせる。例) I'm a carpenter. → 金づちの絵
- 仲間さがしゲーム――1人1枚職業カードを配り，友だちに見せないようにしてじゃんけんをさせる。勝ったほうがカードの絵を見て Are you ～? と質問し，負けたほうは Yes, I am. / No, I'm not. で答え，同じ職業の人をできるだけ多く探させる。時間があればカードを変えて再度行う。
- チャンツリレーゲーム――手拍子（×）に合わせ，前の人や自分が一度言った職業は言えないルールにし，順番に××I'm a cook.××How about you?××I'm a doctor.××How about you?××とリズムを崩さないように発話させ，できるだけ長く続けるよう

に促す。

- 「先生方のなりたかった職業」インタビュー——自分の学校の先生方に子どもの頃になりたかった職業についてインタビューしたビデオを見せて，以下のようなワークシートに聞き取った年齢と職業を書かせる。

例）

先生	校長先生	教頭先生	古賀先生	新川先生
年齢				
職業				

- なりたい職業当てクイズ——What do you want to be? と子どもに一斉に発話させ，ALT は I want to be …. と職業部分を言わずに，Because I like 〜. / I can 〜. 等の理由を述べ，What do I want to be? と質問する。わかった子は Are you 〜? と尋ねる。
- 1 対 1 の面接——What's your name?, How old are you?, What do you want to be?, Why? と子どもに 1 つずつ質問し，順番に答えさせる。上手に答えられないときは復唱させ，発表の方法に慣れさせる。

❸ 単元の指導目標

- 職業についての英語表現に慣れる。
- どんな職業につきたいか尋ねたり答えたりする英語表現に慣れる。
- 理由を含めて自分が将来つきたい職業を発表し合う。
- 共感したり励ましたりする英語の相づち表現を使って友だちの話を聞き，それらを使う大切さと楽しさを感じる。

❹ 活動計画（全 4 時間）

時	学習活動	英語表現
1	①ヒントを聞き，職業を当てる "What am I?" クイズで職業名にふれる。 ②さまざまな職業名を聞き，その仕事の道具を選ぶビンゴゲームを通して職業名に慣れる。 ③絵カードを使って自分と同じ仲間さがしゲームをする。	• I'm a baker (scientist, singer, comedian, dancer, carpenter, nurse, florist, doctor, pianist, judge, fire fighter). • Are you a baker? Yes, I am. No, I'm not.

2	①チャンツリレーゲームを通して，職業名に慣れる。
	②何になりたいかを話しているチャンツを聞き，ワークシートに順番を書くドリルをし
		• I'm a baker.
		  How about you?
		  What do you want to be?
		  I want to be 〜.

3. 学習指導案の具体例

2	て、なりたい職業を尋ねる英語表現にふれる。 ③学校の先生方のなりたかった職業についてのインタビューを見て、ワークシートに年齢と職業を記入する。	• When I was ～ years old, I wanted to be ～.
3	①理由を聞いて、なりたい職業を当てるクイズをする。 ②自分が将来ついてみたい職業を、理由を含めて紹介する練習をする。 ③HRT や ALT と 1 対 1 の面接形式で将来の夢と理由を答え、発表の方法に慣れる。	• Why? Because I like ～. My hobby is ～. I can ～. I'm good at ～.
4 本時	＊自分の将来の夢について発表し合い、相手の話に共感したり励ましたりする相づちの英語表現を使って発表を聞き合う楽しさを体験する。	• Really?, Me too., Nice!, Cool., Ah-hah., Wow!, Great., You can do it!

❺ 本時の目標（4/4 時）

　理由を含めて将来の夢について発表し合い、友だちの話を聞いて、共感したり励ましたりする英語の相づち表現を知り、それらを使う大切さと楽しさを感じる。

❻ 本時の展開

学習内容	HRT の支援	ALT の支援
1. あいさつとウォームアップ • あいさつをする。（2分）	• あいさつをして、子どもに気分等を尋ねる。	• 天気、日付、曜日、時刻の確認をする。
2. 復習（5分） • 職業に関する単語や表現を復習する。	• 絵カードを提示する。	• Q&A や 3 ヒントクイズで復習させる。
3. 導入（8分） • どんな聞き方がよいのか話し合い、相づちを打ちながら聞くことを確認する。	• 発表の仕方や今までの発表の仕方を確認する。 • HRT は発表役になり、同じやり方でデモンストレーションをする。 H: My name is ～. 　I'm 12 years old. 　My hobby is ～. 　I'm good at ～. 　I want to be ～.	• ALT は聞き役になり、1回目は黙って、2回目は相づちを打ちながら聞くデモンストレーションをする。 【2回目】 A: Me, too. 　Really? 　Great! 　Why?

	Because I like 〜. Thank you.	Ah-hah. You can do it. Thank you very much.
4. 展開（6分） ・相づち表現を思い出させ，発話練習する。	・"How do you say 〜 in English?" を使ってALTに質問させる。	・尋ねられた相づちの英語表現を発話し，復唱させる。
	Really?, Me too., Nice!, Cool., Ah-hah., Wow!, Great., You can do it!	
5. 発展（15分） ・順番にスピーチし合い，友だちのスピーチを聞きながら相づち表現を使う。	・2グループに分け，発表させる。	・子どもたちの発表と相づちの英語表現を使えるように支援する。
6. 振り返りとまとめ（7分） ・本時のまとめをする。振り返りカードを書いて感想やわかったこと等を発表する。	・相づちを打ちながらスピーチを聞くことについて，発表する側と聞く側に分けて感想を聞く。	・1〜2人にWhat do you want to be? と質問し，Cool. You can do it. 等でほめたり励ましたりする。
7. おわりの挨拶（2分） ・あいさつをする。	・あいさつをする。	・あいさつをする。

❼ 授業にあたっての留意点

　高学年では自分の本当に言いたいことを話すことが自分から英語を使おうとする意欲につながる。児童にとって必要な職業名があれば，辞書などで調べて，教えておく配慮が大事である。本単元で取り上げる職業については，前もってアンケート等で調べて絵カードを準備しておくとよい。ALTがいない場合や学級の実態によっては，『英語ノート2』のLesson 9（pp. 56〜63）も利用できる。この時期の子どもは自分の夢が漠然としていて決めかねている子も多い。その子たちのアドバイス・カードとして『英語ノート2』のpp. 62〜63が利用できる。また職業について日本語で考えさせ，英語表現がわからないときには "How do you say 〜 in English?" で尋ねるように促し，気軽に聞ける雰囲気を作っておくことも発表活動をうまく進める手だての1つである。

❽ 応用・発展

　提示用職業絵カードの縮小版や『英語ノート』の巻末カードを利用し，各時間の復習

として ALT が発話した順序に並べ替える「聞く活動」もできる。緩急を付けて発話すれば，子どもたちは楽しみながら繰り返し英語表現に慣れることができる。また本時の展開の代わりに，なりたい職業と理由を尋ねるインタビュー活動を取り上げ，発展でインタビュー内容を学級全体で共有し合う話し合い活動を取り入れてもよい。

(新川　美紀)

(5) 高学年・調べ学習中心の授業

❶ 単元名：「ランチメニューを作ろう」

❷ 本単元，本時の工夫，特徴

　本単元は，「調べ学習」を学習の柱にする。世界の料理について調べたことを架空の「ワールドレストラン」でのやりとりを通してコミュニケーション活動を楽しませる。また，友だちと一緒に調べたり，友だちが調べたことに興味を持ったり，認め合うことでお互いに関わり合う態度を育てる。

　本単元の指導にあたっては，日本でも一般的になっている外国の料理や食べ物に興味を持たせ調べさせる。調べる内容は，その料理がもともと作られた国，料理に使う材料，料理の特徴などである。また，今まで知らなかった料理に興味を持つことも大事である。調べるツールとしては学校の図書室やインターネットなどがある。可能であれば ALT や近隣の外国人のいるレストランの方に直接お話を聞くことも考えられる。また，今まで学習したいろいろな国のあいさつや国旗，衣装などと結びつけることにより学習をより効果的にできる。

　コミュニケーション活動に関しては，料理をレストランで注文したり，料理について質問されたりしたときに，相手にわかるように伝えることで，コミュニケーションを図る楽しさを体験させる。また，場面に応じた丁寧な表現を用いてコミュニケーションを図る大切さも体験させたい。

　言語や文化に関する活動に関しては，料理を注文したり，メニューを説明したりするときの丁寧な言い方や発音やリズムに慣れ親しませる。また，日本の料理と外国の料理の同じところ，違うところに興味を持たせたり，料理を通して異文化理解を深めたりする。

　調べ学習は，グループまたはペアで行う。お互いに知っている知識を出し合い，共有し，課題を見つけていく。調べる作業では，協力しながら作業を進めることで，お互いのよさに気づいたり，相手を認めていくことにつながる。また，料理を注文する状況で

は，その場の状況に応じて，相手を敬い，礼儀正しい態度などを学習する。これらの活動は，「関わり合い」を深めることにつながる。

また，第1時，第2時と第3時は，ゲームを通して，世界の料理を表現する英語に慣れ親しませる。

- 料理当てゲーム——料理の一部が隠されたカードやシルエットになったカードの料理を当てる。
- ジェスチャーゲーム——先生のジェスチャーを見て，どんな料理を食べているか当てる。手を挙げた子には，ALT が "What's this?" と質問する。子どもが "It's 〜." と答えたら OK。
- 世界の料理チェーンゲーム——外国の料理を順に英語で言っていく。他の人と違う料理を言えるとさらに OK。
- 3ヒントゲーム——3つのヒントを聞いて，料理を当てるクイズ。ヒントは，英語。材料だけでなくその国の特徴などのヒントも OK。

❸ 単元の指導目標

- 世界の料理に興味を持ち調べ学習を楽しむ。
- 丁寧な言い方で欲しいものを尋ねたり，質問して自分の欲しいものを伝えたりする。
- レストランなどで行われるコミュニケーション活動を体験する。

❹ 活動計画（全5時間）

時	主な活動	英語表現
1	世界の料理に興味を持ち，理解を深めたり，日本の食卓に登場する外国の食事を紹介したりする。	sandwich, hotdog, spaghetti, pasta, pizza, hamburger, curry, french fries, ice cream, sushi, tempura, etc.
2 本時	各グループで地域（国）を決め，代表的な料理について調べる。	What's this? — It's 〜. Which country? Do you like 〜? 食べ物名（第1時参照） 地域（国）『英語ノート1』参照。
3	地域ごとに特徴的な料理について日本語で説明できるようにする。絵で表現したり，写真を用意したりする。	食べ物名（第1時参照） 地域（国）『英語ノート1』参照。
4	ワールドレストランのメニューやレシピについての英語を調べる。また，料理の方法をジェスチャーで表現してもよいこと，国旗やあいさつ，民族衣装等を関連して調べてもよ	What would you like? — I'd like pizza. 『英語ノート1』参照。

4	いことを伝える。	
5	ワールドレストランで食事をする。またワールドレストランでお客に食事を出す。	What would you like? ― I'd like spaghetti. 食べ物名（第1時参照）

❺ 本時の目標（第2時）

- 調べたい国の代表的な料理や食べ物を調べる。
- ペア（グループ）で協力して調べ学習を進める。
- What's this? ― It's pizza. という表現に慣れ親しむ。

❻ 本時の展開

学習活動	ALTの支援	HRTの支援
1. あいさつとウォームアップ（5分） （1）あいさつをする。	・あいさつをする。 ・何人かの児童にあいさつする。	・あいさつをする。 ・何人かの児童にあいさつをする。 ・世界の料理についてコメントする。
（2）これまでの活動を振り返り本時のめあてを確認する。 （3）ジェスチャーゲーム ジェスチャーを見て食べている料理を当てる。	・料理を食べているジェスチャーをする。	・料理を食べているジェスチャーをする。
いろいろな国の料理やレシピを調べよう		
2. 導入（10分） （1）料理の紹介	・自分の好きな料理を紹介する。	・担任の好きな料理（自分で調理した）の写真を見せ本時の授業へつなげる。
（2）英語で何て言うのかな？	・1時で扱われた料理を表す英語を確認する。 ・児童から他の料理などを聞いてみる。	・料理の国を象徴する写真や衣装などの写真を準備する。 ・世界地図を用意する。
（3）グループ活動 どの国を調べたいかをグループごとに決め発表する。	・調べたい国について質問する。	・国と料理についてのヒントを少し出すとよい。
3. 展開（24分） （1）グループごとに調べ始める。	・英語での表現方法についてアドバイスする。	・調べている国，料理，好き嫌いをできるだけ英語で尋ねる。

(2) グループ活動 料理名，特徴，材料，レシピ等を英語で言えるようにする。グループ内で発表の分担を決める。	・担任の先生と協力してグループの進捗状況を確認して回る。	・グループで協力し合って調べているかどうかを机間巡視等をしながら確認する。
(3) 先生の質問に答えられるようにする。 　応答の例： 　(What's this?) 　(It's) spaghetti. 　(Which country?) 　Italy. 　(Do you like spaghetti?) 　Yes./ No.	・何を調べているのかを尋ねる。 質問例： What's this? Which country? Do you like 〜？	・応答の仕方で困っていたら助けてあげたり，ALTとのコミュニケーション活動がスムーズに行くように支援する。
(4) 発表の練習 調べた料理や食べ物を先生に英語で伝える。 (例) 教室内に発表する場所を作り，そこでグループ全員が順に発表する。	・発表を聞き，賞賛，激励，アドバイスをする。	・発表を聞き取り，メモを取る。
4. まとめと振り返り (5分)	・振り返りカードを書かせ，発表させる。	・子どもの活動や振り返りを賞賛する。 Good, Excellent, etc.
5. おわりのあいさつ (1分)	・全体にあいさつをする	・次回の予告をする。

❼ 授業にあたっての留意点

「食べ物」を題材にした異文化理解学習を通して，子どもたちの外国語活動へのモチベーションを高めるように工夫する。

- できるだけ英語を使うようにし，相手に伝えようとする態度を評価していく。
- 調べ学習では，写真や絵だけでなく，関連するグッズや材料の一部などを活用すると授業が楽しく盛り上がる。
- 相手に伝えるときは，ジェスチャーや表情，アイコンタクトなどを工夫させる。
- 既習のあいさつや国旗，服装などを関連づけて調べることで，発表内容が深くなる。
- 友だちとの共同作業を通して，お互いに「関わり合う」態度を育てるように，教師のサポート，目配りが重要である。

❽ 応用・発展

子どもたちがもっと調べてみたくなるような工夫があると外国語活動に広がりが出る

ばかりでなく、自然と英語を使いたくなる。
- 子どもたちが調べた料理を1つ取り上げ、実際に料理するのも楽しい。家庭科や総合的な学習の時間と連携することができる。
- 外国人シェフのいるレストラン等に行って質問することで、外国の人とコミュニケーションを図ることができ、英語に対する興味・関心を高め、異文化理解につなげることができる。

(猪股　俊哉)

(6) 高学年・交流活動中心の授業

❶ **単元名**:「オリジナルメニューを作って地域の外国人に紹介しよう」

❷ **本単元、本時の工夫、特徴**

本単元では、自分で考えた献立について、クイズ形式で地域の外国人に紹介することを目標としている。

第1時では、朝食に何を食べたかを話し合い、食べ物の表現について興味を持つことができるようにする。また、世界の料理に目を向け、世界の食文化にも興味が持てるようにしたい。第2時では、欲しい食べ物を尋ねたり、答えたりする活動に発展していく。また、ゲームなどを通して食べ物の名前に親しませる。第3時では、栄養バランスを考えた献立を考える。はじめにチャンツをして、食べ物の表現や、欲しい食べ物の尋ね方や答え方を思い出すようにする。献立を考えるさいは、家庭科の学習を想起できるように食品群分類表を掲示し、栄養バランスを考えながら活動できるようにする。児童どうしがことばでやりとりをしながら、食べ物カードを集め、楽しく献立づくりを進めることができるようにしたい。また、「元気もりもりメニュー」「ふるさと自慢メニュー」「お肌つるつるメニュー」など、献立名を工夫するのもよい。第4時では、地域の外国人を招いて、これまでの学習を生かした楽しい発表会になるように進める。児童が考えた献立をクイズ形式で紹介する姿を観察し、それぞれのよいところを紹介したり、ほめたりして、達成感を味わうことができるようにする。また、地域の外国人から、それぞれの食文化について話を聞くようにし、児童が世界にはさまざまな食文化があることに気づくことができるようにする。

活動計画(全4時間)で取り上げたゲームは以下のように行なう。

- おはじきゲーム——食べ物のイラストが入った5×5マスのワークシートを1人1枚もつ。次に、おはじきを1人5個ずつもらい、好きな食べ物の絵の上に置く。指導者は食べ物カードを1枚ずつ見せ、食べ物の名前を言う。おはじきを置いた食べ物が言

われたら，おはじきを取ることができる。このゲームを通して，食べ物の表現に慣れ親しむようにする。

- "What Color?" ゲーム——食べ物カードを1枚ずつ見せ，"What color?" と尋ねる。ここでは，家庭科の学習と関連させて，食べ物の三色分類である赤・黄・緑（赤＝主にたんぱく質を含む食品。黄＝主に炭水化物，脂質が含まれる食品。緑＝主にビタミン，ミネラルが含まれる食品）の何色に属する食べ物かを考えられるようにする。"What color?" と尋ねられると，児童は食べ物そのものの色を答えると予想される。しかし，指導者が "No." と言うことで戸惑うだろう。そこで，三色分類表を途中で掲示し，ヒントとなるようにする。そして，第4時には地域の外国人を招き，1人1人が考えた栄養バランスのよい献立を紹介することを伝え，これからの活動に意欲がもてるようにする。
- キーワードゲーム——2人1組で行う。2人の間に消しゴムを置く。キーワードとなる食べ物を1つ決める。指導者が言う食べ物を聞き取り，繰り返して言う。キーワードの食べ物が言われたら，繰り返さずに消しゴムを取る。早く取れた人が勝ちとなる。
- 単語並べゲーム——グループで行う。指導者が3つの食べ物を続けて言うのを聞く。聞き終わったら，言われた順番に食べ物カードを並べ替える。正しく並べられたかどうかを確かめる。慣れてきたら数を増やす。このゲームを通して，前時に学習した食べ物の表現に，さらに慣れ親しむことができる。

❸ 単元の指導目標

- 栄養バランスのよい献立を考え，地域の外国人に紹介しようとする。
- 欲しい食べ物を尋ねたり，答えたり，クイズを出題したりする。
- 食べ物の表現や欲しいものの尋ね方を知る。
- 世界にはさまざまな食文化があることに気づく。

❹ 活動計画（全4時間）

時	主な活動	英語表現
1	ゲーム活動を通して，食べ物の表現に慣れ親しむ。 ・おはじきゲーム ・"What Color?" ゲーム	単語: rice, bread, potato, sweet potato, egg, milk, cheese, beef, pork, chicken, bacon, ham, fish, soybean, tofu, sugar, noodle, butter, mayonnaise, soy sauce, spinach, onion 表現: What color? It's red / yellow / green.
2	欲しい食べ物を尋ねたり，答えた	表現: What would you like?

2	りする。 ・キーワードゲーム ・単語並べゲーム	I'd like ～. Here you are. Thank you. You're welcome.
3	・オリジナルメニューを考える。	第2時に同じ。 Rice. Beef. Onion. What's this? My original menu is GYUDON.
4 本時	地域の外国人を招いてオリジナルメニューを紹介する。	第3時に同じ。

❺ 本時の目標

・地域の外国人を招いてオリジナルメニューを紹介する。

❻ 本時の展開

学習活動	ALTの支援	HRTの支援
1. あいさつとウォームアップ（5分） ・あいさつをする。 Hello. How are you? I'm good/happy/OK. 2. 復習と導入（5分） ・これまでの活動を振り返る。 ・本時のめあてを確認する。	・児童1人1人とあいさつをする。 Hello. How are you? I'm good/happy/OK.	・児童1人1人とあいさつをする。 Hello. How are you? I'm good/happy/OK.
地域の外国の方にオリジナルメニューを紹介しよう。		
3. 展開（20分） ・グループごとに，オリジナルメニューを紹介する。 （発表例） Rice. Beef. Onion. What's this? My original menu is GYUDON. It's a power-up food. 4. 発展（10分）	・ALTが考えたオリジナルメニューをクイズ形式で紹介することで，児童に発表のイメージを持たせる。 Pork. Bacon. Soybeans. What's this? My original menu is pork and beans. It's very healthy.	・地域の外国人にオリジナルメニューをクイズ形式で紹介することを伝える。 ・児童の発表を聞いてコメントをする。 Very good. Yummy. Wonderful. Nice menu. Good idea.

・地域の外国人から，感想を聞いたり，それぞれの国の食文化について話を聞いたりする。 5. 振り返りとまとめ（5分） ・本時学習を振り返る。	・それぞれのグループを回り，児童と一緒に感想を聞いたり，それぞれの国の食文化について話を聞いたりする。 ・振り返りカードを書くように伝える。	・それぞれのグループを回り，児童と一緒に感想を聞いたり，それぞれの国の食文化について話を聞いたりする。 ・数人が発表できるように指名する。 Good. Very nice. Good bye. See you.

❼ 授業にあたっての留意点

　第4時の交流活動が充実したものになるように，事前に地域の外国人の出身国について調べ，興味・関心を高めておきたい。その国にまつわる食材を使うなどの工夫がみられる児童がいたらほめて，学級全体に知らせ，活動を広げるようにする。また，その国の食文化について，児童が知りたいことを事前に集約しておき，地域の外国人に当日答えてもらえるよう，準備してもらうことも効果的である。

　クイズ形式でオリジナルメニューを紹介することで，地域の外国人と児童が一緒に考えることができる。指導者がそれぞれのグループを見回りながら，地域の外国人に進んで質問するなどし，さまざまな食文化に児童がふれることができるようにしたい。

　前もって，地域の外国人とふれ合える活動が設定できればよいが，できない場合は，初対面の外国人を前に戸惑う姿が見られる可能性もある。そんな場合は学級担任が進んで寄り添い，一緒にクイズを出題するなどして，活動に参加できるようにしたい。

❽ 応用・発展

　発展的な活動として，オリジナルメニューを実際に作って，もう一度地域の外国人を招待することも考えられる。また，地域の外国人から教えてもらったことをまとめて，下級生に紹介する活動もよい。

　以下が振り返りカードである。

3. 学習指導案の具体例

オリジナルメニューを作ってしょうかいしよう！

年 組（　　　　）

☆今日の活動は楽しかったですか？楽しかった数だけぬろう。

☆理由を書こう。

☆今日の活動の感想を書こう。

（光嶋　花英）

〈参考文献〉

「英語ノート」実践研究会編集，菅正隆協力（2009）『小学校新学習指導要領　ポイントと学習活動の展開　外国語活動』東洋館出版社．

菅正隆編著（2008）『すぐに役立つ！　小学校英語活動ガイドブック』ぎょうせい．

文部科学省（2008）『小学校外国語活動研修ガイドブック』旺文社．

松香フォニックス研究所（2000）*MPI Best Selection: Songs and Chants with Pictures*. MPI（松香フォニックス研究所）.

吉田研作監修（2008）『授業の組み立てがわかる！　小学校英語指導プラン完全ガイド』アルク．

Brown Bear, Brown Bear, What Do You See? (1995) by Bill Martin, Jr. Pictures by Eric Carle. Harmondsworth: Puffin Books.

What's the Time, Mr Wolf? (2004) Illustrated by Annie Kubler. Swindon: Child's Play Int.

6章 英語活動を豊かにする アクティビティと指導方法

はじめに

　英語活動の授業では，ほとんど毎時間，うた・チャンツ・ライム，新教材の導入，リスニングクイズ，ゲーム，コミュニケーション・自己表現活動および国際理解に関わるアクティビティが行われる。また単元や時間によっては，絵本を利用した活動や文字指導も行われる。この章では，これらの毎日の授業を構成するアクティビティとその進め方について，基本的なものから発展的なものまで紹介する。ここで紹介するアクティビティは，学習指導要領がめざす「言語や文化を体験的に理解し，外国語の音声や表現に慣れ親しみ，積極的にコミュニケーションを図る態度の育成」に資するという観点から精選したものである。それゆえ，これらはいずれも明日からの授業に大いに役立つが，授業で利用するにあたり，単に方法をまねるのではなく，それぞれのアクティビティの根底にある「ねらい」や「意義」を十分理解したうえで実践することにより，児童にとっても指導者にとってもより豊かな収穫が得られるだろう。

（樋口　忠彦）

1 授業で使ってみたいうた，チャンツ，ライムと活用法

(1) うた，チャンツ，ライムの意義

　うた，チャンツ，ライムは，小学校の英語活動において広く活用される教材である。うた，チャンツ，ライムを活用する主たる意義として次の点が挙げられる。

❶「楽しい活動」につながりやすい
　英語活動の大前提は「楽しい活動」である。うたを歌うことや，リズムに乗せてチャンツを言うことや，韻を踏んだ音を楽しみながらリズミカルにライムを言うことは，児童が「楽しい」と感じる活動につながりやすい。

❷ 言語習得に役立つ

　英語のうた，チャンツ，ライムは英語の音声的特徴や言語構造を土台としており，児童は，英語特有の音・リズム・アクセント・抑揚などにふれることができ，また，知識として学ぶ以前に，英語の文法構造に無意識のレベルでふれることができる。また何度も繰り返しているうちに，いつのまにか自然な定着を助ける。

❸ ことばの音と意味の結びつきを体得できる（遊びを伴ううた，チャンツ，ライム）

　手遊びや全身遊びなどのように仕草や動作を伴ううた，チャンツ，ライムは，歌詞の意味を仕草や動作で表現しているものが多く，歌い遊ぶことを通して，ことばの音と意味の結びつきを体得できる。

❹ 外国語や異文化にふれることができる

　英語圏のうた，チャンツ，ライムの歌詞や詩，うた遊びの仕草や動作には英語文化圏ならではのモチーフ，ものの捉え方や表現があふれており，歌い遊ぶことが異文化にふれる活動となる。さらに言うと，児童期における外国語や異文化にふれる活動の中で何より欠かしてはならない要素は，「外国語や異文化に共感する体験」である。英語圏のうた，チャンツ，ライムに身を投じ，響き合い，楽しむ体験は，児童に身近なレベルで外国語や異文化に共感する体験につながり，外国語への関心や異文化を尊重するこころの芽を育むことにつながる。

　このような意義をふまえて，うた，チャンツ，ライムの具体例を次に紹介する。うた，チャンツ，ライムは，1つのものを，英語活動のさまざまな場面で多様な目的に活用できるが，便宜上，4種類の目的別に分類し，例を挙げる。

(2) うた，チャンツ，ライムの活用法

❶ クラス・マネージメントに役立つうた，ライム

- はじまりのうた，あいさつのうた——Good Morning, Good Afternoon, Hello.
- 体勢づくりのうた——Circle Left (Make a Circle), Little Friend Come with Me
- 活動の切れ目のうた——Hickory, Dickory Dock
- 1人の児童を選ぶライム——Eeny, Meeny, Miney, Mo
- おわりのうた——Good Bye

授業の始めに歌ううたは，楽しい授業の始まりの合図である。児童の緊張を解き，英語の世界に児童をいざなう雰囲気を作る。基本的なうたを上に挙げたが，たとえば "Good Morning" のうたを歌う場合，1番の歌詞を "Good morning, class." と指導者が歌い，2番の歌詞を "Good morning, Mr/Ms ～." と児童が歌い，3番を "Good morning, everybody." と全員で歌うというふうに掛け合いなどの工夫をするとさらに楽しめる。中・高学年では，児童の興味・関心を考慮して，"Take Me Out to the Ball Game" などスポーツをテーマにしたうたや，テレビや外国アニメーション映画などでなじみのあるうたや，音楽教科書に掲載され，日本語で歌ったり演奏したりした外国民謡などの英語の原曲など，児童が歌ってみたいと感じるものを，単元のうた，今月のうたとして選択し，はじまりのうたもしくはおわりのうたとして歌うとよい。

また，輪の体勢を作るときや，1つの活動が終わり，カードなどの後片づけや机を元の位置に戻したりするさいなどに，それぞれ決まったうたを使うと，体勢づくりや片づけの合図になり，授業の流れがスムーズになる。

くわえて，手を挙げている児童の中から1人選んだり，オニを決めたりするさいに，英語圏で人を選ぶさいによく使われる "Eeny, Meeny, Miney, Mo" のライムを使うことはさりげない異文化紹介である。児童は真似をしながら一連の音としてライムとそのライムの役割，使い方を体得する。

❷ 基本的な語彙・表現の導入，および定着を促すうた，チャンツ，ライム

- The ABC Song
- Color Song
- One Potato, Two Potato
- Ten Little Fingers
- Days of the Week
- Twelve Months
- How's the Weather?
- What Do You Want to Be?

メロディやリズムを伴ったことばは記憶に残りやすいため，うた，チャンツ，ライムを基本的な語彙・表現の導入や，定着を促す目的で使うことは有意味である。

アルファベットや，数字，曜日，月など一連の流れをもつ基本的な語彙はうたで覚えたり，一定のリズムに乗せてチャンツとして何度も繰り返しいうと覚えやすい。うたはそれぞれ複数あるので，児童の年齢にあった歌詞やメロディを選ぶことが大切である。また，飛ばし飛ばし歌ったり，歌う速度をだんだん速めたりというように，発達段階に応じて，ちょっとしたゲーム性を加えるといった工夫も大切である。チャンツは，それぞれの語のアクセントの位置をビートに乗せることが大切である。また，数字を扱ったライムには，"One Potato, Two Potato" や "One, Two, Buckle My Shoe" のように遊びを

伴うものも多い。ライムをいいながら友だちの拳の数を数えたり，数字に合わせて片足跳びで前進するというように，数を実感しながら楽しめる。

"How's the Weather?" や "What Do You Want to Be?" に例をみるように，英語活動で扱う英語表現がそのまま含まれるうたを，英語表現の導入や定着を促す目的で使うことは効果的である。英語表現に一致するうたがない場合には，既存のメロディに乗せて替えうたを作ったり，英語表現を一定のリズムとイントネーションに乗せてチャンツを作るということは広く行われている。替えうたやオリジナル・チャンツを作るさいには，英語表現が本来もつ，強弱の等時性のリズムを崩さないことが大切である。音感のよい英語母語話者の助けを借りるとよい。

❸ 外国語（英語）や異文化にふれる活動につながるうた，チャンツ，ライム

1) 手遊びうた，ライム
   - Open Shut Them
   - Two Little Dicky Birds
   - Pat a Cake
   - 5 Little Monkeys
   - Little Cabin in the Wood

2) 手合わせ遊びのうた，ライム
   - A Sailor Went to Sea
   - Say, Say, My Playmate
   - Pease Porridge Hot
   - Have You Ever Ever Ever?（Long Legged Sailor）

3) 詩の意味を仕草・動作で表現するチャンツ
   - Who Took the Cookies from the Cookie Jar
   - Lion Hunt / Bear Hunt

4) 全身を使って遊ぶ集団遊びうた，ライム
   - Jelly in a Bowl
   - The Mulberry Bush — This is the Way
   - Hunting We Will Go
   - A-Tisket, A-Tasket
   - The Big Ship Sails

英語圏において子どもたちが歌い継ぎ，楽しんできたうた遊びや，チャンツ，ライムを体験することは，児童に身近な次元で外国語や異文化にふれる活動となる。うた，チャンツ，ライムに合わせて遊ぶ中で，自国の言語や文化との類似点や相違点にふれ，どちらも楽しいと感じる児童の心を，後に異文化も自国文化も尊重する心の成長へとつなげたい。

低学年では手遊びが楽しめる。たとえば "Open Shut Them" は，歌いながら，歌詞に合わせて open で両手を開き，shut で両手を閉じ，clap で両手を打つ。上に挙げた手遊びは，どれも歌詞の通りに手や指で意味を表現するので，ことばと仕草が一致しており，

ことばの音と意味の結びつきを体験し，体得することができる。また，ライムとしても，メロディに乗せて歌ううたとしても楽しめるものが多い。

　うたやライムに合わせて二人一組で手を合わせる手合わせ遊びは，低学年から高学年まで楽しめる。"A Sailor Went to Sea" は英語圏ではもっともよく知られている手合わせ遊びである。A sailor went to sea, sea, sea, to see what he could see, see, see, ... というように同音で意味が異なる2つの単語 sea/see が使われているので，高学年が楽しむ場合は，歌詞の sea と see のところで意味の違いを表現するポーズを加えるとよい。"Say, Say, My Playmate" には膝をたたく動きや，手の甲を合わせる動きがあり，また "Have You Ever Ever Ever?" には歌詞の long のところで両手を横に広げて long の意味を表現するポーズが含まれている。手合わせ遊びという文化の共通性と，遊び方の相違点は児童の興味を引く。

　詩の意味を仕草や動作で表現するチャンツも学年を超えて楽しめる。"Who Took the Cookies from the Cookie Jar" は，児童の名前を詩に入れて掛け合いで楽しむが，"Who, me?" "Yes, you!" "Not me!" "Then who?" といった詩の意味を両手を使った仕草で表現し，ことばの音と意味を結びつけて体得できる。"Lion Hunt" は恐ろしい動物を狩りに行くストーリー性に富んだチャンツで，狩の対象の動物は熊などのバージョンもある。草を掻き分け，川を渡り……と仕草や動作で意味を表現しながら進める。swish, splash といった擬音語もたくさん含まれ，日本の擬音語との違いにふれることができる。

　全身を使って遊ぶ英語圏の集団遊びのうたは，日本のわらべうた遊びとの類似点や相違点が楽しく，異文化や自国文化の普遍性や個別性にふれることができる恰好の教材である。"A-Tisket, A-Tasket" は日本の「ハンカチ落とし」と同じ遊びだが，落とすものはハンカチではなく手紙である。"The Big Ship Sails" は，手をつないで1列になり，先頭の人の腕の下を潜っていく遊びで，日本の古い遊びにも似たものがあるが，腕をクロスさせて反対向きになるという日本にはない展開が楽しい（次ページのイラスト参照）。"Jelly in a Bowl" と "Hunting We Will Go" は「ロンドン・ブリッジ」のように腕の下を潜り，人を捕まえる遊びであるが，前者は低学年に向いており，うたとしてもライムとしても遊びを伴って楽しめる。後者は中・高学年向けで，女子を捕まえると put *her* in the box，男子では him，2人以上では them と歌詞を変えて歌うので，遊びの中で文法にふれることができる。"The Mulberry Bush ― This is the Way" は wash my face や comb my hair といった日常生活の動詞を含む表現を仕草をしながら歌うので，ことばの音と意味を結びつけて捉えることを助ける。

1. 授業で使ってみたいうた，チャンツ，ライムと活用法

① かべから手をつないで1列にならび，かべ側の人は片手をかべにつく。
② 歌いながら，はしの人が1のアーチをくぐる。
③ くぐられた人は，うでをクロスした状態で反対むきになる。
④ 同じように，2〜4のアーチをつづけてくぐる。
⑤ 最後に先頭の人が半回転。全員の手がクロスした状態で反対むきになる。
⑥ 先頭の人はうしろまわりにかべ側の人と手をつなぎ，輪(船)になり，ぐるぐるまわる。

© 水野ぷりん　樋口忠彦(監修)・衣笠知子著『英語ではじめよう国際理解3——英語で歌おう！』(学習研究社，2003) より転載。

❸の1)〜4) で挙げた，うた・チャンツ・ライムの遊び方については，Wee Sing シリーズ (Pamela C. Beall and Susan H. Nipp 著，Price Stern Sloan) の *Wee Sing and Play* など，遊び方を図解した書籍としては，樋口・衣笠 (2003) などが参考になる。

❹ **異文化理解，および国際交流活動，行事に役立つうた**

- Animal Song
- Hello World
- Do-Re-Mi
- How Do You Do?
- Happy Halloween
- We Wish You a Merry Christmas

"Animal Song" は動物の鳴き声のうたで，低学年に向いている。"Hello World" は世界の「こんにちは」のことばで構成されたうたで，学年を超えて楽しめる。"Do-Re-Mi" は，それぞれの音を代表する単語が日本の「ドレミの歌」とは異なるところや，「シ」の音が ti と歌われるところが児童の興味を引く。"How Do You Do?" は，新しい人との出会いを歓迎するうたで，ALT やゲストを迎える日の歓迎のうたにふさわしい。ハロウィーンやクリスマスを題材にしたうたは，季節の行事のさいに活用できる。　　　（衣笠　知子）

2 子どもの興味・関心を引きつける導入活動の作り方

(1)「導入」は活動作りの命

　落語の世界には「枕」と呼ばれるものがある。噺の本題に入る前にいろいろな話題を取り上げて客の気持ちを噺に向けるためのプロローグのようなものである。これは落語家が自由に選んでよいとされている。本題と直接つながっているとすぐにわかる枕もあるが，本題とまったくかけ離れたことのように感じる枕が，後になってそこはかとなく本題とつながっている場合もある。どちらにせよ，枕は落語にとって重要であり，本題の噺にスムーズに入っていくための助走のような役目を担っている。

　各単元（時間）の学習における導入部分は落語の枕にあたる部分であり，授業を作る教員が自由にしかも効率よく本題と結びつけていく必要がある。導入の部分がうまく構成されている活動でなければ，活動全体のレベルは下がり，児童が興味や関心を持って積極的に参加する活動にはならないと言っても過言ではない。教師はこの導入部分の作成に徹底的に力を注ぐ必要がある。

　導入活動の作り方でもっとも大切なことは，児童の興味を活動に向けさせることである。次に，活動の目標がその中に含まれていること。3番目に，その後の活動の流れを作り出すきっかけになることである。ただし，目標という点においては，導入の中で必ずしも児童が直接目標を理解したり感じたりする必要はなく，教師自身が目標を意識して導入活動を行えばよい。同様に，活動の流れについても教師は意識し続ける必要はあるが，児童にすぐにそれを理解させる必要はない。最終的にその単元が終了するときに，児童が目標を達成するためにどのように活動が流れていたかを感じさえすればよいのである。

(2) 英語活動でめざすべきもの

　上記の3つの要素をどのように導入部分に入れていくか，私自身の活動の作り方について具体例を挙げて紹介するが，その前に，めざしているものが何かはっきりしなくては活動の作り方を理解してもらうことができないため，私がめざしている英語活動の根幹にあるものを簡単に紹介しておく。

　英語活動を実践していく中で，私は「聞くこと」がことばの教育の原点であると考えている。「聞く活動」が十分に存在しない「話す活動」はあり得ないし，「読む活動」も

「書く活動」もありえない。しかし，多くの小学校の英語活動では，十分に「聞く活動」を行う前に，すぐに「話す活動」を行っている。実際には，例文を練習して記憶させて，その文を子どもたちが相互に言い合う活動を「話す活動」と呼んでいるが，人が「話す」ということはそのような単純なものではない。これはオウムが人間のことばを練習させられていつでも「オハヨウ」と言っているのと同じことである。一般的には「オウム返し」(parroting) と呼ばれることであって「話す」こととはまったくレベルの違うことである。

私が考える「話す」ということは，練習して覚えたことばをすぐに音として発することではなく，「聞く」ことを通して体の中に徐々に溜めたことばの中から，自分自身が選んだことばで，自分の考えや思い，気持ちや情報を相手に伝えることである。したがって，「聞く」ことと「話す」ことの間には当然時間差が生じることになる。

小学校の英語活動においては，先生が「話す活動」をし，子どもたちが「聞く活動」をすることがもっとも大切なことであり，先生は英語で子どもたちに話しかけるためのトレーニングをするべきだと考えている。基本的に，先生と子どもとの英語のやりとりが「聞く活動」の中に存在すればいいのである。

「聞く活動」を小学校英語活動の中心に置くのであれば，子どもたちが聞いていることを楽しめる活動でなければならない。ただ，「聞く活動」だからと言って，子どもたちは黙って聞いているのではなく，先生の言っていることを聞き取れた証として，何らかの反応ができる活動作りが求められる。先生と児童が英語でのやり取りを行うことが小学校英語活動の目標の，英語を使ったコミュニケーション体験の原点のはずであり，先生から児童への十分な英語での働きかけなしに，児童相互に英語での対話を期待すること自体，誤った小学校英語活動である。

先生が児童に英語で話しかける活動を前提として，活動の導入部分の作り方や注意点について実例を示しながら解説する。

(3) 児童の興味や関心を引きつける導入方法
❶ 子どもの期待を裏切る

小学校の先生は教育に対して熱心で，真面目に取り組むタイプの人が多い。そのため，小学校の先生はどのような場面においても，正しいことを正しく教えなくてはいけないと思い込んでいる傾向がある。導入部分では，子どもたちが予測したり期待したりしていることに対して，肩透かしする方法などでも活動に対する興味や関心を増すことがで

きる。

　単純な例としては、赤いものを見せて "This is red." というのであれば、当たり前のことであり、児童の心は動かない。しかし赤いものを持った状態で "This is blue." と言えば、間違いなく子どもたちは動揺する。一瞬の沈黙があり、再度、先生が "This is blue." と繰り返せば、児童から "No." の発言がある。その直後に、"I'm sorry. This is green." とでも言おうものなら、さらに声を大きくして "No." という発言や、"Red." という訂正の声が上がる。実際に低学年ではこの程度のことで、児童の学習へのモチベーションは急激に高まる。同時に、先生と子どもたちとの対話の量が一気に増す。この手法は導入部分だけでなく、活動の随所で活用できるが、とくに導入部分での使用は児童の意識を活動に向ける重要な役目を果たす。

　低学年だけでなく、高学年での活動でも同様の手法は使える。たとえば、国旗をテーマにした活動では、日本の国旗の中にある色についての質問を、"How many colors are there in the national flag of Japan?" と尋ねる。そうすれば、"Two." や "Two colors." という答えが返ってくる。すかさず、"What colors are they?" の質問をすると、"Red and white." という答えが返ってくる。児童は先生が日本の国旗を示すことを期待しているが、そこで、"That's right." と言いながら、赤と白の2色の国旗であるスイスやカナダの国旗、あるいはインドネシアやその逆さまのポーランドの国旗、デンマークの国旗などを示せば、児童は一気に活動への興味を示してくる。

　先生が児童の気持ちを的確にとらえ、児童が期待している、あるいは予測している裏側からの活動作りを考える必要がある。そのことで先生と児童との対話が増し、必然性のある英語でのやり取りが生まれてくる。とくに導入部分でのこの手法の活用は、その後に続く活動全体に対して、児童の興味や関心を持続させることになる。

❷ 既成の概念を覆す

　日本の教育では伝統的に、先生や書物から知識を得て、その知識を短時間に記憶し、質問があれば記憶したことから答えを探し出せる子どもが優秀な学習者として考えられている。そのため、小学生でも自分自身が経験したり体験したりしたことがないのに、知識として教えられ、それが正しいと思いこんでいることが多くある。この既成の概念を覆すような導入方法を用いれば、児童は驚きとともにその活動に興味を示す。

　例を挙げると、"How many colors are there in a rainbow? と尋ねるとすべての子が "Seven." と答える。本当に虹を見て色の数を数えたこともないのに、虹には7色あるとどこかで教えられているため、"Seven." という答えになる。かつてひとりだけ "Seven."

と言わずに，"I don't know." と答えた子がいた。この子はシンガポールで育ち，現地校で3年生の終わりまで教育を受けてきた児童だった。日本の教育の原点に知識を教えるということが重視されている一方，体験が不足していることを痛感した。美しい虹の写真を用意して，本当に7色が見えるか確認しながら，色や数にふれる活動から学習が始まれば，児童の興味は増すに違いない。

さらに，一般的に言われている虹の7色を混ぜたらどのような色になるかという質問をすると，黒や白などの一般的に言われている答えが返ってくる。しかし，黒や白にはならないことを言えば，児童の心の中に7色を混ぜてみたいという気持ちを引き出すことができる。この「やってみたい」という気持ちを引き出すことが導入部分でもっとも求められていることである。

❸ 他の教科の学習内容を生かす

小学校特有の導入方法として，児童が他の教科ですでに学んでいることを活用する方法がある。英語活動だけが特殊な学習ではなく，他の教科とのつながりがあることを児童が意識することで，小学校教育としての位置づけを先生だけでなく児童も感じることができる。

たとえば，町の中の施設や建物の言い方などが登場する活動ならば，3年生の社会で学習した地図記号を提示し，その記号が示すものを英語でどのように表現するかを確認することができる。郵便局の地図記号を示して，"What's this mark?" と尋ねれば「郵便局」と児童は答えるはずである。すかさず，"That's right. This is the mark for a post office." と言えば，児童は繰り返せと言われなくても "Post office." と必ず復唱する。

このようにして，次々に地図記号を示していくことで，社会科学習の復習にもなるし，それぞれの教科が結びついていると児童も感じるはずである。英語活動でこのような経験が多くなれば，社会科や理科，算数など多くの教科の学習の中で英語の語句が登場するようになる可能性もある。導入部分だけでなく，活動全体において，他の教科の学習内容を意識できることが担任指導の英語活動での強みになる。

(4) 活動の目標をはっきりさせる

導入部分の立案をするとき，その単元(本時)の活動の目標がしっかり導入部分に含まれていなければならない。目標は単元(本時)が終了する時点で達成できればよいのだが，何が目標になっているかを明確にしておく必要がある。単元(本時)の中にたくさん

6章／英語活動を豊かにするアクティビティと指導方法

の活動があっても，それは導入部分で示されたことをもとにして構成されるべきであり，最後まで同じ目標に向かった活動でなければならない。言いかえれば，導入という入口と目標達成という出口が同じでなければならないということである。

　話はちょっとそれるが，目標はできるだけ低くしておくことが小学校英語活動では大切である。目標を低くして，全員がその目標を達成できるように配慮し，その低い目標設定に対応する多くの体験的な活動を作ることが求められている。実はこれはきわめて難しいことである。高い目標設定にすれば多くの活動を設定することができるが，目標を低くすると活動数が減少したり，活動の内容が単純で面白くなくなったりすることがある。低い目標設定に対しても活動内容が豊かで児童が興味を持ち続けるような活動をたくさん作る力を先生が身につけなければならない。

　たとえば，時刻というテーマで活動作りをするとき，目標は何になるかということである。もちろん唐突に時刻の言い方を教えるようでは目標設定が間違っている。時刻がテーマならば1から59までの数字の理解が目標となるべきである。導入活動ではこの1から59の数字を耳にしたとき，瞬間的にその数字が頭に描かれ，1から59の数字を瞬時に英語で言えるようになることが目標になるはずである。"What time is it?" という表現や "It's seven o'clock." という表現を繰り返し練習して覚えさせることではない。

　目標が1から59の数であるならば，その前段階として1から10の数が理解できているかどうかを確かめる活動をする。1から10までならば幼稚園児でも言えると思っている人が多いが，実は1から10の数を理解しているということは1から10が順番に one, two, three, four, … と言えることではなく，バラバラの順序で出てきた数を瞬時に言えたり，言われた数を書き取れたりすることである。そのことができるようになるための活動を作る必要がある。

　たとえば，ゲームをしていくことで1から10までの数字について理解する力がつくような活動が導入で求められる。1から10までが理解できなければ，11以降の数字を理解することはできないため，時刻というテーマの第1ステップは1から10までの数についての活動ということになる。そして，次のステップとして，1から20までの数から，しだいに1から59までの数に高めていく活動が目標達成に向かう活動である。

　1から59までの数字についての活動例をひとつ紹介する。まず，4人から6人ぐらいのグループを作り，1から30までの数字が書かれているカードを各グループに1組用意する。それを裏返し，グループのひとりが2枚のカードを裏返し，出た数字をメンバー全員で読み上げる。開いたカードが5ならば，全員で "Five." と言い，次に開いたカードが26ならば "Five and twenty-six is thirty-one." のように足し算をする。合計が31にな

2. 子どもの興味・関心を引きつける導入活動の作り方

ればそれらのカードを開いたメンバーがもらえるというゲームである。1から30までのカードで最大59までの数がランダムに登場する。児童は数字のゲームをしているだけであるが、これが時刻の活動の導入であることが後になって理解できる。このような導入があれば、高学年であっても何度も数字を英語で言う機会が持てる。

(5) 導入部分を次の活動へとつなげる方法

❶ 切りの悪いところで終わりにする

　導入部分で行ったことが、次の活動時間までなんとなく児童の心の中に残っていることが重要である。前述の時刻の活動ならば、1から59の数字を取り上げた後、そのことが次にどのように広がっていくかちょっとだけ見せておくと児童は単元の中での活動のつながりがあることを理解する。

　週1回の活動では、1時間ごとに活動が終了してしまうよりも、その活動が次の時間につながっていると感じさせるほうが効果的である。先生側からすると、切りのいいところで授業を終わらせたいと思うが、切りの一番悪いところで授業を終わらせることで児童にとっては次の週までその活動の印象が残る場合が多い。31を作るカードゲームを飽きるほどやらせるのではなく、一番盛り上がっているところで終了させてしまうことで、次の活動時間にも「またやりたい」という思いをつなげられるのである。

　カードゲームを終了させるとき、先生がちょっと時計を指さして、"It's ten forty-five. It's time to finish." のように言えば、今までやってきた活動が時刻の活動へと変化していくことを感じる児童もいるはずである。

❷ 次の時間での活動の流れを十分に考えておく

　単元活動では導入から最後の活動まで流れがあり、それぞれの活動時間でのステップアップが必要である。ただし、ステップの幅を大きくするとついてこられない児童がたくさん登場する。そのため、導入で行ったことの少なくとも半分は次の活動の中で再度行う必要がある。時刻の活動ならば、1から10、そして1から59までの数字の復習が行われるべきである。次の時間に導入活動と同じゲームをしてもよいし、それとは違う活動が提案できるならば違った活動でもよい。要は1から59が繰り返し登場すればよいのである。

　各活動時間では、前回までの復習活動が終わった時点で新規の活動に入っていく。単元時間が長くなればなるほど、復習にかける時間もエネルギーも増すため、新規の活動

に充てられる部分が少しずつ短くなるような意識を持って活動案を作るとよい。

　たとえば，時刻の活動の単元では，1 から 59 の数を 1 時間目に行い，次の時間ではその復習の後，先生が言った時刻をプリントに描かれているデジタルやアナログの時計に数字や針で書き入れる活動をする。この場合，デジタルの時計を先にして，アナログ時計を後にする必要がある。デジタル時計では先生が言った数字をそのまま書けばよいが，アナログ時計では "It's three thirty." と言われた場合，短針は 3 ではなく，3 と 4 の中間を示していなければならないし，同様に thirty に対しては長針が示すのは 30 ではなく，6 でなければならない。そのぶん，レベルが上がることになる。この小さなレベルの差を意識して活動作りをすることが大切である。

　次の活動としては，先生が言う英語表現の難度を上げずに，活動の内容を高める方法として，時差時計を作って世界の都市の時刻を確認していく活動もできる。その他にもさまざまな活動案が考えられるが，単元の時間数や全活動時間などとの関連で，どこまでそれを行うかを決定していくしかない。導入から最後の活動に至るまでにはできるだけ低い段差のステップが必要である。時には段差を感じさせないスロープのほうがいい場合もある。一気にステップアップにならないような活動案の作り方が求められる。

(6) まとめ

　児童の心を英語活動に向け，集中力を維持させるためにいかに導入活動が大切であるか語ってきたが，導入活動だけですべてがうまくいくわけではなく，導入活動と次につながる部分がいかに関連し，明確な目標達成のために仕組まれていくかが重要であることは言うまでもない。

　また，今まで語ってきたことは，ひとつの学年で 1 単元時間の活動として取り上げてきたが，この方法は複数の学年をこえて活動案を立てるときにも役立てることができる。たとえば，時刻の活動では，導入部分で話した 1 から 59 の活動を 4 年生で実施し，時計の絵に時刻を示す数字や針を書き入れる活動を 5 年生で行い，6 年生が世界の都市の時刻について活動を行うこともできる。学年をこえての活動ならば，前々年度や前年度の活動が 3 年間を通して継続して行われることで，先生が変わっても英語活動がつながっていることを児童は実感し，同じ内容に複数回ふれるチャンスが生まれ，確実に学習内容が児童に定着するはずである。

　　　　　　　　　　　　　　　　　　　　　　　　　　　　　（小泉　清裕）

3 子どもが耳を傾けたくなるリスニング・クイズの作り方

(1) 小学生はクイズが大好き

　小学生は学年を問わずクイズが大好きである。低学年では比較的単純なクイズでも大喜びするが，高学年になるにつれて単純なクイズではもの足りなさを感じ始める。だからと言って英語のレベルを極端に高くすると質問やヒントを理解できず，クイズとして成り立たなくなる。そこで，英語のレベルをそれほど変えずに質問やヒントの内容のレベルを上げてクイズ作りをすることを提案する。この方法でクイズを作成すれば，答えは同じでもたくさんの問題が作れるため，問題の難易度を微調整することができ，児童の学習状況に合わせて出題することができる。

　英語学習でのクイズであるから，先生が出題する英語の問題やヒントを聞くことが目的である。小学校の英語活動の実践の中で，クイズとしてジェスチャーゲームが行われることが多いが，ジェスチャーにはことばがないため，答えを英語で言わせることだけが目標になり，英語を聞くチャンスはなく，たとえゲームとして楽しめて盛り上がったとしても，英語活動としてはほとんど意味がないことになる。ゲームは英語活動の手段であって，ゲームをすることが目標になっていては活動としてのレベルは低いことになる。児童が楽しんでいれば英語活動になるのではなく，英語を聞かせて，その中から理解できる言葉を拾い出し，先生が言っている英語の内容を類推し，答えを探し出すことこそクイズを活用した英語活動である。

(2) 原点は Three-hint-quiz

　英語クイズの原点は3つのヒントを提示し，その3つのヒントに共通するものが何か考えて答えを出す，いわゆる three-hint-quiz である。もっとも簡単なヒントとしては，3つの単語をヒントとして伝え，その単語に共通するものを答えとして出すものである。初めて英語にふれる児童にとってはこのレベルから行うと，英語のクイズであっても楽しめる場合が多い。同時に初めて英語活動を行う先生にとってもあまり苦労をしなくてもできる活動になる。単語を3つ言うだけのクイズでもジェスチャーゲームよりもはるかに意味ある英語活動である。以下に実例を挙げる。

　例1　What is this?　Black.　White.　China.

> 例2　What is this?　Sour.　Yellow.　Tea.
> 例3　What is this?　Animal.　Africa.　King.

　上記3例は非常に易しいクイズであるが，このクイズの中に，クイズを作るときと，実際に行うときに先生が注意すべきことがたくさん含まれているため，ひとつずつ解説していく。

　まず，クイズ作りをするとき，3つの単語のうちひとつを児童がわからなくてもよいという気持ちで作成すべきである。ちょっと難しいと思う気持ちがクイズを楽しむ気持ちであり，すべてがわかっていてはクイズにならないのである。たとえば，例2のSour.というヒントは児童にとっては難しいヒントである。この単語を3つ目に持ってきたのでは意味がない。3つのヒントを提示する場合，一番わかりにくそうな，あるいは単語の意味を知らなそうな単語を最初にし，一番簡単な単語を最後にすべきである。Sour.がわからなくても残りの2つの単語でそれが何か理解できたら，その時点でSour.が何を意味しているか推測できるのである。児童が最初から知っていることばだけでクイズを作るのではなく，クイズを通してことばの意味を理解できるようなクイズの作り方が望ましい。

　同時に，この問題を提示するときに，先生は最初からゆっくりと丁寧に言うのではなく，最初はできるだけ早く，そして表情や動きをつけずに言うべきであり，児童がわからないという表情になることが出題方法としてすぐれていることを理解すべきである。1度目にヒントを言って，もしわからなければ2度目を言う必要があり，さらにわからなければ，表情や動きなどを加えて3度目のヒントを言うチャンスになり，ほとんどの児童がその答えを理解するのである。わからないところから次第にわかるようにさせていくことがクイズ形式の活動でもっとも重要であって，わからないヒントこそすぐれたヒントである。

　また，最初のヒントで答えがわかった児童がいても，答えをすぐに言わないように約束しておくことが大切である。これはクイズを行う場合，最初にそして常に約束事としておく必要がある。わかった児童はその瞬間に手を上げさせるが，答えは言わないことをクラス全員でいつも確認してから開始すべきである。

(3) ヒントを増やす

　Three-hint-quizがクイズの原点であり，ヒントの数を増やしていくことで高学年向き

3. 子どもが耳を傾けたくなるリスニング・クイズの作り方

の難解で楽しいクイズが作れるようになる。簡単な方法からすればヒントの数を3個から5個や6個にして，聞かなければならない単語の数を増やしていく。次のような例が挙げられる。

> 例）　What is this?　Bamboo.　A big animal.　A very small baby.　Black and white.　China.

もちろんこの例は three-hint-quiz の例1と同じ giant panda または panda が答えであるが，ヒントを増やすことでクイズとしては多少難しくなる。難度を高める方法として，児童が理解することが難しい言葉から徐々に易しい言葉にしてある。

児童が答えるときに英語が出てこない場合がある。そのときは，"That's right. But in English, please." と正解であることほめた後に，英語でも答えることをクラスの子どもたち全員に軽く要求してみる。うまくすれば英語で答えられる児童がいる場合もあるが，もし英語で言える児童がいない場合には，先生がその単語を英語で示してやればよいのである。日本語での答えであっても，英語でのヒントが聞き取れたことで目標は達成できたと考えるべきである。

(4) ヒントを文にする

単語だけでのヒントではなく，単語から文でのヒントに広げていくことができる。ヒント作りの方法としては，答えになる単語から関連する語句をできるだけ数多く引き出し，その語句に必要なものを加えて文にしていく方法がよい。

kangaroo を答えにして例を挙げてみる。まず，kangaroo に関連する語句を思いつくまま出してみる。animal, jump, brown, long tail, grass, boxing, pocket（pouch）, baby, two short legs, two strong legs, big foot, Australia などさまざまな語句が登場する。これらの語句を kangaroo を指す It を主語にして動詞など必要なものを加えれば簡単に文にすることができる。文にする場合，できるだけ1文を短くし，児童がその文の内容を理解できるような語句を多用することを心がける必要がある。実際に前述の語句を使った文を提示する。

> It is an animal.　It can jump.　It is brown.　It has a long tail.　It eats grass.　It likes boxing.　It has a pocket（pouch）.　It has a baby in its pocket.　It has two short legs.　It has two strong legs.　It has big feet.　It lives in Australia.

実際にこのままでもクイズとして使用できるが，各文の順序を入れ替えたり，児童の活動経験の状況によってさらに語句を加えたりすることもできる。もちろん先生はこの文をすべて暗記する必要はなく，紙に書いたこの文を児童が理解できるように読むことで英語活動が成り立つ。英語活動を新たに実践する先生にとって，自分が書いた英文，または他の人が書いた英文を読むことが，英語活動実践の第一歩であり，先生にとってのもっとも重要なトレーニングになる。その点においては，クイズを作成し，自分で書いた文を児童の前で読み上げるクイズを使った活動は，児童にとってだけでなく，先生にとっても小学校英語活動の原点であると言える。

　また，これらの文をよく見ると，すべての文が中学校1年生の英語の学習範囲に含まれている文型，文法事項である。英語を聞かせてその内容を理解させる原点の文として，いずれ中学1年生で出会う英文を音声として聞き取り，その意味を理解できるようにしておくことが本当の意味での小学校英語活動と中学校の英語教育の連携であって，中学校での学習方法を引きおろして小学校英語活動にすることではない。いずれ出合う英語にちょっとだけふれておくことが小学校英語活動の目的であるはずである。小学校の英語活動で聞いたことのある英語を中学校の英語教育で再度ふれ，その英語がどのように成り立っているか学習することで，本当の意味でのことばの学習になるのである。

(5) いろいろな知識が必要

　高学年の児童向けのクイズ作成の場合，先生に必要なことは多くの英語表現を覚えることではなく，出題するクイズの対象についての知識である。動物クイズならば，それぞれの動物の特徴や習性などについてとことん調べ，その中から英語で表現できそうな部分を取り上げたり，ALTや英語の得意な先生に英文のチェックをしてもらったりしながら，高度なクイズを完成させていく必要がある。私自身も百科事典やインターネット，動物図鑑や植物図鑑などを手元から離すことができない。中学1年生が学習する程度の英語だけでも，ヒントの内容をレベルアップすることで，かなり複雑で高度のクイズを作ることができる。次の例を参考にして，高度な英語クイズを作成することを願っている。なお，ご自身で考えることを願って答えの提示は避けておく。

例1）　What are they?　The babies drink their mothers' milk for several months.　One kind eats small fish.　The other kind eats big fish or animals.

> They are the biggest animals in the world. They swim all over the ocean. The biggest kind is over 20 meters long. They are not fish. But they live in the sea all their lives
>
> 例2) What are they? They are about 50 centimeters tall. They have long nails. They live in the forest in South America. They sleep 18 hours a day. They can't walk on the ground. They hang in the trees all their lives.

(小泉　清裕)

4 子どもが夢中になるゲーム的アクティビティの活用

　子どもには遊びながらことばを使う体験をさせることが大切である。だからと言って，ただ楽しいだけのゲームになってしまわないように注意したい。子どもが「英語を使って」遊びながら，英語力をつけていけるアクティビティを考案することが肝要である。

(1) 指導上の留意点

　ゲーム的手法を活用したアクティビティをスムーズに進めるために，以下の点に留意することが大切である。

> ❶ 勝敗が目的ではないので，それをあおるような進め方をしない。
> ❷ 子どもに考えさせる。
> ❸ 中学校でそぎ落とし(unlearn)しなければならないような英語が教室に氾濫しないような配慮が必要である。そのために，先生がクラス全体をコントロールしながら，クラス全員で楽しめるアクティビティを工夫する。
> ❹ 広告紙，新聞紙，不要になったコピー用紙など身の回りにあるすべてのものが教材になる。準備に手間暇をかけなくてすむように簡単な教具を使ってできる，あるいは教具を使わないですむ活動を準備する。
> ❺ 英語で詳細にルールの説明をしても，子どもにはわかりにくい。ゲームを進めながら，ルールを理解させていく。

> ❻ 子どもが外来語としてなじみのある語彙を活用する。
> ❼ 高学年の子どもに対しては，他教科ですでに学んだことや身の回りの社会生活の中で話題になっている事柄を題材として取り上げ，子どもの興味・関心を引きつける。

(2) 活動例

以下，低学年，中学年，高学年別に子どもが夢中になって取り組む活動例を示す。

低学年，中学年用

❶ 数遊びゲーム：Take seven

- 言語材料：（単語）数字（one 〜 twenty）
- 準備物：広告紙を適当な大きさにちぎって丸めたもの約100個，それらを入れる袋
- 進め方：

1) 先生が児童に袋の中身を見せる。あるいは，袋を振って音を聞かせ，What are these? と始めてもよい。

   T: There are many pieces of paper in this bag.

2) 有志の児童に袋から7つのピースを取るように促す。T: Take seven.

   このとき，1つかみでピースを取るように（T: Do this.），ジェスチャーで示すとよい。また，袋の中で，手探りで1つ，2つと数えてはいけないこと（T: Don't do this.）も示す。

3) 児童がつかみとったピースを One, two, three … と数えていく。1回ではなかなか7つきっかりつかむことはできない。他の児童にチャンスを与える。

❷ カードゲーム：つられないでね

- 言語材料：（単語）leg，動物名
- 準備物：「動物」カード
- 進め方：

1) 動物カードを1枚ずつ提示して足の数を尋ねながら単語の復習をする。

   T:（犬の絵カードを見せて）How many legs does it have?（Ss: Four.）

   T: Yes. It has four legs.

2) 先生が1枚ずつ4足動物の絵カードを見せながら，カードの動物名を英語で言い，児童にリピートさせる。T: A tiger. (Ss: A tiger.)
3) 上記2)を数枚のカードで試みてから2足動物の絵カードを見せて，2足動物のときには，先生につられてリピートしてはいけないというルールを教える。

   T: (ペンギンの絵を見せて) A penguin. (Ss: A penguin.)　Sh .... Don't say it. How many legs does it have?　Yes. It has two legs.　If I say an animal with two legs, don't repeat after me.

先生がテンポよくカードをめくっていくと，児童は思わずつられて言ってしまい，楽しい笑いをさそう。

❸ 匂いで当てよう： What's this?

- 言語材料：（単語）chocolate, onion, banana, fish, soap, candle など
- 準備物：箱または中味が見えないように紙で覆った空き瓶，蓋を覆うためのガーゼ，箱（瓶）に入れるもの（刻んだチョコレート，タマネギのスライス，バナナの輪切り，煮干，花などの特殊な香りのするせっけんやろうそく）
- 進め方：

1) 上記のいずれかひとつを入れた箱（瓶）を児童ひとりに渡し，匂いをかがせる。
2) 箱（瓶）をまわし，全員が匂いをかいだら，先生がその中味を尋ねる。

   T: What's this? (S1: Flower.)　Oh, you think it's a flower.　Is it a flower? (S2: No. Soap.) 中味を見せて，You're right.　It's soap.

＊応用・発展：

上記は嗅覚を使ったゲームであるが，そのほかに聴覚，触覚，視覚を使っても楽しめる。袋の中にあるもの（たとえば，ニンジンやアボガド，レモン）をさわらせたり（触覚），楽器や乗り物の音などを録音したものを聞かせたり（聴覚），児童の前で不要になった紙を手でちぎってできあがったものを見せて（視覚），What's this? と尋ねる。

> 高学年用

❶ 持ち物当てっこゲーム： Do you have an eraser?

- 言語材料：（表現）Do you have ～?　（単語）coin, paper clip, magnet, ribbon, match, key, button など外来語でなじんでいる単語
- 準備物：1円硬貨，クリップ，マグネット，リボン，マッチ棒，鍵，ボタンなどの小物

- 進め方：
1) 先生が用意した小物を見せる。

    T: I have a coin, a paper clip, a magnet, a ribbon, a match, a key, and a button.

2) 有志の児童が誰にも見えないように袋から1つを選んで，手の中に握る。

    T: Take one of these.　Don't show it to your friends.

3) 先生がその児童が持っているものを当てようとする。

    T: Do you have a magnet?（S: No.）　Do you have a ribbon?（S: No.）

4) 先生がクラス全員に向かってその児童が何を持っているか尋ねる。そして，児童全員で質問するように呼びかける。

    T: What does he/she have?（Ss: Coin.）　Let's ask together.　Do you have a coin?
    （Ss: Do you have a coin?）

5) 正解が出たら，残りの小物を別々の児童に持たせて，皆で当てていく。小物の代わりに動物，果物，乗り物などさまざまなカテゴリーの絵カードでもできる。

❷ 漢字ゲーム：Sit down game

- 言語材料：(単語) 漢字に相当する英語の単語
- 準備物：「漢字」カード（1枚のカードに漢字1字）
- 進め方：

    児童の名前の漢字を題材に Sit down game をする。

    T: If you have the kanji "tree" in your name, sit down.

    英語で "tree" と聞かせてから漢字カードを見せる。同様に，If you have the kanji "river," sit down. といった要領で続け，最後まで立っていた児童が "today's champion" となる。

＊応用・発展：
- 児童の名前の漢字をヒントにした「誰でしょうゲーム」をする。

    T: She has the kanji "love" and "child" in her name.　Who is she?　She is 愛子.

- 漢字の部位の足し算ゲーム

    T: What is the moon and the sun?　It's "明るい."

- 日本の県名を当てるゲーム

    T: Which prefecture has an animal in its name?　（熊本，群馬，鳥取，鹿児島）

    下線部には a fruit, a color, a number, a mountain, a river を入れてもよい。

❸ 誰かを当てよう： Can you play baseball?

- 言語材料：（表現）Can を使った疑問文，肯定文，否定文　（単語）動詞（fly, jump, swim, run, play soccer, play baseball），名詞（spider, ostrich, penguin, dolphin, butterfly, Peter Pan, witch）
- 準備物：10 枚の写真または絵（①有名な野球選手　②有名なサッカー選手　③水泳の金メダリスト　④クモ　⑤ダチョウ　⑥ペンギン　⑦イルカ　⑧蝶　⑨Peter Pan　⑩魔女），1〜10 の番号カード
- 進め方：

1) 黒板に 10 枚の絵を 1 枚ずつ貼りながら，質問をしていく。①〜⑩の番号も絵の脇に書いておく。T: This is a witch. Can she jump?（Ss: Yes.）　Can she fly?（Ss: Yes.）

2) 任意の生徒（S1）を教室の前に来させ，10 枚の番号カードから 1 枚を選ばせる。
T: Choose one card.　Don't show it.　Look at your number（例　④クモ）．（黒板に貼ってある写真または絵を指して）If you have No. 6, you'll become a penguin. If you have No. 5, you'll become an ostrich.　OK?　Let's begin.

3) 残りの児童が "Can you 〜?" と質問をして，誰であるかを当てる。
Ss: Can you fly?（S1: No, I can't.）　Can you jump?（S1: Yes, I can.）　Can you swim?（S1: No, I can't.）　Can you run?（S1: Yes, I can.）
正解が出にくい場合は，先生が別の質問をして助け船を出す。
T: Do you have four legs?（S1: No.）　Do you have eight legs?（S1: Yes, I do.）
Ss: Are you a spider?（S1: Yes. I'm a spider.）
質問には，足の数，住んでいる所，好物，持ち物などを含めるとわかりやすい。

（佐藤　令子）

5 子どもが生き生き英語を使うコミュニケーション，自己表現，創作活動

　子どもにとって，「英語を使う」とはどういうことであろうか。子どもに練習させて暗記させたフレーズや文を使って行う「ごっこ遊び」は，本当に「ことばを使う」ことになるのだろうか。コミュニケーションとは意味のあるメッセージを伝え合うことである。何を聞かれるかが最初からわかっていて行うインタビューゲームでは，相手の質問をきちんと聞かないで，さっさと自分の答えだけを言って次の相手を探しにいくということもあるので要注意である。これでは「英語を使う」ことにはならない。とくに高学年に

なれば，ただ言わされる活動では満足できない。本当に聞きたいことを聞き，自分が考えたことや感じたこと，自分が正しいと思っていることを話す活動であれば，子どもは「英語を使っている」という実感を得ることができる。新学習指導要領で述べられている「コミュニケーション能力の素地」を培うことができるだろう。

　暗記したことを発表する活動を積み重ねていっても，真の自己表現力をつけていけるとは思えない。自分が本当に言いたいことを話すようになるためには，語彙や文法の知識が必要である。本来，それなくして創造的な英語活動はありえない。それでは，英語の語彙が十分でなく，文法を学んでいない小学生に自己表現の手立てを与えることはできないのであろうか。そうは思わない。長年，子どもに英語を教えている実践者として，子どもには英語を学ぶ力があることを強調しておきたい。それでは，どのようにして子どもの学びを深めて，自己表現力をつけていけばよいのであろうか。本節では，指導上の留意点を5つ挙げ，その後で具体的な活動例を紹介する。

(1) 指導上の留意点

❶ 英語をたくさん聞かせる──教師の問いかけに子どもが言葉にならずにジェスチャーだけで応じたり，単語1語（1語文）で自分の思いを伝えようとすることを暖かく受け止めて，正しい英文にして聞かせて，子どもの思いを確認していく。ひとりの子どもの思いや考えをクラスの皆が共有して感動したり賞賛したりしながら，本当のコミュニケーションが行われる場を作っていく。
❷ 子どもの持っている語彙──英語を始めたばかりの4年生でも1,200ぐらいの外来語を知っていると言われる。英語を聞かせたり発話させていくコツは，この外来語を最大限に利用することである。
❸ 1回の授業で扱う語彙を制限しない──子どもの興味をそそる題材で話したいことを話させようと思えば，英語だけでなく日本語も飛び交うことになる。たとえば林間学校で見たものをALTに話す活動では，既知の単語であるice cream, campfire, rainbow などのほかに，テントウムシ！　ホタル！　花火！　天の川！……と声があがる。それを英語に直していけばよい。
❹ 高学年の子どもが徐々に英語のルールに気づいていけるように，取り扱う言語材料をスパイラルに配列したシラバスを作成することが望ましい。

❺ 高学年の知的好奇心を満たし「考える力」を育てる題材を準備する。

(2) 活動例
❶ 友だちの好物を当てよう：Do you like ice cream?
- 言語材料：(表現) Do you like ～? (単語)『英語ノート1』Lesson 6 の pp. 38～40 に出てくる食べ物の名前
- 準備物：『英語ノート1』
- 進め方：

1) 授業開始のあいさつ後に，全員立っている状態で Sit down game として始めるとよい。児童を立たせたまま『英語ノート1』のp.38を開かせる。

   T: Open your book to page 38.

2) pp.38～40 の中から好きなものを3つ選ばせ，鉛筆で絵に○をつけさせる。友だちには見せないように指示する。

   T: Look at the food on pages 38, 39, and 40. What food do you like very much? Choose 3 items. Take out a pencil, and draw a small circle by each of the three pictures. Don't show your answer to your friends.

3) 3つ選んだことを確認してからゲームを始める。

   T: Are you finished? OK. Let's begin. Do you like chocolate? If you like chocolate, sit down.

先生は同様にしていろいろな食べ物を挙げて，児童を座らせていく。立っている児童の人数が5人ぐらいになったら，座っている児童全員に，立っている児童のうちのひとり (Ken) の好物を尋ねる。What do you think Ken likes? (S1: Salad).

   T: Let's ask Ken together. 児童と一緒に Do you like salad? (Ken: No.)
   当たるまで質問を繰り返していく。(S2: Pizza.) 児童と一緒に Do you like pizza? (Ken: No. S3: Kiwi fruit.) 児童だけで質問するように促す。(Ss: Do you like kiwi fruit? Ken: No.) 児童ひとり (S4) に質問をするように促す。S4, you can ask Ken. (S4: Do you like omelet? Ken: Yes, I do.)

立っている最後の児童まで同じように質問していく。

6章／英語活動を豊かにするアクティビティと指導方法

❷ お買い物上手ゲーム

- 言語材料：（表現）I want ～．How much is it?（単語）野菜，果物，惣菜などの食べ物の名前（外来語を中心に選ぶ），数字
- 準備物：野菜，果物，惣菜などの食べ物カード，それぞれの食べ物の値段を裏に書いておく（常識はずれな値を設定しておくと面白い），チョーク
- 進め方：

1) カードを黒板に貼る。1クラスを2チームに分けて（またはALT対クラス全員）それぞれに2000円を与え，交互に買い物をさせる。買い物の理由も付け加える。

   T: This is the Sato Supermarket. Today you'll have a party. You can buy some food here. I'll give Team A ¥2000, and Team B ¥2000. 黒板の両端に¥2000と書く。Team A, what do you want?

   S1 (Team A): I want a melon. How much is it?

   T: Oh, this is a good melon. So it's very expensive. One melon is 800 yen! 黒板に2000 – 800 = 1200. と縦に書き，買ったもののカードを脇に貼る。Now, Team B, it's your turn. What do you want?

   S1 (Team B): I want a pizza. How much is it?

   T: This is very cheap. It's only 200 yen. It's a sale price for today! 黒板に2000 – 200 = 1800. と縦に書き，同じように買ったもののカードを脇に貼る。

買い物をするたびに引き算を縦に続けていく。

2) 2000円を先にオーバーしてしまったチームが敗者となる。

   S2 (Team A): I want grapes. How much?

   T: They are ¥800. Sorry, you have only ¥500, so you can't buy this.

❸ Matching game

- 言語材料：（表現）Do you have ～?（単語）pencil, pencil case, desk, chair, blackboard, chalk など
- 準備物：鉛筆，消しゴム，机，椅子，黒板，チョークなどの絵カード（「鉛筆と筆箱」のように2枚合わせるとペアになる）
- 進め方：

1) 先生が上記のペアカード1組を1枚ずつ見せ，両者がペアとなることを示す。

   T: I have a pencil. And I have an eraser. These are a pair. They match.

2) 2組目のペアカードのうちの1枚（chair）のみを児童に見せて，もう1枚のカードが

何かを当てさせる。

　T: I have a chair.（もう一方の手に持っているカードを掲げて）What do I have here? （S1: Cushion.） No, I don't have a cushion.（S2: Desk.） Right. I have a desk.

3) 児童にペアカードを作らせる。その場合，グループで作ってもペアワークにしてもよい。児童が絵カードの英語を知らなければ，その場で教える。

4) 児童が描いた絵を使って，2) の要領で児童どうしでゲームが行えるように導く。

　T: What do you have? Show us one card.

　S1:（1枚のカードを見せて）I have honey.

　T:（もう1枚のカードを指して）What does S1 have?（児童がひとりで質問するように促して）S2, ask S1.

　S2: Do you have a bee? S1: No, I don't. S3: Do you have a bear? S1: Yes, I do.

児童の習熟度に応じて，インタビューゲームのように教室の中で自由に友だちを見つけてゲームを行わせることもできる。答える側の児童が英語での言い方を知らない場合は，Do you have クマ？のように日本語を入れて答えてもよいこととする。

❹ 産地直送品を購入しよう

- 言語材料：（表現）I want to buy ～. （単語）potato, carrot, onion, beef, rice など
- 準備物：日本地図，上記の農産物の絵カード
- 進め方：

1) 日本地図を黒板に貼り，ジャガイモの切り絵を見せて産地直送の農産物について話す。

　T: This is a map of Japan. I have potatoes here. I like the potatoes from Hokkaido. I like 産地直送 food very much. They are fresh. Let's buy 産地直送 food from all over Japan, and make something. Do you like curry and rice?（Ss: Yes!） What vegetables do you like to put in your curry?（S1: Potatoes. S2: Carrots. S3: Onions.）児童の言った野菜の絵カード（なければ絵を描く）を黒板の端に貼っておく。

2) 他に必要となる肉やお米も話題にする。

　T: What kind of meat do you like to put in your curry? Do you like to put chicken?（S1: No! I like beef.）全員に向けて Is it a good idea? Do you like to put beef in your curry?（Ss: Yes!） What else do we need?（S2: Rice.） Yes. We need rice, too. 牛肉とお米の絵も貼る。

3) 先生が児童に上記の農産物をどこから購入したいか1つずつ尋ねる。

　T: Where do you want to buy potatoes from?

　S1: I want to buy potatoes from Hokkaido.

　地図の該当場所に絵カードを貼る。同様に他の農産物の産地を尋ねる。カレーライスだけでなく，サラダやデザートにも話題を広げて，そのための野菜や果物をどこから購入したいかを尋ねるとよい。

＊応用・発展：

　児童の食べているものや着ているものなど身の回りの多くのものが外国からの輸入品であることに気づかせ，どこから輸入されているのかを調べて発表させることもできる。スーパーなどに行って調べてきたものを絵に描かせたり，持ってくることが可能であれば，実物（空箱や包み紙などでもよい）を見せながら発表してもらう。

S1:（実物を見せながら）We want to buy ウーロン tea from China.

❺ なぞなぞを作り，なぞなぞを楽しもう

- 言語材料：（表現）I have ～. I don't have ～.（単語）体の部位：body, leg, hand, eye, mouth, ear, nose, arm, tail, 形容詞：long, short, big, small, 色, 数
- 準備物：なし
- 進め方：

1) 先生が例を1つ示してから，先生と一緒に作るように促す。

　T: Let's make riddles, なぞなぞ. First, listen to my riddle. Please guess what I am. I have a face. I have numbers. I have a long hand and a short hand. I don't have legs. What am I?（S1: You are a clock.）Good job! Now, let's make one together.（参考資料：久埜（1985）*English in Action 3*）

2) たとえば，教卓が答えとなるなぞなぞを児童と一緒に作る。

　T:（先生が教卓を指して）I am a desk.（引き出しを指して）These are mouths. How many mouths do I have?（Ss: Four.）That's right. I have four mouths, one big mouth, and three small mouths.（足の部分を指して）How many legs do I have?（Ss: Four.）I have four legs. What color is it?（Ss: Gray.）I have a gray body. Do I have hands?（Ss: No.）I don't have hands.

3) グループでクイズを1つ考えて，皆で発表する。先生がヒントを足してもよい。

　Group 1: I have one leg. I have a long body. I have two arms.（T: Are you in the park?）Yes, I am.（Ss: Are you a seesaw?）Yes, I am.

Group 2: I have a black and white body. I don't have legs. I don't have hands.
　　　　（T: Are you round?）　Yes, I am.（Ss: Are you a soccer ball?）　Yes, I am.
Group 3: I have a big mouth.　I have gray teeth. I don't have legs. I like paper.（Ss:
　　　　Are you a ホチキス？）　Yes, I am a stapler.

子どもたちの間では，ピアノ，ポスト，信号などをなぞなぞにすることが多い。

❻ 友だちどうしで共通点を探そう

- 言語材料：（表現）We want (like, have) 〜.　We can 〜.（単語）既習の名詞
- 準備物：なし
- 進め方：

1) 先生が初めに "we" の使い方を示す。

   T: Ken, do you like pizza?（K: Yes.）　I like pizza, too.（Kenと自分の両方を指しながら）We like pizza.　同じ要領で他の質問（What sport do you like?　What color do you like?　What do you want now?　What can you do?）をして "we" の文をいくつか聞かせて，意味を理解させる。

2) クラスを4人ぐらいのグループに分けて，自分たちの共通点を探してみるように促す。T: Work in groups of four.　Please find "共通点" of your group.

3) グループで発表する。絵や実物を持ってこさせて，それらを見せながら発表させると聞き手にとってわかりやすい。

   Group 1: We like soccer.　We like curry and rice.　We have recorders.　We can swim.　We want ice cream.

4) 友だちの発表をしっかり聞かせてから，先生が What sport does this group like? などと尋ね，答えさせることもできる。Right. They like soccer.

（佐藤　令子）

❻ 子どもに異文化理解を促すアクティビティ

　社会のグローバル化はますます進み，子どもたちの生活もその影響を大きく受けている。世界の出来事は，テレビやインターネットで即座に見聞きでき，身の回りにはさまざまな国からのモノがあふれている。また，世界で活躍をする日本のスポーツ選手や日本で活躍する外国のスポーツ選手などの姿から，子どもたちはより世界を身近にとらえている。このような時代に生きる子どもたちにとって，異なる言語や文化を持つ人々と

共生していくことができるよう，コミュニケーション能力を育み，言語や文化に対する理解を深めることは不可欠である。ただし，児童に異文化理解を促すためには，単に「知識」として与えるのではなく，体験を通して理解を深めさせることが大切である。児童に異文化理解を促す身近な題材の学習や，異なる文化をもつ人々との交流活動などを通して，自分たちと異なる文化や考え方が存在することに気づき，それぞれを認め合えるような活動を計画することが必要である。異文化にふれる活動は，また自分たちの文化と比べる過程でもあり，自分たちの文化を再認識することになる。クラスの児童どうしの交流も，互いに新しい発見があり，一人ひとりが異なる文化を持っていることに気づき，その違いを認める機会としたい。

以下に異文化理解を促すアクティビティ作成の留意点といくつかのアクティビティを挙げておきたい。

(1) アクティビティ作成上の留意点

❶ 英語・英語圏に限らず，さまざまな言語・文化に対する意識を体験を通して高める。
❷ 異文化理解を促す活動を計画するさい，単元の題材と関連づけることによって，児童の興味・関心を高める。
❸ 同じ文化の中にも多様性があることを配慮し，ステレオタイプを植えつけないように配慮する。
❹ 違いだけを強調せずに，共通点にも目を向けさせる。

(2) アクティビティ

❶ 世界のあいさつソング

・対象学年：低・中・高学年
・ねらい：歌を通して世界のさまざまな言語やあいさつ，あいさつの仕方に慣れ親しむ。なお，日本と同様お辞儀をする韓国やナマステ（合掌）を行うインド以外は握手が一般的だが，相手との親密度や場面によって，同じ言語や文化内でもあいさつの仕方が変わってくること，また，動作や言語が違っても相手と目を合わせ相手に快く受け入れ

てもらうというあいさつの本質や普遍性にも気づかせたい。
- 準備物：国旗カード
- 進め方：

1) 国旗を見せて国名を聞かせ，それぞれの国の言語での「こんにちは」の言い方を指導する。
2) 日本のあいさつの動作を尋ね，他の国のあいさつの動作も同様かどうか尋ねる。
3) 『英語ノート1』の "Hello Song" のメロディで，動作をつけて歌う。
   ♪Hello, Bonjour（ボンジュール），Anyon haseyo（アンニョンハセヨ），Nihao（ニーハオ），Chao（チャオ），Namaste（ナマステ），こんにちは

❷ アニマル・バスケット
- 対象学年：低・中学年
- ねらい：日本語と英語で動物の鳴き声が異なっていたり似ていることに気づかせる。
- 準備物：児童および指導者の人数分の動物の絵カード（各動物2枚以上）
- 進め方：

1) 動物カードを見せ動物の英語での鳴き声を聞かせ，日本語と違うものやよく似ているものがあることを知る。"Old MacDonald Had a Farm" の歌を聞かせ，歌うのもよい。
2) フルーツバスケットの要領で，各自に動物の絵カードを与え，円になって椅子に座らせる。円の真ん中にオニ役の指導者が立ち，動物の名前を言う。その動物の児童は鳴き声を言いながら席を替わる。着席できなかった児童がオニになり，ゲームを続ける。オニが，"Animal basket!" または "Zoo!" と言うと，全員がそれぞれの鳴き声を発しながら席を移動する。

❸ 月カードカルタ
- 対象学年：中・高学年
- ねらい：月に対するイメージや季節感は，個人によって，また地域や国によって異なっていたり，類似性があることに気づく。
- 準備物：カレンダー（絵や写真のないもの），名刺サイズの無地カード12枚×グループ数（できれば，児童がグループごとに12ヵ月のイメージを絵にした月カードをあらかじめ作成していることがのぞましい）
- 進め方：

1) カレンダーを見せて月の言い方を聞かせる。月の歌を聞かせてもよい。

2) グループで作成しておいた月カード（短時間で作成が可能ならその場でグループで12枚の月カードを作成）を，指導者が "January, February..." と読み上げるか，月の歌を聞かせ，グループで1月から12月まで順番に並べていく。指導者は月カードに描かれた内容を月ごとに確かめながら進める。1月は餅や凧，4月は入学式など似通った絵だけではなく，自分の誕生月にケーキの絵などを描いたユニークなカードも取り上げる。

3) 指導者が読み手となり，グループ内で月名カードのカルタをする。

4) カードを他のグループと交換し，同様にカルタをする。他のグループの月のイメージがどうだったかを尋ね，感想を発表させる。

5) ALTが作成した月カード，または外国のカレンダーを見せ，国が違っても季節感が似ていたり異なっていたりすること，また正月や新学期は国によって時期が異なることなどに気づかせたい。

▲月カードの例

❹ スーパー探検：食べ物はどこから？

- 対象学年：高学年
- ねらい：自分たちの食生活が世界のさまざまな国によって支えられていることを知り，世界との関わりの深さに興味・関心を持つ。
- 準備物：果物カード（バナナ，パイナップル，キーウィ，オレンジ）大・小，国旗（フィリピン，アメリカ，ニュージーランド），世界地図，果物の原産地が明記されているスーパーのチラシ，ワークシート，糊，はさみ
- 進め方：

1) スーパーの袋に入れた上記の輸入果物の絵カード（大）4枚または実物を見せて，どこの国から輸入されているのか尋ねる。たとえば，バナナについて尋ね，児童からいろいろな国名が出てきたところで，「原産地：フィリピン」と示されているスーパーのチラシを見せて，バナナの絵カードを国旗とともに黒板に掲示する。以下，同様にパイナップル，キーウィ，オレンジと続ける。

2) 黒板に掲示した4種類の果物とその輸入国を歌詞にした "It's a Small World"（「世界はひとつ」）の替え歌を歌う。

  ♪ It's a Small World
  Bananas come from the Philippines.
  Pineapples come from the Philippines.
  Kiwis come from New Zealand.
  Oranges come from the U.S.A.
  It's a small world after all.（x3）
  It's a small, small world.

この歌を通して，身の回りのさまざまな物や人々が国を超えて世界中で行き来しており，世界がますます小さくなっているという歌の意味にも気づかせたい。

3) 5，6人のグループで円に座り，カード集めゲームをする。果物カード（小）をシャッフルして各自に4枚配る。児童は2)の歌を歌いながら果物カードを隣の児童にリズミカルに渡す。4行目までまたは全曲歌い終わったとき，4種類のカードが手元にそろった人が上がりとなり，4種類の果物の原産国を歌詞のように発表する。何人かが上がるまで続ける。

4) 時間が許せば，ワークシートとスーパーのチラシを各グループに配布し，上記の4種類の果物以外の輸入された食べ物をチラシから切り抜き，ワークシートに貼り，原産国を記入し，グループ内で発表しあう。歌で発表してもよい。

＊応用：各地の「ご当地バーガー」の写真を1～2枚見せ，グループでオリジナルの「ご当地○○」を考え，その名前や生産地を伝える。

❺ 国際交流活動，交流会

- 対象学年：高学年
- ねらい：異文化を持つ人々と積極的に関わろうとする意欲を持ち，日本の文化や自分たちの地域のことを伝えることで，英語でコミュニケーションを図る楽しさや喜びを味わう。
- 進め方：

1) 児童の絵・手紙などの作品やビデオを海外の交流先へ送り，交流する。
2) 地域在住の留学生や外国人をゲストに招き，交流会をもつ。

いずれの場合も，それまでの外国語活動で取り上げた題材や活動，表現を使って，日本の文化や自分たちの地域のことを紹介するような活動を計画する。そのさい，相手にわかってもらえるようグループで協力し合い，主体的に取り組めるよう配慮したい。

(多田　玲子)

7 子どもに聞かせたい絵本と活用法

(1) 絵本を活用することの意義

　絵本は民間の英語教室においては幼児から高学年まで広く活用されている。小学校の英語活動においても活用したい。ことばの学習の面としては，幼児や低学年の児童が絵本の内容を音のまとまりとして容易に暗誦する姿に，中・高学年の児童が英語劇やペープサート劇（紙人形劇）への発展活動を通して，絵本の内容を自分のことば（台詞）として語ろうとしている姿，またいつのまにか少しずつ英語が読めるようになっていく過程を見るなかで，絵本活用の意義を感じる。また幼児や低学年の児童が絵本のなかの非日常の世界へ抵抗感なく入り込んでいく姿や，中・高学年の児童が絵本の内容に感じ入る表情を見せるとき，絵本が本来持つ価値を感じる。さらに，絵本には，大人から子どもへ伝えたいメッセージが込められたものも多く，児童のこころの成長に働きかける力がある。

　以下に，英語活動における絵本の読み聞かせの主たる意義を挙げる。

❶ ある程度まとまりのある英語にふれることができる
　「聞く」ことは言語学習の基本であり，「話す」活動の前には，十分な「聞く」活動が必要である。絵本はある程度まとまりのある英語を聞く機会となる。また，絵本にはCD付のものも多い。ALTの読み聞かせや，CDを活用し，ある程度まとまりのある英語を聞くことを通して，音・抑揚・リズムといった英語の音声的特徴にふれることができる。

❷ 未知語・表現の意味を類推・推測する力や，大意をつかむ力を育む
　絵本のイラストを頼りに，英語のストーリーを聞き，理解可能なことばをヒントに前後関係などから未知語・表現の意味を類推・推測する力や，大意をつかむ力の育成を助ける。

❸ 異文化にふれ，異文化への興味・関心を高める
　外国の絵本には，王様や蛙など日本の絵本にはあまり扱われない事物が登場した

り，イラストを通して，その国の自然，建物，衣服などの異文化にふれることができる。また外国の民話など，その国独特のストーリー展開を通して，異なる価値観にふれ，無意識のレベルで異文化の深層にふれることができる。

❹ **音と文字のつながりに興味・関心を高める**

低学年のうちは，一連の音としてストーリーを聞き，音と絵を結びつけて意味を推測している児童も，中学年・高学年になると，文字に注意が向くようになり，音と文字とのつながりに興味・関心が高まる。また文字を意識しながら，指導者について，何度も繰り返しているうちに次第に読む力が育つ。

（2）発達段階に応じた読み聞かせの方法と児童に聞かせたい絵本と活用法

絵本の選択にあたっては，1ページあたりの語数が多すぎず，意味理解のヒントとなるわかりやすいイラストのものを選ぶことが大切である。絵本の読み聞かせの方法は発達段階や絵本の内容によって一様ではないが，指導者による読み聞かせから，児童に一部を繰り返させる，1文ずつ指導者の後について繰り返させるというように段階を追って進める。また，次に起こることを児童に予想させる活動，読み終わった後に登場したものや内容を児童に尋ねる活動，英語劇・ペープサート劇・オペレッタへの発展，オリジナル・ストーリー創り，絵本創りなどさまざまな発展活動が可能である。絵本は一度読んで終わりではなく，1冊の絵本を何度も読み聞かせ，児童に繰り返させたりしながら，諳んじるまで使うことをお勧めしたい。

次に，児童に聞かせたい絵本の例と活用のためのヒントを示す。絵本は学年を超えて楽しめるが，便宜上，低・中・高学年の発達段階別に挙げる。

❶ **低学年**

Brown Bear, Brown Bear, What Do You See?（by Bill Martin Jr, MacMillan ほか）

The Very Hungry Caterpillar（by Eric Carle, Puffin ほか）

If You See a Whale（by Ana Larranaga, Golden Books）

There Were Ten in the Bed（illustrated by Annie Kubler, Child's Play）

Strawberries Are Red（by Petr Horacek, Candlewick Press）

　低学年の児童には，ごく身近な言語材料を取り上げているものや，同じ表現が繰り返し使われるパターン・ブック（pattern books）が向いている。パターン・ブックは，児童が繰り返し聞くうちに，リズミカルに繰り返されるフレーズを一連の音として覚えてしまう効果がある。定番として，動物と色を扱った *Brown Bear, Brown Bear, What Do You See?* や，曜日と食べ物を扱った *The Very Hungry Caterpillar* が挙げられるが，上に挙げている他の3冊もすべてパターン・ブックである。

　If You See a Whale は，"If you see a (dolphin), (jump) like a (dolphin)!" というフレーズが繰り返され，仕掛け絵本の中に隠れている海に住む5種類の生物と，jump, clap, waddle など特徴的な動詞が紹介される。指導者の後について音を模倣しながら jump, clap, waddle などの動作を行うとよい。最後のページでは shark が現れ，"Hide!" の合図で机の下などに隠れるといった結末である。*There Were Ten in the Bed* はよく知られたライムを仕掛け絵本にしたものである。数字を扱っており，ベッドに10人寝ている子どもが，仕掛けを回すと1人ずつ減っていき，最後は0人になる。各ページ，声を出して子どもの数を数えながら読み進めるとよい。この絵本のように，うた，ライム，チャンツを絵本化したものは，うた，ライム，チャンツを導入するさいに，意味理解を助ける視覚ヒントとして効果的である。

　Strawberries Are Red は果物と色が題材だ。"Strawberries are red." "Blueberries are blue." と6種類の果物と色が紹介されるだけのごく短く簡単な内容の絵本であるが，最後のページでは果物がフルーツサラダに変わっているというサプライズがある。"What fruit?" "What color?" と次のページを予測させながら読み進めたり，読み終えた後に登場した果物と色を覚えているか質問するとよい。また発展活動として，児童一人ひとりが好きな果物や野菜などを選んで，オリジナル絵本創りへと発展させるとよい。

❷ 中学年

Mouse Paint（by Ellen Stall Walsh, Harcourt, Inc.）
Today Is Monday（by Eric Carle, Scholastic ほか）
How Many Bugs in a Box?（by David A. Carter, Orchard Books）
Three Billy-Goats（Classic Tales, Oxford University Press）

抽象的思考能力が発達し，知的・認知的な言語活動を好むようになる中学年以降は，自意識も強くなるので，低学年以上に，次を予測したり，意見を求めたりといった問いかけを絵本を読み進めるさいに盛り込むとよい。

　Mouse Paint は3原色と混色を扱った絵本である。3匹の白ネズミが red, yellow, blue のペンキのビンに入り，それぞれ赤ネズミ，黄ネズミ，青ネズミに変わる。3匹が白い紙の上で動くと orange, green, purple ができるという内容だ。指導者は読みながら "What color will it be?" と問いかけ，児童は頭の中で色を混ぜて答え，次のページに予測通りの色が現れるというように進める。

　Today Is Monday と *How Many Bugs in a Box?* はパターン・ブックである。前者は spaghetti, roast beef といった食べ物と曜日が題材で，月曜日から日曜日に進むにつれて，積み重ね唄のように曜日と食べ物の数が増えていく。メモリー・ゲームのように楽しみたい。後者は数字・色・形容詞が題材の仕掛け絵本である。small, tall, square などさまざまな形の箱に，さまざまな形と数の虫が入っている。"How many bugs in this box?" "What shape are they?" などと予測させながら読み進める。絵本には予測を上回る独創的な虫の数々が描かれており，意表をつかれて楽しい。どちらの絵本もオリジナル絵本創りへと発展させ，発表させたい。

　Three Billy-Goats はノルウェーの民話で，「三匹のヤギのガラガラどん」としてストーリーを知っている児童も多く，英語で聞くことに興味がわく。中学年の元気あふれる児童に適する絵本である。英語劇・ペープサート劇・オペレッタへと発展させたい。

❸ 高学年

The Gift of Nothing（by Patrick McDonnell, Little, Brown and Company）
A Color of His Own（by Leo Lionni, Dragonfly Books）
The King, the Mice and the Cheese（by Nancy & Eric Gurney, Collins）
How the Moon Got in the Sky（Addison-Wesley Publishing Company/Pearson）

　英語圏の子ども用に書かれた絵本のなかから，高学年の児童の興味・関心に合い，かつ英語の難易度も妥当な絵本を探すことは簡単ではない。上に挙げた4冊は，比較的難易度が高すぎず，高学年の児童のこころを動かす要素を持つ絵本である。少々難しい箇所があっても，児童は推測力や類推力を働かせて，意味を理解しようとする。また絵本のメッセージが理解できた満足感，大意がつかめた達成感は大きい。

　The Gift of Nothing は，猫のムーチが親友の犬のアールに "nothing" という最高のプ

レゼントを渡すという内容である。"何でもあるは何にもないに等しく，何にもないは何でもあるに等しい"というメッセージを伝える哲学的な絵本である。英語活動の話題として，よく「欲しいもの」が扱われるが，"I want a computer game."といった自己表現活動の後に紹介すると，こころに響く絵本である。

A Color of His Own は，カメレオンが自分独自の色を持たないことに悩むが，最後に，大切なのは外面の色ではなく，変わらぬ心だと気づく話だ。季節感も表れている。

The King, the Mice and the Cheese は王様とネズミを中心にさまざまな動物が登場し，異なる者どうしがともに生きる知恵，「共生」をテーマした絵本である。*How the Moon Got in the Sky* は「月はなぜ空にあるか」を語るアフリカの民話である。

(衣笠　知子)

8 楽しくふれ，楽しく学ぶ文字指導

　小学校での文字指導に関してはさまざまな考え方があるが，新学習指導要領においては，「アルファベットなどの文字や単語の取扱いについては，児童の学習負担に配慮しつつ，音声によるコミュニケーションを補助するものとして用いること」と示されている。小学校段階では音声面を中心とし，文字については慣れ親しませる程度でよいと考えられる。

　文字指導の利点は，文字が記憶の手立てになり，視覚情報が加わることで内容理解が高まり，かつ高学年の知的好奇心を満たすという意見が一般的であるが，文字だけ見せて単語を読まそうとしたり，書かそうとしたりすることは，児童に大きな負担となりかねないので，その導入時期や指導内容，指導方法に関しては，十分配慮しなければならない。週1時間の外国語活動においては，まず音声中心に進め，児童が音声にある程度慣れ親しみ，かつ文字を読んだり書いたりしたいという欲求が高まってきた段階で，文字指導に取りかかるのが望ましい。『英語ノート』においてもアルファベットが登場するのは『英語ノート2』であり，アルファベットの文字の読み方や形を知り，読んだり書き写したりして，文字に慣れ親しむことを目標とした活動が組まれている。単語の正しい綴りを覚えさせたり，発音と綴りの関係を指導するフォニックスの指導などは，中学校の英語教育に委ねるべきであろう。

　ところで，児童にとって，アルファベットの認識・識別，とくに小文字の認識・識別は簡単なものではない。それゆえ，文字指導は，児童の文字に対する興味・関心が高まってきた段階で，文字のあるポスターやサインボードなどを掲示したり，また絵カードに

文字を添えたりすることによって，自然に文字が目にふれる環境作りや，クイズ，ゲーム的な手法を用いて楽しく「文字と遊ぶ」活動からスタートしたい。また文字指導の開始時期は，『英語ノート2』で文字が扱われているので6年生からということにあまりこだわる必要はなく，5年生で始めてもよいし，6年生の最後に行ってもよい。大切なことは，児童が文字を読んだり書いたりしたいという欲求，文字への興味・関心が高まった段階で，文字指導をスタートすることである。

以下に文字指導の段階と各段階のアクティビティ例を挙げておきたい。

(1) 文字指導の段階

文字の学習は児童によって個人差が大きい。それゆえ，文字指導は，日本児童英語教育学会（JASTEC）関西支部プロジェクトチーム（2008）の提案を参考にすれば，次のような無理のない段階を踏んで，気長にゆっくり指導することが大切である。

> Stage 1: アルファベットの形に興味を持ち，アルファベットに親しむ
> Stage 2: 大文字・小文字を認識する
> Stage 3: 音声で十分慣れ親しんだ語をひと塊として認識し，指導者の後について読む
> Stage 4: 音声で十分慣れ親しんだ基本的な文を，指導者の後について読む

なお，Stage 3, 4については，学校や児童の実態に応じて指導すればよいだろう。また「書く」ことは，書かれている文字を「書き写す」活動を中心にしたい。大文字・小文字を書き写したり，自分の名前を書いたり，音声に十分慣れ親しんでいる語をカードなどから書き写す活動で十分であろう。

(2) アクティビティ例

以下に，それぞれのStageごとにアクティビティ例を紹介したい。

❶ Stage 1のアクティビティ例

文字学習は机上の活動ではなく，歌やゲームを取り入れる。アルファベットソングなどでAからZの音や順序が認識できるようになれば，個々の文字を取り上げる。児童に

とって難しい小文字は3種類の形を視覚的に認識，識別させる工夫をする（1階建て，2階建て・背の高い文字，地下室付き・足長の文字など）。

1階建ての文字　　　　acemnorsuvwxz

2階建て／背の高い文字　　bdfhiklt

地下室付き／足長の文字　　gjpqy

1) アルファベットソングの活用
- 小文字の3種類の形を体で示しながら椅子に座ったり，立ったり，床にしゃがんだりしながら歌わせ，小文字の形を楽しみながら体で覚えさせる。

- CDを途中で止めて "What's the next letter?" と問い，次の文字を確認しながら歌わせる。
- 歌わない文字を決めて歌わせる。たとえば，"Don't sing F, T and Q" と指示し，慣れてくれば，歌わない文字をさらに増やしていく。

2) アルファベットで整列

各自1枚の文字カードを与え，アルファベットソングが流れている間，自分の前後の文字カードの持ち主を見つけ，AからZの順番に並ぶ。そのさい，各自の文字カードが相手に見えないように持ち，Bの文字カードを持っている児童であれば，"Do you have 'A'?", "Do you have 'C'?" と友だちに尋ね，自分の前後の児童をさがして整列する。文字カードを変えて，2, 3回行う。26人以上のクラスであれば，ペアで複数の連続した文字カードを持ち，同様に行う。

3) 文字当てクイズ

次のように文字カードの一部を隠して "What letter is this?" と尋ね当てさせる。

| T | G | D | P | U |

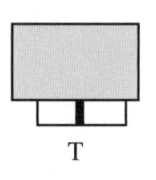

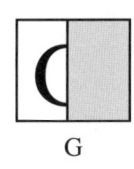

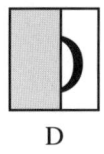

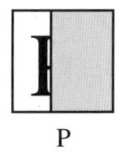

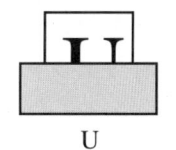

4) アルファベット背中文字伝言ゲーム

5～6人のグループごとに縦1列に並ぶ。指導者は最後尾の児童にのみ文字カードを見せる。その文字を伝言ゲームのように，列の前の児童の背中に指で文字を描いて順番に伝えていき，先頭の児童がその文字を黒板に貼ったカードから選ぶ（黒板に書かせてもよい）。なお，"Once more, please", "Slowly, please." "OK." など，英語のやりとりを加えると，児童はよりコミュニケーションを楽しむことができる。

5) アルファベットビンゴ

AからZの文字カード1セットを各自に渡し，好きな文字カード16枚を選び，縦横4枚ずつ文字を表にして並べさせる。指導者がアルファベットを読み上げ，その文字があったらカードを裏返すか，文字にXをつける。裏返ったカードが縦，横，斜めのいずれかに4枚並べば，"Bingo!" と言う。空欄のビンゴシートに児童が好きな文字を記入してビンゴシートを作成して，同様にゲームを行ってもよい。

6) アルファベットつなぎ

アルファベットを聞こえた順に線でつなぎ，何の絵になったか当てる。

A-L-F-S-D-T-J-Q-G　　　　　　a-e-y-n-u-m-b-r-h-c-w

テント　　　　　　　　　　　　木

❷ Stage 2のアクティビティ例

1）アルファベットカード並べ

ペアまたは数人のグループ。大文字・小文字カード（色が異なるとわかりやすい）を1セットずつ与える。それぞれのカードをよくきって人数分に分ける。まず，各自の大文字カードをAからZまで協力し合いながら並べる。次に小文字カードを同じ文字の大文字カードの上に並べる。両方のカードが早く正しく並べられたペアまたはグループが勝ち。

2）大文字・小文字マッチングゲーム（神経衰弱）

ペアまたはグループ。大文字・小文字カードの文字を裏にして広げ，神経衰弱の要領で大文字1枚，小文字1枚を選び裏返し文字名を読み上げる。大文字，小文字が同じ文字であればその2枚のカードはもらえるが，異なる場合は，裏返して元に戻す。

3）大文字・小文字ペアさがし

クラスの人数の半分の文字数の大文字・小文字カードをそれぞれ用意して，各自に1枚ずつ与える。児童は，"What letter do you have?"と尋ね合いながら，自分と同じ文字の大文字または小文字を持っている相手を探しできるだけ早くペアを作る。文字カードを変えて，何度か繰り返す。

❸ Stage 3のアクティビティ例

この段階の児童は，単語を文字の塊の長さや最初の文字などから判断して識別しようとする傾向が見られる。音声と文字が遊離しないように，児童が音声で慣れ親しんでいる身近な語を選び，文字入り絵カードを指導者の後について読む（言う）ぐらいから始め，読んで楽しい活動や読む必然性のある活動を仕組んでいきたい。

1）カルタゲーム

慣れ親しんだ単語（スポーツ，教科名など）の絵，文字，文字入り絵カードの3種のカードを用意する。グループごとに机の上に絵カードを並べ，児童は"What sport (subject) do you like?"と指導者に尋ねる。指導者は音声を発しないで，文字カードを見せ，児童はそれに対応した絵カードを探し，"(You like) ～."と発話する。正しければ，指導者は"I like ～."と音声で示す。正しくなければ，"No, I don't like ～."と言って，正しい絵カードを探させる。文字入り絵カードを黒板に貼っておくと児童は安心して活動に取り組める。

2）予算を決めて買い物ゲーム

グループで，既習の果物，野菜を題材に買い物ゲームを行う。果物，野菜が絵と文字，

あるいは文字のみで書かれた買い物リストをグループに配る。指導者は決められた予算，たとえば $10 で買い物リストから購入する品物を選ばせる。各グループは，指導者に"How much is a cabbage?" というように選んだ品物の値段を尋ね，指導者は事前に作成しておいた価格表を見て答える。各グループは合計金額を計算し，予算内で買い物ができたグループが勝ち。レストランで食べ物や飲み物を注文する設定で，食べ物や飲み物が絵と文字あるいは文字のみで書かれたメニューから食べ物や飲み物を注文し，予算内で食事ができるかどうかにしてもよい。

❹ Stage 4のアクティビティ例

授業のまとめの活動として，文字入り絵カードや文字カード，音声で十分に慣れ親しんだ基本的な文を書いたセンテンスカードを指導者の後について読む（言う）ことに加え，単語や基本的な文を書き写す活動を通して，書くことに親しませたい。そのさい，コミュニケーション活動として書く必然性がある活動であることが望ましい。

1) 買い物リスト作り，メニュー作り

買い物やレストランで注文するスキットで使用する買い物リストやメニューにのせたい単語を書き写し，買い物ゲームやレストランごっこなどで利用させる。

2) 低学年との交流会の招待状

差出人，受取人の名前，月日は自分で記入し，次のような書式にそって招待状を作成する。

```
Dear _____ （相手の名前）
    Please come to Nakayoshi Party on _____ （月日）
    ○月○日のなかよしパーティにきてください。    From _____ （自分の名前）
```

以上のような活動を通して，中学校への橋渡しとして何をどの程度身につけさせるといった姿勢ではなく，文字に慣れ親しませることを目標に，気長にゆっくり指導することが大切である。

（多田　玲子）

〈参考文献〉
岩橋加代子 (1999)『The Teaching Pot マニュアル』ぼーぐなん.
久埜百合 (1985) *English in Action 1-4*. ぼーぐなん.

久埜百合・粕谷恭子・岩橋加代子（2008）『子どもと共に歩む英語教育』ぼーぐなん.
日本児童英語教育学会（JASTEC）関西支部プロジェクトチーム（樋口忠彦ほか）（2008）「小学校英語学習経験者の追跡調査と小・中英語教育への示唆」『英語教育』10月増刊号．大修館書店, pp. 58-69.
樋口忠彦監修，衣笠知子（2003）『英語ではじめよう国際理解3——英語で歌おう！』学習研究社.
Beall, Pamela C. & Susan H. Nipp (1999) *Wee Sing and Play*. New York: Price Stern Sloan.
Curtain, Helena & Carol Ann Dahlberg (2004) *Languages and Children — Making the Match: New Languages for Young Learners*. 3rd ed. Boston: Pearson Education Inc.

7章 児童を生き生き動かす環境づくりと指導技術

はじめに

　児童の興味・関心は，発達段階に応じて変化する。たとえば，低学年では，楽しければ，繰り返しを嫌がらない。一方，集中時間が短いため，多様な活動を準備する必要がある。中学年では，協力しながら学習することができるようになり，ゲーム的な活動に興味を持つ。ところが高学年になると意味がわからなかったり，自信がないと発話しなくなる。また，現実的な場面での発話を好む傾向がある。児童を生き生き動かすためには，このような児童の発達段階の特徴をとらえ，学習環境づくりや指導技術の工夫が大切である。この章では，教室の雰囲気づくり，教室英語の活用，活動形態やクラスルームマネジメントの工夫，視聴覚教材や機器，マルチメディアの活用のためのヒントを紹介する。

（國方　太司）

1 教室の環境づくりと雰囲気づくり

　児童が生き生き動く英語活動を展開するには，機器の整備，机の配置，掲示物の工夫といった物理的な環境づくりと，クラス全員で英語活動を楽しむ雰囲気づくりが必要である。以下に，教室の環境づくりと雰囲気づくりの進め方と留意点を紹介する。

(1) 教室の環境づくり

❶ 普通教室の場合

　英語活動を普通教室で行う場合でも，CDプレーヤー，テレビ，ビデオ（DVD）プレーヤーなどの視聴覚機器が使える環境が必要である。また，多くの教室では，それぞれの学級の目標や児童の作品などの掲示物が貼られている。その掲示物の中に，英語のあいさつ表現や曜日，月名，天気などの絵（文字）カードなどを掲示して英語表現にふれる機会をつくることで，英語学習の雰囲気づくりに役立てたり，文字に親しんだり，英語の

●173

学習に対する意欲を高めたい。しかし，いろいろな掲示物が雑然と貼られていても，期待する効果は得られない。児童の学習段階や各学年（学期）の指導目標などに合わせたものを随時提示するように留意したい。

また，普通教室では，一斉指導に適した机の配置になっているが，グループで調べ学習をしたり，発表の準備をしたりといったグループ活動を実施する場合は，グループ活動に適した机の配置に変えさせたり，「フルーツバスケット」のように広いスペースが必要な活動を実施する場合は，机を教室の後ろや，廊下などに出すように指示して，活動に必要な空間をつくることが大切である。

❷ 英語活動特別教室の場合

英語活動特別教室がある場合，普通教室に設置されている視聴覚機器だけでなく，移動が困難なコンピュータやプロジェクター，ICT教材を利用できる環境を整えておくと便利である。また，アルファベット表，英語のカレンダー，世界地図，外国の小学校や日常生活の様子に関する写真など掲示物を工夫することにより，児童に英語や，外国の生活や文化に関する興味，関心を高めることができる。

机の配置も自由に工夫することができる。普通教室では一斉指導に適したように，机は教師のほうに向くように配置されている。しかし，英語活動でグループワークやペアワークを実施するのであれば，授業を始める前に，机の配置を変えておくとよい。たとえば，ペア活動であれば，机を向かい合わせにして着席させる。グループ活動であれば，グループの人数分の机を合わせておく。また，一斉指導の場合でも，下の図のように教室の前のほうに半円状に着席させる。この配置では，それぞれの児童から指導者だけでなく，多くの児童の顔を見ることができるため，他の人の発言に注意を払うようになる。

ロールプレイなどをする場合，たとえば，レストランなどの場面を設定する場合，机をいくつか並べて，テーブルクロスをかけたり，メニューを用意するなどの場面設定が容易にでき，児童を活動に駆り立てる効果をあげる利点がある。

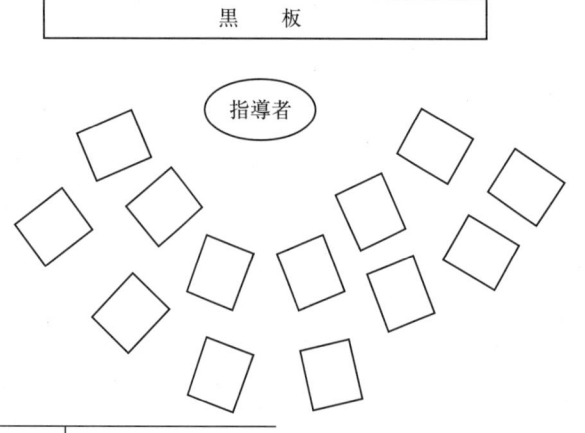

これら以外の英語活動特別教室のメリットは，教材を1ヵ所に管理することができ，指導者が互いに利用可能な環境を整え

ることができることである。

(2) 雰囲気づくり

　「外国語活動」の目標であるコミュニケーション能力の素地を育むには，子どもたちが，自分のことを伝えるだけでなく，相手のことを尋ねたり，相手の話に耳を傾ける態度や能力を育てることが必要である。そして，このような態度や能力を育てるためには，クラスの子どもたちが，生き生き動き，英語活動を楽しむ雰囲気をつくらなければならない。それには，指導者は児童の状態をよく観察し，児童の実態に応じた指導を通して，児童に自信を持たせるように工夫することが大切である。また，指導者と児童，児童どうしが互いに信頼し，尊重する関係をつくっていることも必要である。以下，雰囲気づくりの方法と留意点を紹介する。

❶ 児童の反応に注意を向ける

　児童にコミュニケーション能力の素地を育むためには，コミュニケーション活動・自己表現活動に積極的に取り組ませることが大切である。そのために児童が英語を積極的に使う授業を組み立てることは当然として，指導者も積極的に英語で授業を進めるようにすることが必要であろう。指導者が日本語で授業を進め，児童にだけ英語を使うことを要求しても，児童は白けてしまうにちがいない。逆に，英語活動は英語だけで指導しなければならないと，英語で児童に話しかけてみたのはいいものの，「先生の言っていることがわからない」「先生が勝手に進んで，置き去りにされている」「何をしたらよいのかわからない」といった児童の不満の表情や声を読み取れず，独りよがりになっている授業も見られる。児童が英語を理解できず不安な様子を見せている場合や，指導者の指示がわからず何をしてよいのかわからない場合などは，質問しながら児童の理解の程度を確かめたり，日本語で簡潔に説明するなどの工夫をして，児童の活動を促すようにするなど柔軟な対応が必要である。簡潔かつ適切なタイミングで日本語を使用すれば，授業の雰囲気をこわすことなく，むしろ効果的ですらあることを銘記しておきたい。

　また，授業の終了時に「振り返りカード」などの質問紙を用意して，児童に「楽しいと思った活動は何か」「心に残ったことは何か」「どのような新しい発見があったか」「もっとやりたいことは何か」「どのような活動に取り組んでみたいか」などを尋ね，児童の反応やニーズを見ることも必要であろう。これらの児童の反応やニーズから，教材や指導方法に改良を加えたり，児童が「もっとやりたい」と答えた活動を，他の話題に

ついても利用できないかを検討する。たとえば，買い物のロールプレイをもっとやりたい活動として答えてきた場合，場面を衣服の購入からファーストフード店での注文に応用できないかを検討したいものである。

　指導者は年間指導計画にもとづいて英語活動を実施する。しかし，時々，児童が積極的に活動に取り組もうとしない場面に遭遇する。その場合，指導者は児童の様子を見ながら柔軟に指導計画を変更することが必要である。指導者のこのような姿勢が，児童が生き生き動き英語活動を楽しむ雰囲気づくりにつながる。

❷ 児童をほめる

　指導者が児童の発話や反応に対して，ほめたり，励ましたりするコメントを返すことは，児童とのよい関係を築くのに役立つ。ただし，過度にほめすぎたり，ポイントをはずしてほめたりすれば効果は半減するので，具体的にかつ適切にほめることが大切である。一般的に次のような場合にほめるようにする。

> A: 学習に対して積極的な態度を示している。
> B: 他の児童と協力し，助け合いながら学習を進めている。
> C: 他の児童と積極的にコミュニケーションを図ろうとしている。

　英語でほめる場合，「みんなに聞こえるような大きな声で発表できた」といったように，児童のどのような点がよいのか具体的に指摘するようにする。学習の初期の段階では，簡単な表現 "Well done.", "Good job."（よくやったね）や "Great.", "Excellent."（すごい）などを使うとよい。また，個人だけでなく，グループやクラス全体をほめるようにするとクラス全体によい雰囲気をつくることができる。

❸ 表現の間違いに寛容な雰囲気をつくる

　ことばは間違いながら学習するのがふつうである。ある児童の間違いに対して他の児童が冷ややかな態度をとったり，笑ったりすると，その児童は，相手に伝えようという意欲や何とか工夫して伝えようとする意欲を失うことになる。児童が他の児童の誤りに対して冷ややかな態度をとる場合，ことばの学習，とくに外国語の学習では誤りはつきものであることを話し，指導しておく必要がある。一方，指導者には間違いに対する適切な指導が求められる。たとえば，児童の間違った表現をさりげなく正しい表現で言い直し，児童に気づかせるようにしたり，クラス全員の共通する間違いに対しては，クラ

ス全員で再度練習するなどの指導が必要である。

❹ 困っているときには助け合って学習する

　コミュニケーションを成り立たせるためには，相手の話す内容がわかり，その内容に対して適切な反応をしなければならない。つまり，相手の話す内容がわからなかったり，どのように応答すればよいのかわからない場合，沈黙が続き，コミュニケーションが成り立たないということになる。そこで，日頃から，コミュニケーションを継続する表現，たとえば，"Pardon?"（もう一度お願いします）や "What's "*omochi*" in English?"（「おもち」は英語でなんと言うの）といった表現を指導しておく必要がある。また，"Please help me." といって，周りの児童に助けてもらったり，指導者の手助けを求めるように指導したり，いろいろな活動で互いに助け合うことを促しておくと，児童は安心してコミュニケーション活動に取り組むことができる。また，調べ学習やグループでの作業に取り組ませ，互いに協力しながら学ぶ環境をつくることも大切である。

　このように互いに助け合い，協力しながら学習する態度はどの教科の学習においても大切な要素である。日頃の学級づくりでそれぞれの場面での適切な指導を心がけたい。

（國方　太司）

2 授業で使いたい教室英語と活用法

　授業で進行，指示などに使用する英語表現を教室英語と言う。教室内発話のおよそ70%は指導者によるものであり，教室英語は児童を英語に慣れ親しませるための重要なインプットと言える。また，使いながら英語を学ぶという観点から考えて，教室英語は指導者と児童のインタラクション（相互作用）を促す役割がある（Ellis, 1994；小池, 2004；白畑ほか, 1999）。教室英語を使用することのメリットを別のことばで表現すれば次のようなところだろう。教室英語は，場面，表現，動作等が一致する here and now の原則に合致するため，児童は日本語の助けを借りずに理解することができる。また，何度も繰り返し聞く機会が多いため，英語の音声的な特徴や英語の語順等に慣れるという効果が期待できる。さらに，教室英語には日常会話で実際に使う表現が多くあることから，現実の場面での英語の使い方に慣れ，会話に発展する技能の素地をつくるのに大いに役立つと言える。これらに加え，英語に親しむ機会が少ない児童が，授業で教室英語を聞いたり，話したりすることによって，英語学習の雰囲気づくりや英語を使う活動を開始するための準備ともなる。

このような利点を活かすために，できるだけ教室英語を使用し授業を進めることが大切である。

以下，教室英語を (1) 始業のあいさつ，(2) 指示，(3) 質問・応答，(4) ほめ言葉，励まし，(5) 終業のあいさつの機能に分けて紹介し，最後に，教室英語を使ううえでの留意点を示す。

(1) 始業のあいさつ

あいさつは，授業開始時の文字通り口ならしとなる。最初の授業で，児童が「おはようございます」とあいさつすれば，指導者が "Good morning, everyone." と応えて，もう一度 "Good morning, everyone." と児童の顔を見ながらゆっくり繰り返す。数人の児童が "Good morning." と応えれば，"Good morning, (児童の名前)." と応えることで，他の児童もあいさつであることに気づき，声を出すようになる。あいさつの表現に慣れた後，体調を尋ねる表現 "How are you?" を導入する。最初は，"I'm fine, thank you." の表現を導入し，慣れてくれば，"I'm good (great)." "I'm OK." などの表現も導入し，子どもたちが使える表現を増やすようにする。進んだ段階では，"I'm tired." などネガティブな返事をした場合は，"Why?" と理由を尋ね，話題を広げていきたい。

日付の質問と応答 "What's the date today?" — "It's May fifteenth.", 曜日の質問と応答 "What day is it today?" — "It's Monday.", 天気の質問と応答 "How's the weather?" — "It's sunny / cloudy / rainy / snowy." は，定型表現として定着させたい表現である。"Good morning." から天気にいたる一連の受け答えは，英語活動を開始するウォーミングアップとして利用したい教室英語である。

さらに，あいさつに加えることができる表現として，"It's time for English class."（英語の時間です），"Let's begin today's lesson."（今日の授業を始めよう）などがある。さらに，欠席者が誰かを確認したり "Who is absent today?", 欠席者の欠席理由を質問したり "Does he/she have a cold?" して，表現を徐々に増やすこともできる。

(2) 指示

授業ではさまざまな指示に関わる教室英語をよく使う。たとえば，児童を移動させる（"Come up to the front. Sit in a circle." など），活動させる（"Choose the right picture. Color the circle blue." など），依頼する（"Please pass out these worksheets." など），禁

止やしつけに関わる表現 ("Don't stand up. Be quiet. Just a minute." など) である。これらの表現は，動作を伴うものが多く，指導者がジェスチャーなどを利用すると児童の理解を容易に促すことができる。すなわち，指示の英語とともに，その動作を指導者が演じてみせ，次に児童に動作をさせるとよい。たとえば，指導者が "Please come to the front." と言い，自分が教室の前まで進んで見せる。児童の様子を見て，2, 3回繰り返す。次に2, 3人の児童に同じ指示を出し，演じさせてみる。指示された動作ができれば大いにほめる。このように体の動きを伴うことで児童の表現の理解，記憶，習得が促される。

(3) 質問・応答

　授業で児童に質問し，応答を促すこともよくある。たとえば，児童が受け答えする質問として，CDが聞こえるかどうか ("Can you hear the CD?")，ワークシートを持っているか ("Do you have this worksheet?")，理解しているかどうか ("Do you understand?")，指導者が示しているものが見えるかどうか ("Can you see this?")，手伝いできるか尋ねる ("Can you help me?") などの質問とその応答である。

　また，児童に何らかの反応を促すときの表現として，聞こえなかったからもう一度言ってもらう表現 ("I beg your pardon?")，児童に答えることを促す表現 ("Who can answer this question?" など) がある。これら以外にコミュニケーションに役立つ表現として，英語でどのように言うのかを尋ねる ("How do you say "ohayou" in English?")，単語の意味を尋ねる ("What's the meaning of this word?") 表現を指導しておくと，児童から指導者への質問ができるようになる。このような児童からの質問は授業を活性化する働きがあるので，機会を見つけて指導しておきたい。

(4) ほめ言葉と励まし

　ほめ言葉として，"Nice!" "Good!" "Very good." "Good job!" "Wonderful." など多様な表現があり，児童の意欲を高めるためにも，指導者はこれらのほめ言葉を適時使うようにしたい。また，ほめ言葉は会話の中のあいづちとしても用いることができる。あいづち表現として，上記のほめ言葉とともに，"Really?" "Me, too." などが挙げられる。ペア活動において，相手の発話に対して，"Nice." や "Me, too." などと一言付け加えさせたい。自分が言ったことに対して，相手が反応を示してくれるとうれしいものであり，一歩進んだコミュニケーション体験となる。

> S1: Where do you want to go?
> S2: I want to go to Italy.
> S1: Oh, Italy. Nice.
> S2: I like pizza.
> S1: Me,too.
> S2: Great.

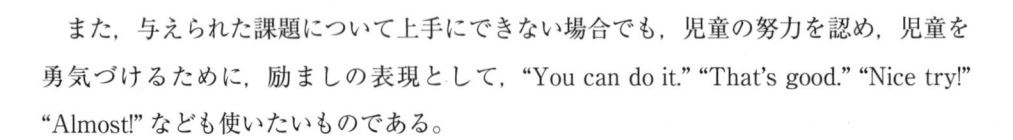

また，与えられた課題について上手にできない場合でも，児童の努力を認め，児童を勇気づけるために，励ましの表現として，"You can do it.""That's good.""Nice try!""Almost!"なども使いたいものである。

(5) 終業のあいさつ

アクティビティが長引いて，ばたばたした雰囲気のまま授業の終了を迎えると，児童は十分な満足感が得られない。終わりのあいさつと振り返りがゆったりとできる時間的余裕を持って終了したい。

児童の顔を見回しながら，授業の終了間際に楽しんだかどうか（"Did you enjoy the class today?"）を尋ねる。1人が答えたら，次の児童に"What about you? / How about you?"と尋ねる。そして，"The class is over."と終わりを告げる。

1つの日本語の表現に対して，英語の表現が複数存在する場合がある。たとえば，授業の終わりを告げる場合，上記の表現に加え"That's all for today. / We're finished. / We'll stop for now."がある。日によって異なった表現を用いると児童を混乱させてしまう。初学者が対象であることに留意し，1つの場面では1つの英語表現にとどめ，充分に慣れ親しんだ後必要であれば新しい表現を導入することが望ましい（小川ほか，1987）。また，英語教室からホームルームに移動する場合も，次のような教室英語を使って，指示をあたえることができる。たとえば，"Put your things away."で持ち物を片づけさせ，"Make a line."で1列に並ばせ，"Go back to your homeroom."で教室に戻るよう指示して終わる。

このような終了のあいさつに慣れれば，英語の授業以外でも使ってみたい。たとえば，別れのあいさつ"Good-bye, everyone. / See you tomorrow."は，毎日の下校時に使いたい。また，週末の金曜日の下校時には"See you next week."（来週会いましょう），そして，"Have a nice weekend."（いい週末を）に対して"You, too."（あなたも）とお互いに

声をかけあいたい。表現と場面が一致する最高の機会だと言える。

(6) 指導上の留意点

　最後に指導上の留意点について述べる。第1に，導入期においては，児童が表現に慣れるまでは，ゆっくりと大きな声で話し，一方的に話すことを避け，ジェスチャーなどを交えながら，児童たちの理解を確認しつつ，繰り返し話すことが必要である（Ellis, 1994；白畑ほか，1999）。さらに，児童が慣れてきたら，指導者が少しずつ自然な音調やスピードで教室英語を話すように心がける。第2に，教室英語の使用は授業の進行を円滑にし，英語に慣れ親しませるのがねらいであり，無理にたくさんの表現を使用するのは避けなければならない。一度に多くの教室英語を取り入れすぎると，「できない」「わからない」という気持ちを児童に抱かせることになりかねない。計画的に少しずつ，繰り返し使用し慣れさせ，身につけさせることが大切である。　　　　　　　　　　　（國本　和恵）

3 子どもが生き生き活動する活動形態の工夫

　子どもたちの活動は活動形態によって大きく左右されるので，内容に適した形態を取り入れることが肝要である。一般に一斉，グループ，ペア，個人（個別）といった活動形態がある。これらをどのように活動に取り入れてどう活かすかを考えてみたい。

　新しい歌の2回目の指導を例にとって考えてみよう。まず，全員が新しい歌に慣れ，恥ずかしがらずに声を出すために，みんなで歌う。次に一人ひとりが自信を持って歌えるように，また定着を図るために，グループで歌う。さらに楽しく歌うためにグループやペアで掛け合いで歌ったり動作をつけたりして歌うなど，活動形態は目的によって変わってくる。指導者は各活動のねらいを明確にして，それに一番合った活動形態を使うことが重要である。以下，6年生のある1時間の授業過程に沿って，ねらいと活動形態を考えてみよう。

(1) 授業過程と活動形態

単元名：「行ってみたい国を紹介しよう」（『英語ノート2』Lesson 6を利用するが，指導
　　計画や学習内容等は若干異なる）

❶ 指導計画（5時間）

第1時：国名の尋ね方と答え方

第2時：行きたい国の尋ね方と答え方

第3時：行きたい国とその理由の尋ね方と答え方（本時）

第4時：行きたい国とその理由を紹介するためのグループによる調べ学習，および発表内容の整理と役割決定

第5時：発表の準備と練習，および発表会

❷ 本時の目標：行きたい国とその理由を尋ねたり，答えたりする。

❸ 主な言語材料：Where do you want to go? ― I want to go to Italy/China/Korea. Why? ― I like soccer/pandas/*kimuchi*. I want to eat pizza / see the Great Wall / play baseball. 等

❹ 指導過程と活動計画

学習内容	児童の活動	指導者の活動
1. あいさつ	当番の児童が前に出てあいさつ。	
2. 復習【一斉からペアへ】 ①国旗をさして，国名の尋ね方と答え方 ②国旗をさして，行きたい国の尋ね方と答え方の復習。	A: What country is this? B: It's Italy. A: Where do you want to go? B: I want to go to Italy. Where do you want to go? A: I want to go to Australia.	国旗を提示する。 ペア活動用に国旗一覧シートを準備する。時間で区切ってペアを交代させる。
3. 導入【一斉】 本時の新出表現の意味に気づかせる。 Why? I want to see/play/eat....	『英語ノート2』p.40のCD（子どもが行きたい国とその理由を話す）を聞き，意味を理解する。 HRT: Where do you want to go? CD: I want to go to China. HRT: China! Sounds good. Why? CD: I like pandas. I want to see pandas in China. （以下，CDと対話形式で聞かせる） 意味，内容の確認をする。	理解を助ける視覚教材として，国旗を提示したり，国名や世界地図でその国の場所を示す。また，その国へ行きたい理由に関連する絵カードを示す。
4. 展　開 ①口慣らし【一斉からクラス	目標文を口慣らしする。	はっきりと最後まで言わせ

を半分に分けたグループ，ペアへ】 ②話す練習【一斉からペアへ】	A: I want to go to China. B: Why? A: I want to see pandas. 『英語ノート2』p. 40のCDで聞いた内容の絵カードを利用して，それぞれの人物になったつもりで話す練習をする。	る。 ペアでアイコンタクトを保ち，絵カードを示しながら練習する。
5. 発 展 【グループからペアへ】 ①各グループで行きたい国とその理由（食べ物，スポーツ，動物，名所）の絵カードを選び，練習する。 ②異なるグループの人とペアを組み，互いに行きたい国とその理由を尋ねる。3人にインタビューするように伝える。 6. まとめとあいさつ【一斉】 次時の内容を伝える。	I want to go to Canada. I like skiing. I want to see polar bears. など。 A: Where do you want to go? B: I want to go to Korea. A: Korea. Why？ B: I want to eat *kimuchi*.	国とその国に関連する食べ物，スポーツ，動物，名所の絵を一覧にしたシートを準備する。 子どもたちがシートの絵を指しながら，互いに伝え合うようにさせる。 グループで行きたい国について調べることを伝える。

(2) いろいろな活動形態の活用法

❶ 一斉活動

　新しい学習事項の導入やまとめのときに，子どもたちに一斉に学習内容を聞かせたり，見せたりして理解の徹底化を図るのに適した指導形態である。全員で大きな声で一斉に言い合える雰囲気をつくることができ，短時間で効率よく学習を進めることができる。全員で聞いたり，活動したりするためリラックスして活動に参加できる点がメリットである。しかし，指導者は一人ひとりの子どもの理解度，定着度，活動の様子を見たいとき，また子どもたちが成就感や達成感を得られるようにするために，一斉活動から，段階的に小グループに分割して活動し，最終的には個人活動まですすめ，個人の理解度，定着度を確かめるようにしたい。

❷ ペア活動

　ペア活動は全員が一斉に活動に参加でき，短時間で多量の活動が可能であるというメリットがある。自由に相手を選ぶことのできるフレキシブル・ペア・アクティビティ（flexible pair activity）は自由に相手を選べるため，子どもたちは楽しく活動できるが，

クラスコントロールが難しい場合がある。一方，隣の席や前後の席の子どもどうしがペアを組むといったように相手が固定されたフィックスト・ペア・アクティビティ（fixed pair activity）は，クラスコントロールしやすいという長所もあるが，いつも同じペアのため，活動に活気がなくなることもあり得る。ペア活動はすべての子どもが確実に活動に参加できるという点と，互いに自分のことを伝えたり，尋ねたりといった学習活動や言語活動を体験できる点から，大事にしたい活動である。うまく表現できない部分をペアの友だちの助けを借りて言えるようになった子どもたちは，このペア学習で友だちの協力によって言えた喜びを知るだろう。

協力して練習

❸ グループ活動

グループ活動は，互いを認め合わなければ成り立たないということが認識できる点でたいへん重要である。グループで協力して行きたい国についてそれぞれが調べたり，行きたいところ，見たいところや食べたいものなどをまとめたりすることにより，共同作業として成り立つことになる。また，誰がどのような順番で発表するのか，そのときに必要な写真や絵を誰が用意するのか，それらを発表するときに使う模造紙にどのように貼るのか，あるいはその紙に何を書き込むのか等を話し合わせるために，指導者は取り組むときの課題を子どもたちに具体的に示すことである。それぞれの役割が決まれば，発表する英語表現の練習を協力し合うことで，お互いに達成感や成就感を抱くことになる。子どもたちが活き活きと発表できるかどうかは，そのグループの協力と助け合いによって決まる。単元が変わるたびに，新たなグループを構成し，回を重ねるごとに協力の仕方と上手な発表の方法を学んでいくであろう。

発表の準備

❹ 個人（個別）活動

個人活動は，児童の理解の程度を確認したり，

協力して発表

個々の児童に練習させたり、個々の児童に考えや気持ちを発表させる活動（Show & Tell, スピーチなど）に取り組ませるときなどに取られる活動形態である。高学年になると、他の児童との違いを示すことを好む傾向があるため、個々の児童が自分の考えや気持ちを発表できる個人活動を含むことが大切である。

　指導者はさまざまな形態の活動を通して、コミュニケーションの基本となる他の人との協調関係の大切さを学ばせ、自分の思いを相手に伝え、そして相手の思いに耳を傾けることの楽しさに気づかせるようにしたいものである。

（写真提供：東海大学付属小学校）

（駒澤　利継）

4 子どもたちを活かし、個々の力を伸ばすクラス・マネージメント

　外国語活動のねらいの一つは、子どもたちにコミュニケーションを体験させることとされている。指導者はそのねらいに沿って、年間指導計画を立て、授業を組み立てることが望まれる。また、子どもたちが自由に発言することのできるクラスの雰囲気や、平等に扱われる環境（ルール）づくりも重要である。このような計画、環境をふまえたマネージメントには、コツがあり、ちょっとしたノウハウを持っているだけで、活動のありようは様変わりすることも期待できよう。ここでは、そういったクラス・マネージメントの工夫の数々を紹介する。

（1）活動に集中させるコツ

❶ 集中して聞かせる──指導者の話や指示を聞かせるには

　あいさつで始める授業の開始時、普通、子どもたちには集中している様子が見られるが、その集中力の持続する時間は、一般に年齢が低いほど短い。そのために、同じことを授業の最初から最後まで繰り返すなどということは避け、同じ題材、言語材料を中心に、さまざまな活動を組み合わせることが望ましい。

　まず、ウォームアップで歌を利用する場合、その歌が授業の題材、言語材料そのものであれば、ある意味で理想的であるが、必ずしも題材、言語材料に合った歌が見つかるとはかぎらない。そのような場合は、子どもたちの年齢に合った歌を選んでウォームアップを行うと、英語の授業を始める雰囲気づくりに有効である。続いて、前の授業の復習

となる内容にふれ，次にその時間の中心となる新しい題材，言語材料を導入し，活動を展開する。最後は，その時間のまとめとなる活動を行うというように，授業の構成を大きく把握することができる。

　上記の大きく分けた授業過程の中で，授業の初めや終了時に話を聞く時間となるような変化を取り入れると，気分転換となる。ウォームアップの後は，子どもたちが授業でもっとも集中しているので，たとえば，その時期の新聞等で，「鮎の解禁」といったような季節的なものを話題としている写真の切り抜きなどを提示し，英語で簡単な説明をすると，子どもたちの聞こうとする姿勢は頂点に達する。高学年の子どもたちは，低学年の子どもたちに比べ，授業で指示や説明を聞く姿勢を承知しているので，注意を引きつけるには，彼らの知的要求を満たす，興味深いトピックを取り上げるといった工夫が必要となる。

　また，授業のまとめの活動として，易しい英語を多く聞かせる時間をつくるには，絵本の読み聞かせやクイズを聞き，その内容から何についての説明であるかを当てさせるなどといった活動が一般的であろう。子どもたちの興味を引く内容であれば，集中して聞く様子が，指導者にも伝わる。

　一方，低学年の授業では，みんなで一斉に"Simon Says"や"Clapping Game"など，体を動かしながら，全員が参加できる活動を取り上げるなどの工夫が必要である。

❷ CDなどの教材に集中させる

　CDなどの教材を活用してネイティブ・スピーカーの自然な英語を聞かせることは大事であるが，あまり口を大きく開けて発音しない日本語の発声方法との違いを印象づけるため，ALTに同じ英文を言ってもらい，口の動きや表情を子どもたちに見せるといったことも重要である。

　子どもたちは，CDの内容がリズミカルで面白いと感じたら喜んで聞き続けるが，同じ文や単語の繰り返しばかりでは，やがて興味を失ってしまうので，CD選びにも気を配ることが大切である。また，子どもたちを活動に集中させるには，教材の提示の工夫も大切である。たとえば，絵などを提示する場合，「よく見えない」という状況をつくると，子どもたちは一生懸命見ようと集中する。絵の画面を半分隠したり，さっと（一瞬）見せたりなどと，はっきり見えないようにすると，もっと見たいという気持ちになる。よく見えるようにと親切心から長々と同じカードをずっと見せていても興味を持たないが，不十分な状況で見せると逆に興味をそそられ，見たいという気持ちになる。

❸ 友だちの発表に集中させる

　高学年ともなれば，友だちが互いに交代して発表している場面で，発表者に耳を傾けるという姿勢が普段からできていれば，とくに問題はないと思うが，時には，発表内容に関する質問をしたり，感想を求めたりして，考えながら聞くように指導したい。一方，低学年の子どもたちの場合には，発表者の話を要約したり強調したりして適宜補足しながら，聞くことへの集中が途切れないよう支援する工夫が求められる。

（2）授業中の発問と指名の工夫

❶ 発問の工夫

　子どもたちは，質問されたら答えたいという意欲に満ちている。そのような意欲を育てるクラスづくりが，指導者に求められる。クラスの子どもたちのほぼ全員が元気よく手を挙げるときは，そこにいるだれもが英語での指示や発問を理解して，みんなの前に出て，手本となるような役割を果たせるときであろう。発問は，易しいものから，次第に難易度が高いものへと広げていきたい。またいつも同じ子どもが答えるという状況をつくらないよう，変化に富んだ発問内容が望ましい。

❷ 指名の工夫

1）変化をつける

　毎回決まった指名の仕方ではなく，変化をつけた方法を取り入れ，授業にメリハリをつけたい。低学年では活発な挙手が多くみられるが，必ずしも質問の内容をきちんと理解しているとはかぎらない。学年が進むに従い，答える姿勢に慎重さが見られるのは当然であるが，わかった，答えたいと挑戦する姿勢を，クラスで奨励したい。回答がわかっていても進んで手を挙げようとしない高学年の子どもたちを拾い上げるには，いつもよく挙手する子どもではなく，めずらしく手を挙げている子どもに気づいて，励ますように指名したい。

　座っている席順通り次々と子どもたちに発表させる方法は一般的であろう。自分から手を挙げる勇気はないが，当てられればきちんと答えられる子どもの発見につながることが，多々ある。

2）回答する機会を均等にする

　ある1つの質問に1人ずつ答えさせない限り，1時間の授業時間内に全員を当てることはほぼ不可能である。そのような単調な方法に変化をもたせるため，学期や学年を通

して,クラス全員に回答する機会を均等に与えるには,前もって短冊に子どもたちに自分の名前を書かせ,回収した短冊から名前を拾い上げていくのも1つの方法であろう。当てた子どもたちの名前を入れる封筒と,まだ,当てていない子どもたち用の封筒とに分け,何回かの授業で1通り全員に回るような工夫を考えたい。いつも手を挙げる子どもが決まってしまっているようなクラスで,この方法を採用して手を挙げていない子どもを当てれば,新しいルールを受け入れて,何とか答えようとする様子が見られるようになるだろう。

(3) 発表のさせ方——発話を引き出す工夫

❶「つぶやき」をすくいあげる

子どもたちとのやりとり(interaction)を大切にする授業展開では,必ずしも一人ずつ指名して,その場で立って発表させることにこだわらず,教師の英語での話しかけに対して,子どもが自然に反応し日本語で口にする「つぶやき」も大切にしたい。そのつぶやきを聞き逃さず,教師が子どもからの反応を拾い上げ,キャッチボールのように英語で対応する場面をつくることができれば,その都度子どもを指名しなくとも,子どもたちと教師の対話が生まれる。むしろこのような対話のほうがコミュニケーションの実態としては自然である。授業ではこのような雰囲気の中で,自由活発に子どもたちが意見を発することができる環境づくりが大切である。

❷ 子どもから英語を引き出す

指導者が手本となり,授業で積極的に英語を口にする姿を見せていれば,子どもたちも自然に英語で話すことに抵抗を感じなくなる様子が見られるようになる。指導者が英語で話しかける場面では,上に述べたように,子どもたちに身近な話題に関する内容を選び,子どもたちが尋ねたいこと,知りたいことを引き出すようにしたい。子どもたちの応答は,単語などでもよく,指導者がその発話を広げるようにして,クラス全員と共有できるようにする工夫が必要である。

❸ リラックスして発表できる雰囲気をつくる——教室環境を変えてみよう

いつも通りに机を並べた教室という環境にも変化をつけたい。机を置かずに教室の床に座ったり,あるいは椅子だけを半円形に並べたりといった教室では,机の中のものを気にすることもないので,子どもたちは指導者の話や活動に集中する。またこのような

部屋では動きやすく，ペアやグループでの作業やリラックスして英語を発話する活動に適しており，子どもたちは伸び伸びと発話する。

(4) 教師からの適切なフィードバック

❶ 児童の意欲を引き出すフィードバック

英語は，日本語とは語順が異なることばであることを子どもたちが無意識のうちに受け入れていけるように，指導者はできるだけ多くの機会を捉え，子どもたちに正しい英語を聞かせたい。ここで言うフィードバックとは，単に子どもが発した英語に対して，正しいか間違っているのかを示すフィードバックでなく，指導者の肯定的なフィードバック，すなわち，子どもが発話した内容を，指導者が繰り返したり，正しく言い換えたりしてクラスのみんなに聞かせ，その内容に少し指導者がコメントを加えるなどして，自然なコミュニケーションになるように工夫することである。当然，子どもたちへの「ほめ言葉」や「励ましの言葉」も，肯定的なフィードバックとして活用したい。

❷ 訂正のしかた

ちょうど母語を話し始めた子どもが，間違った言い方をしているとき，周りの大人は相槌をうちながら正しい言い方を聞かせるだけに留まり，正しい文を何度も練習させたりすることはない。子どもは，正しい言い方を真似して自然に口にすることもあるが，多くは聞き流しているように見える。

日本語が母語である子どもは，日本語を使って生活をしているので，無意識に日本語の運用力が育つ。しかし，外国語である英語の場合はどうであろうか。小学校の段階では，まだ十分に英語を聞く機会のない子どもたちは，完璧な英語を言えることは稀であり，むしろ間違えることは当然と受けとめ，意識的な学習を通して，場面や状況に合ったできるだけ多くの英語を聞かせ，子どもたちの気づきを促すようにしていきたい。

1) 子音で終わる単語

入門期の子どもたちは，まだ英語を多く聞く機会がないため，英語のとくに子音で終わる語に聞き慣れていない。日本語の単語の多くは「子音＋母音」であるため，母音で終わる単語は自然に受けとめるが，子音で終わる語を聞き逃して，発音していない場合が多く見受けられる。

しかし，中学年，高学年と学年を重ね，英語に聞き慣れてくると，しっかりと子音の語尾まで聞きとり，きちんと発音できるようになる。したがって，指導者は，入門期の

子どもたちが子音を落として単語を発していても，その場でいちいち訂正して発音練習をする必要はないが，次の例のように，1時間の授業の中で，5分くらい同じ韻の音に気づかせるような「口動かし活動」をするといった工夫をしたい。

> **例1**：英語に初めてふれる段階でも，日本語として使われている単語，stop, desk などは語尾まできちんと言えるが，彼らにとって未知の単語，tap, clap, nod, head, hat, that などの子音で終わる単語の語尾は，聞きとれず，発音していない。初めての単語を紹介するさいには，語尾が聞きとれるように指導者がきちんと聞かせることを心がけたい。しかし，あまり強調すると自然な英語の音が崩れてしまうので気をつけたい。
>
> **例2**：like を使った文で，たとえば，I like apples. とナチュラルスピードで聞かせ，彼らにすぐ言わせようとすると，like の k と apples の s が消えてしまう。しかし，それぞれの単語を1つずつ切り離して練習させたりすると，意味の通じない抑揚になる。したがって，指導者は文の自然な抑揚を保ちながら，しっかりと語尾を聞かせることが大切である。

2）冠詞と複数形の語尾

冠詞と複数形の語尾 -s, -es は，日本語にない用法であるため，日本人は苦手である。指導者は子どもたちが冠詞や複数形の s を落とした場合，内容が合っていることをほめ同じ内容の正しい文を指導者がクラス全体に聞かせ，全員のコーラスで繰り返させたい。

❸ いつ，どのような方法で訂正するとよいか——正しい英語習得に向けて

子どもたちが活動に夢中になり，口にしている英語が日本語的になってしまっていると感じるときなどは，誤りの訂正の方法として，正しい言い方をそれとなく聞かせる方法，活動をいったん止めてその場で指導する方法や活動終了後に指導する方法が考えられる。いずれの場合も，誤りの指導が過度になりすぎないように心がけ，一斉練習を通して，正しい英語に関心を向けさせたい。ただし，場合によっては，グループでの練習や個人での練習へと発展させることも必要であろう。

子どもたちの未知への好奇心は強い。その特質を利用して，英語に興味を持たせ，励ましながら，子どもたち一人ひとりの個性を熟知している担任教師が，英語の授業を指導することは意義深い。ALT や JET の助けがあれば，その助けを借りて，学生時代に学んだ英語を思い出し，少しずつ研鑽をつみながら，英語でわかり合える空間を子ども

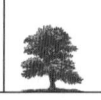

たちと大いに楽しんでほしい。教師も楽しんでいるという様子を伝えることで，さらに子どもたちの可能性を伸ばすことができると確信している。　　　　　　　（矢次　和代）

5 視聴覚教材の活用法

　英語活動では，聞くこと，話すことの体験的な活動を通じて，コミュニケーション能力の素地を養うことが目標とされている。児童に体験的な活動を促すためには，指導者自身が英語をコミュニケーションの手段として使うことが大切である。しかし，音声言語だけで，児童の理解を保障することは容易ではない。そこで，つい日本語で説明したり，日本語で意味（訳）を与えたりしてしまったりするが，児童の理解を促したり，助けたりする視聴覚教材を活用して，できるだけ英語でのコミュニケーションを体験させたいものである。本節では視覚教材，聴覚教材，視聴覚教材に分けて，それぞれの特徴と指導過程に沿った活用方法を紹介する。なお，コンピュータと連動したようなマルチメディア教材やICT教材は6節で扱う。

（1）視聴覚教材の特徴

❶ 視覚教材

　視覚教材には絵，写真，広告，ポスター，玩具，実物などの小道具などが含まれる。これらの教材は，児童の興味・関心を引きつけるだけでなく，日本語を使わなくても英語が使用されている場面や状況を把握し，英語を理解するのに役立つ。また，児童の発話や自己表現を促すときにも利用可能である。

❷ 聴覚教材

　聴覚教材とはCDやMDなどの音声メディアを用いた教材のことである。英語の歌，チャンツや録音された英語を簡単に教室に持ち込み，何度も聞かせ，英語の音に慣れ親しませるのに役立つ。また，児童の発話モデルの役割も果たす。その他，活動の演出効果を高めるために利用することもできる。たとえば，クイズの回答に対する「ピンポン・ブ〜」などの効果音，または，活動時間のタイマー代わりに用いるBGMなどである。

❸ 視聴覚教材

　視聴覚教材には，ビデオ，DVD，テレビ番組などが含まれる。これらの教材は音声や

文字だけの教材と異なり，音声とともに映像を見ることによって，児童は興味をそそられ，英語の理解も容易になる。また，映像を通して文字や音声だけではわからない表情やジェスチャーなどノンバーバルな面も学ぶことができるであろう。新教材の導入のほかに，ゲームなどの活動の進め方やスピーチなどのモデルを示す場合に役立つ。また，児童の発表を録画することにより，活動の振り返りや評価にも利用できる。

(2) 指導過程に沿った活用例

以下に，視覚，聴覚，視聴覚教材を活用した新教材の導入，定着を図る活動，コミュニケーション，自己表現活動の例を紹介する。

❶ 新教材の導入

視聴覚教材を使って場面設定をすることにより，英語の理解を促す例を紹介する。

1）地図と絵カードの利用

動物の絵カード (lion, tiger, bear, elephant, giraffe, panda, kangaroo, koala, zebra, gorilla) と動物園の地図 (6ヵ所のオリが配置された地図) を利用して，"Do you like tigers?　Yes, I do. ／ No, I don't." の導入を行う。

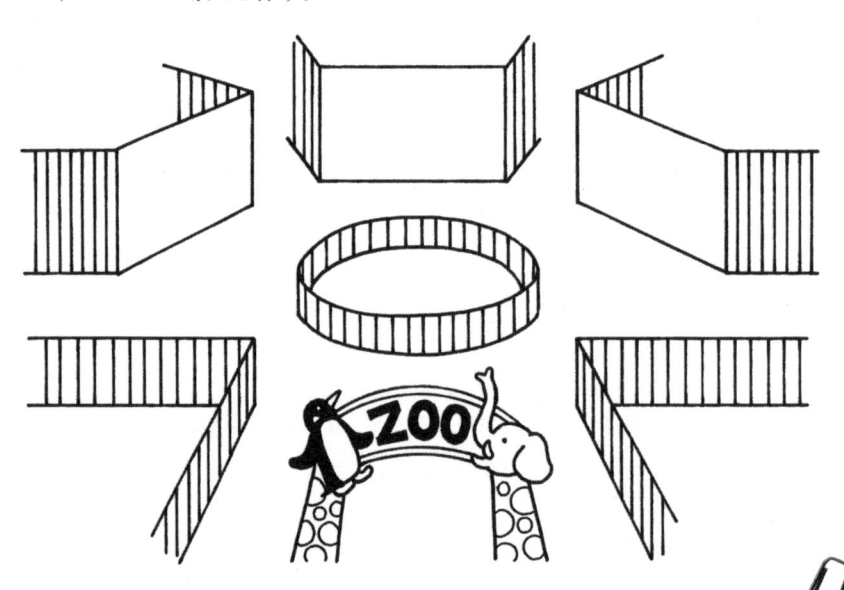

HRT:（動物園の地図を提示しながら）This is a picture of the zoo.
　　There are six cages in the zoo.　There are no animals in the cages.　Put some

> animals in the cages.（いくつかの動物の絵カードをオリの上に置く）　Wow, this is my zoo. What a nice zoo!　I like my zoo.　Let's make our zoo.　What animals do you like?（動物の絵カードを示しながら）Do you like lions?　Do you like tigers? ...
> Class:（それぞれが口々に）lion, panda ...
> HRT: All right.（10種類の動物の絵カードを示しながら）Here are ten animals. Do you like gorillas, S1?
> S1:　（首を横に振る）
> HRT: Oh. No, you don't.　You don't like gorillas.　Do you like pandas?
> S1:　（首を縦に振る）
> HRT: Yes, you do.　You like pandas.　Please come here and put the panda in the zoo.（児童に好きなオリにパンダの絵を置かせる）　　　　　　　　（以下，略）

2) ビデオの利用

新しい表現を対話形式で導入しなければならないことが多い。担任が一人で授業を進める場合，ぬいぐるみや指人形を利用したり，同僚の先生をビデオ録画したものを利用したりして，対話形式で導入する方法が考えられる。後者の場合，事前に数人の先生を録画しておくと，新しい表現を何度も聞かせることができる。

> HRT:（ビデオに向かって）Hello.
> ビデオ: Hello.
> HRT: My name is Taku.　What's your name?
> ビデオ: My name is Mai.
> HRT: Nice to meet you, Mai.（手を差し出す）
> ビデオ: Nice to meet you, too.（手を差し出す）

❷ 新出表現の定着を図る活動

児童の興味・関心を引きつけ，児童が活動を楽しみながら練習する視聴覚教材の利用例を紹介する。

1) 絵カードの利用

将来の職業を尋ねたり，答えたりする表現（"What do you want to be? — I want to

be a police officer.")を定着させるために，職業名の絵カードを使って練習することができるが，職業に関連する絵カード，たとえば，警察官はパトカー，コックは調理の帽子とフライパンなどの絵カードを使って活動させる。児童は考えながら活動することになり，楽しんで取り組む。

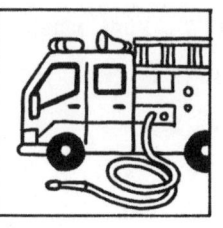

▲ 絵カードの例

2）CDと絵カードの利用

歌などはウォームアップなどでよく使われるが，ここでは，「聞く練習」のために使う例を紹介する。"Old MacDonald Had a Farm"のように動物の出てくる歌を聞かせながら，出てくる順番に動物の絵カードを並べさせる。指導者が読み上げる動物を並べさせる方法もあるが，歌を聞かせながら作業をさせるほうが楽しく熱中するようだ。

❸ 新出表現を使用するコミュニケーション活動

児童が自分のことを伝えたり，相手のことを尋ねたりするコミュニケーション活動や自己表現活動において，児童たちが熱心に取り組み，活発なやり取りを引き出す視聴覚教材の利用法を紹介する。

1）小道具の利用――ロールプレイやインタビュー

レストランでの店員と客のロールプレイをする場合，テーブルの上にテーブルクロス，メニュー，エプロンなどを準備すると臨場感が増す。また，インタビュアーがインタビューイーにインタビューする場面を設定する場合，マイクを準備し，ビデオカメラを向けて，"Action!"と声をかけるだけで，児童はその気になってくる。児童のやる気をかきたてるために小道具を上手に使いたいものである。

2）自筆の絵や写真などの利用――SpeechやShow & Tell

SpeechやShow & Tellは，伝えたい内容を整理して，まとまった内容を英語で話す活動である。

これらの話す活動で，自分の描いた絵や写真などを見せながら発表させると，聞き手の関心を引きつけ，内容理解に役立つ。また，自分で絵や写真を準備する効用は，絵や写真を準備する過程で自分の伝えたい内容がふくらんだり，明確になったりすることで，

これが充実した発表につながることになる。

3) ワークシートの利用──インタビュー活動

インタビュー活動のようなコミュニケーション活動の場合，相手の情報を記録するためにワークシートが必要になる。ワークシートを準備する場合，どのような情報を求めるのか，何を記録するのかなど明確にしておく必要がある。とくに，児童が活動をするときにヒントになるようなイラストや簡単な説明で構成されたワークシートを作成することが大切である。

(國方　太司)

6 マルチメディアの活用法（パソコン，電子黒板，CD-ROM）

英語活動において映像，音声，コンピュータ等を同時に活用するマルチメディア教材（multimedia＝複合媒体）やコンピュータなどの情報機器を利用したICT教材（電子教材）を活用することは，児童に英語を理解させたり，活動を促したりすることで利点がある。とくに外国語指導の専門家ではない小学校教師にとっては，その操作に慣れる必要はあるものの，技術さえ身につければたいへんありがたい存在となる。

はじめに，図1に小学校で現在行われている電子教材の提示パターンの例を「何を（教材）」「誰に（対象）」「何で提示するか（媒体）」の3視点から整理した。

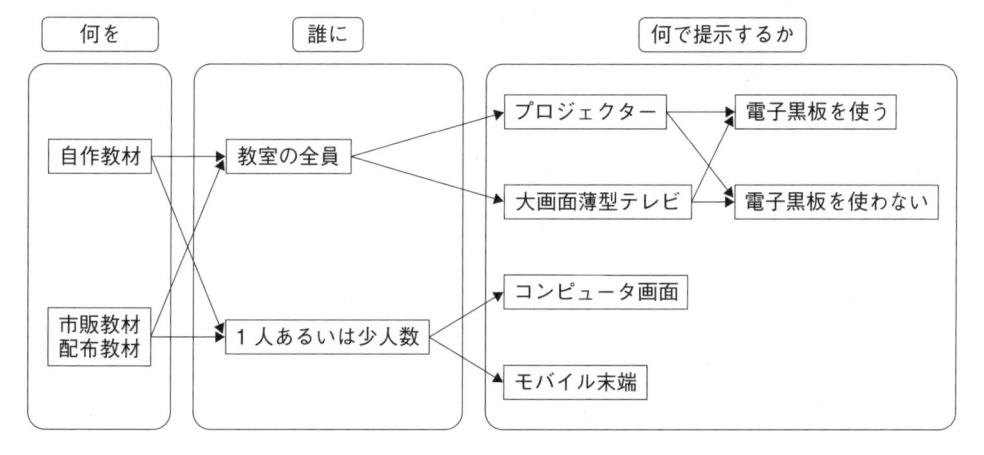

図1　電子教材の掲示パターンの例

(1) 何を（教材）

コンピュータで使用できる ICT 教材（電子教材）には，各校で作成した自作教材のほかに，民間の出版社が作成，販売している市販教材や文部科学省から作成，配布された『英語ノート』準拠教材，各市町村などの自治体独自で作成，配布された配布教材とがある。ICT 環境が整っていても，提示する電子教材の内容が充実していなければならない。

❶ 自作教材

自作教材は，児童と教師のニーズがぴったり合った教材になるように作成されたものである。児童のニーズとは，聞きたいこと，見たいこと，知りたいことが主に含まれているということであり，教師のニーズとは，児童の学習意欲が高まることが期待されるとか，わかりやすい授業を可能にするとかである。自作教材の例を表1にまとめる。

表1　自作教材の例

ビデオ	教材例	○チャンツ・ビデオ（ALT が動物絵カードを見せながら単語を発音する。ALT の後で児童が繰り返して言える間隔をあけるとよい） ○モデル・ビデオ（新出表現を使ったモデル会話をしている場面を撮影する） ○インタビュークイズ・ビデオ（職員室の教師に ALT が好きな食べ物をインタビューしている様子を撮影して，クイズとして活用する） ○スピーチ練習用ビデオ（児童が教師の助けをかりて作ったスピーチの台本を発音モデルとして ALT がそのスピーチを発音し，その様子を撮影したものを個々に視聴して練習させる）
スライドショー	教材例	○紹介教材（世界各地の文化や自然の写真を提示する） ○音楽教材（歌詞を文字で提示するかわりに，写真や絵を歌に合わせて提示する） ○絵本教材（ALT が絵本を見せながら読み聞かせをしている様子を撮影する） ○クイズ教材（写真や絵の一部や全体を見せて，それが何か考えさせる。アニメーションを活用するとより効果的になる）

活動の目的に応じた教材を作成し，それらを学校として蓄積していくだけでなく，作成のノウハウを研修会等で共有化し，よりよい教材の作成に努める。

❷ 市販教材・配布教材

市販教材や配布教材は，それらをすべて使うというより，必要なものをアレンジして活用することが多くなる。『英語ノート』の電子教材を例にその活用例を表2にまとめる。

表2 『英語ノート』電子教材の活用例

Let's Listen	ポイント	絵や写真を見ながら英語を聞いてその意味を理解し、まねをしたり、問題を解いたりする。教師は、「Let's Listen＝聞くだけではなく、Let's Listen & Think＝聞いて考える活動である」ということを意識した進め方をする。
	活用例	・いきなり聞かせるのではなく、絵や写真をしっかり見せて状況を把握させたり、どれがわかってどれがわからないかなど、大雑把な内容を理解させたりしてから聞かせる。 ・音声を1文ごとに一時停止させ、繰り返し言わせたり、次の文が答えになるような疑問文をその前にはさんで言ったりして、内容を確かめながら聞かせる。 ・□の中に答えを書かせると、答え合わせをすることに注意を向けることにつながるので、□には書かせない。 ・1つのLet's Listenに聞き取り問題がいくつかある場合、1時間の中ですべてを聞かせるのではなく、何時間かに分けて聞かせる。 ・2つ以上の問題を比較して聞かせ、気づいたことを話させる。
Let's Chant	ポイント	チャンツの内容を理解して、言うことができるように、絵を見せるなど視覚に訴えたり、聞かせ方を工夫したりする。
	活用例	・慣れてきたら、途中で一時停止して、次は何か答えさせる。 ・チャンツの内容に応じたジェスチャーを考えさせて、動作をしながら言わせる。
Let's Sing	ポイント	歌詞を文字で提示するかわりに、絵を見せるなど視覚に訴えることで、内容を理解させるとともに、歌いやすくする。
	活用例	(Let's Chantで示したことに加えて) ・慣れてきたら、絵などを見せるだけで、カラオケや音声を消して歌わせる。
Let's Play	ポイント	電子教材を使って、活動の仕方をわかりやすく説明する。
	活用例	・インタビュー・シートの使い方を実際に電子教材の表に記入するところを見せて説明する。 ・スネークス・アンド・ラダーズ・ゲームを電子教材を使って教師がやってみせる。
Activity	ポイント	絵をヒントに活動の仕方をイメージさせて、わかりやすく説明する。
	活用例	(Let's Playで示したことに加えて) ・HRTとALTとが電子教材を使いながら、オリジナル・パフェの作り方を説明する。

　市販教材の場合も、『英語ノート』同様の工夫をすることでより効果的に活用することができる。

(2) 誰に（対象）

多くの場合，児童全員を対象に教材やモデルの提示として使用される。時には一人あるいはグループでコンピュータ等を使って電子教材で学習させる場合もある。たとえば，スピーチの練習などは，一人ひとりの内容が違うので個々に自分のペースで使えるほうが効果的である。また，アップル社のiPod Touchなどのモバイル末端に教材を入れておくと，普通教室で使用できるので非常に便利である。

(3) 何で提示するか（媒体）

全員に一斉に提示するには，コンピュータをプロジェクターか大画面薄型テレビに接続して大きく前に提示する必要がある。その効果には次のようなものがあるので，ぜひ活用したい。

①児童全員が前を向き，集中して取り組むだけではなく，教師は児童の反応を見ながら指導することができる。たとえば，『英語ノート』の【Let's Listen】を紙ベースの『英語ノート』だけを使って指導する場合，ひたすら児童は下を向いて聞くことになる（中には違うページを開けている児童もいるかもしれない）。しかし，前に大きく提示していると，教師は児童の理解度を彼らの表情や動作から把握し，状況に応じて音声を聞かせながら教師がヒントになるような場所を指し示すなど，視覚情報をプラスすることで児童の理解を助けることもできる。眼と眼を合わせ，コミュニケーションしながら進められるようになる。

②児童に共通の情報を一度に与えることができる。同じ情報でも，受け手である児童の考え方はさまざまであるので，その違いを話し合わせることもできる。

また，電子黒板の機能を付け加えれば，次のように教材提示の方法を工夫することができ，より効果的な指導が可能になる。

- コンピュータから離れて，ホワイトボードや画面をタッチすることでマウス同様の操作ができること。
- 画面の一部をさらに拡大して見せること。
- 画面の一部だけを見せられること。
- ペン機能を使って書き込むこと。
- 画像として書き込み等のある画面を記録，再生すること。

一方で，児童全員に同じ内容ではなく，児童によって違う内容を提示したい場合もあ

る。その場合は，コンピュータ室にあるコンピュータを使ったり，モバイル末端を使ったりすることになる。たとえば，スピーチの練習を個々にさせたり，グループやペアごとに違う情報（たとえば，3種類のフルーツ）を各コンピュータに絵でランダムに与えて，自分たちと同じ情報を持つグループを探させたりするなど，インフォメーション・ギャップをうまく活用した活動もできる。

　このように一斉学習だけでなく，グループ学習や個別学習を可能にするのもマルチメディアを活用する利点である。英語活動の場合，文字に頼らず，音声でのコミュニケーションに慣れることが目標であり，どうしても音声を繰り返し聞かせることが必要になってくるのでその利点はさらに大きくなる。

（4）さらにこんなことも

　児童の立場から，マルチメディアの活用の利点を「たちつてと」の語呂合わせで考えてみた。それは，

「㊗しく　㊩的で　㊄ながって，（表現する）　㊋助け受けて，㊛だち増やす」

である。インターネット環境を利用した TV 会議で世界とつなぎ，友だちを増やすようなマルチメディアの活用もこれからその実践の裾野が広がって行くはずである。マルチメディアを上手に活用して，児童どうしが積極的に生のコミュニケーションを楽しむことができるようにしたいものである。

　最後に，「ICT，（教師が）慣れたころには（児童に）飽きられて」とならないように，見せるタイミングはもちろん，新しい見せ方や考えさせ方を工夫し，機械に振り回されることのないように操作技術も磨きたいものである。

(梅本　龍多)

〈参考文献〉

小池生夫（編）(2004)『第二言語習得研究の現在——これからの外国語教育への視点』大修館書店.

白畑知彦・冨田祐一・村野井仁・若林茂則 (1999)『英語教育用語辞典』大修館書店.

小川芳男・小島義郎・斎藤次郎・若林俊輔・安田一郎・横山一郎 (1987)『英語教授法辞典』三省堂.

Ellis, R. (1994) *The Study of Second Language Acquisition*. Oxford: Oxford University Press.

Lyster, R. & L. Ranta (1997) Corrective feedback and learner uptake: Negotiation of form in communicative classrooms. *Studies in Second Language Acquisition*, 21, 4, 557-587.

8章 学習意欲を高める評価の進め方

はじめに

　評価は，児童の学習成果を把握し児童に学習の方向性を示したり，保護者に学習状況を説明したり，指導者のカリキュラムや教材，指導法等の改善のための資料を得るために実施するものである。しかし，英語活動は2011（平成23）年度から小学校で初めて本格的に実施されることもあり，何を，どのように評価するのかといった評価方法はまだ確立されておらず，これからの研究課題である。

　この章では，まず，評価の意義と役割，評価をめぐる最近の動向や英語活動の評価のあり方を概観する。次に，よりよい評価を実施するために，目標に準拠した指導と活動と評価の一体化という考え方や小・中の連携をふまえた英語活動の評価の規準や基準を検討し，具体的な評価方法を紹介する。

　また英語活動拠点校の研究，実践にもとづき，「めざす子ども像」に準拠した評価規準に沿って指導者と児童がともに考え，作成した，児童の英語学習に対する学習意欲を高める評価項目や自己評価，相互評価の進め方を紹介する。　　　　（樋口忠彦，國方太司）

1 英語活動における評価のあり方，進め方

（1）評価の意義と役割

　評価とはどのようなものであろうか。評価は，測定した後に価値判断することで，学習者の学習の成果を評価対象としたアセスメントと，教育活動全般を評価対象としたエバリュエーションに分けることもある。

　教育活動においては，年間，学期，単元など長・中・短期的指導目標を設定し，その目標を達成すべく指導内容や到達目標を明記した指導案を作成する。その後測定やテストを用いて，授業の成果や学習者の習得状況などを振り返ることはたいへん重要な過程である。評価にあたっては，誰が，誰に対して，何のために，いつ，どこで，何を対象に，どのようにデータを収集して，どのような基準で評価を行うかをまず考えておかね

ばならない。さらに、児童、保護者、教師にとっての評価の意義と役割を考え、評価の波及効果をも考慮に入れなければならない。よい面をほめることにより、児童のやる気を起こさせるといった、全人的発達に資する言語教育の評価のあり方を検討することが必要である。

(2) 評価をめぐる最近の傾向

　新学習指導要領においては、指導と評価の一体化が重要だと改めて強調されている。つまり、教師が評価に関して共通認識を持ち、年間指導計画と評価計画を同時に作成し、授業改善をめざすことが大切である。評価を考えるポイントとしては、①学習指導要領の目標に沿った評価観点とふさわしい評価方法であるか、②各学校の教育目標と教育条件や特色（時間数、クラス数、生徒数、教員、指導者、教室環境）など、それぞれの学校に合った評価規準・評価基準が作成されているか、③教員の負担感の軽減に配慮した簡素で効率的な評価の枠組みや、観点別学習状況の評価と評定の時期と方法をどのように設定するか、④評価観点の区分と各観点についての評価規準・評価方法等をどのように改善すべきか、⑤児童の学習の改善・授業改善にフィードバックするための具体的方策をどうするか、⑥保護者への説明責任をどうするかなどがある。そのためにも明確な客観的統一評価規準が必要である。評価が変わることにより授業が変わり、指導が変わり、それにより児童が変わるといった授業改善の視点を持つことが大切である。

(3) 英語活動における評価のあり方

　2011（平成23）年度より、小学校5,6年で週1コマ「外国語活動」が実施されるにあたり、文部科学省では、2007（平成19）年度から、小学校における指導方法等の確立を図るため、全国の拠点校を40校に1校程度指定し、実践的な取組みを推進している。また2008（平成20）年度は、全国で614校の拠点校を指定し、『英語ノート』を活用した効果的な指導と評価のあり方について実践研究を行っている。

　外国語活動は、総合的な学習の時間とは趣旨・性格が異なる。また教科のような数値による評価にはなじまない。そこで、移行期間中の外国語活動に関わる学習評価については、『小学校児童指導要録』に外国語活動の記録を行い、各学校で評価の観点を定めて、児童の学習状況における顕著な事項や、児童にどのような態度が身についたか、どのような理解が深まったかなど評価を文書で記述することとしている。そのさいの評価

の観点については，『英語ノート指導資料』に示した「評価規準例」を参考とすることが考えられるとしている。

　評価の種類としては，診断的評価，形成的評価，総括的評価，相対評価，絶対評価，到達度評価，個人内評価などがあるが，小学校英語では，とくに学習の過程をみる形成的評価と，学期末や学年末に学習の成果をみる総括的評価を用いて，児童の変容を評価したい。得られた資料をもとに，指導者と学習者に対して指導や学習の効果についてフィードバックを行い，授業や学習の仕方の改善に活かすことができるように有益な波及効果を与えたい。

(4) よりよい評価を実施するために

❶ 学習指導要領と評価──到達目標に準拠した指導と活動と評価の一体化

　小学校外国語活動における目標は，「外国語を通じて，言語や文化について体験的に理解を深め，積極的にコミュニケーションを図ろうとする態度の育成を図り，外国語の音声や基本的な表現に慣れ親しませながら，コミュニケーション能力の素地を養う」となっており，その評価観点は，①外国語を通じて，言語や文化について体験的に理解を深める，②外国語を通じて，積極的にコミュニケーションを図ろうとする態度の育成を図る，③外国語を通じて，外国語の音声や基本的な表現に慣れ親しませる，の3つである。学習指導要領には，指導計画および評価計画の工夫・改善として，日常の授業において，次に示すようなコミュニケーションの場面の設定やコミュニケーションの働きを意識した指導に努めるようにとあり，コミュニケーションの場面の例として，以下のものが挙がっている。

> （ア）特有の表現が使われる場面：あいさつ，自己紹介，買物，食事，道案内など
> （イ）児童の身近な暮らしにかかわる場面：家庭での生活，学校での学習や活動，地域の行事，子どもの遊びなど

また，コミュニケーションの働きの例としては，以下のものが挙がっている。

> （ア）相手との関係を円滑にする　（イ）気持ちを伝える
> （ウ）事実を伝える　　　　　　　（エ）考えや意図を伝える
> （オ）相手の行動を促す

さらに、指導方法および評価方法の工夫・改善としては、「外国語活動の目標を踏まえてそれぞれの活動のねらいを明確にし、活動内容を設定するとともに、評価場面や評価手順などの工夫・改善を図る」とある。つまり、目標を明確にして指導ならびに活動を行い、児童に示してもらいたいと考える姿や行動をもとに評価規準を設定することが必要である。

❷ 評価規準の設定

評価規準とは、「何を評価するのか」「何が身についていたらよいのか」を示した質的な尺度であり、教科や学年の目標を内容や観点ごとに具体的に示した学習目標である。一方、評価基準は、評価規準を児童がどの程度達成・習熟しているかを具体的に判定するための尺度である。

たとえば、『英語ノート1』の指導資料に見られる評価規準例をいくつか見てみよう。

〈言語や文化に対する理解〉
- 様々な数え方のジェスチャーがあることに興味をもって指導者の話を<u>聞こうとする。</u>(Lesson 3: 行動観察)
- 漢字を使って、英語を学ぶ学習を通して、世界には多様な言語があることに気付く。(Lesson 3: 行動観察)
- ALTの母国や、中国、オーストラリアなど日本以外の国の小学校で、どのような教科が学習されているのかを興味をもって聞く。(Lesson 8: 行動観察)

〈積極的にコミュニケーションを図ろうとする態度〉
- 積極的に様々な挨拶を<u>言おうとしている。</u>(Lesson 1: 行動観察)
- 自分のほしい食べ物をメニューから選んで答える。(Lesson 6: 発表観察)
- 作成した時間割をもとにオリジナル時間割を伝える。(Lesson 8: 行動観察)

〈外国語の音声や基本的な表現に親しませる〉
- 外来語の英語での言い方を実際に発話してみることにより、外来語との違いを実感し、言語の多様性に気付く。(Lesson 4: 行動観察)
- 自分の買った衣服を紹介する。(Lesson 5: 行動観察)
- 自分の作ったパフェをクイズ形式で紹介する。(Lesson 6: 発表観察)

つまり、小学校外国語活動では、表現の定着より、活動を通しての「みとり」を重視していることがわかる。中学校英語の観点別評価と絶対評価で挙げられる「～ができる」

8章／学習意欲を高める評価の進め方

という表現よりむしろ,「〜しようとしている」といった表現が使われている。

しかしながら,小・中連携の重要性に鑑み,将来の展望も視野に入れ,小学校外国語活動の評価規準を示すことはますます重要になると考えられるので,中学校英語科の4観点の評価例をもとに小学校外国語活動の評価基準の試案を以下に示したい。

中学校英語科の観点は次の4つである。

a「コミュニケーションへの関心・意欲・態度」: コミュニケーションに関心をもち,積極的に言語活動を行い,コミュニケーションを図ろうとする。
b「表現の能力」: 初歩的な外国語を用いて,自分の考えや気持ちなど伝えたいことを話したり,書いたりして表現する。
c「理解の能力」: 初歩的な外国語を聞いたり,読んだりして,話し手や書き手の意向や具体的な内容など相手が伝えようとすることを理解する。
d「言語や文化についての知識・理解」: 初歩的な外国語の学習を通して言語やその運用についての知識を身につけるとともに,その背景にある文化などを理解している。

小学校外国語活動の観点は,次のa〜cの3観点,評価基準は観点別に示した評価基準を参考に①〜⑤の5段階で評価を行いたい。

観　点	スキル	①〜⑤の5段階
a. 積極的にコミュニケーションを図ろうとする態度の育成	聞くこと	
	話すこと	
b. 外国語の音声や基本的な表現に慣れ親しませる	聞くこと	
c. 言語や文化についての体験的理解		

a「積極的にコミュニケーションを図ろうとする態度の育成(聞くこと)」
〈評価基準〉①話す人の顔を見て,聞いている。
②うなずいたり,相槌を打ったりして聞いている。
③場面や状況から判断して内容を聞き取ろうとしている。
④友だちや先生の英語をしっかり最後まで聞き取ろうとしている。
⑤友だちや先生の英語がわからなければ, Sorry? Pardon? など聞き返したり,質問したり,確認したりしようとしている。

b「積極的にコミュニケーションを図ろうとする態度の育成（話すこと）」

①相手の顔を見ながら話している。

②進んで友だちや先生に英語で話しかけている。

③質問されたことに応えようとしている，または同じ話題の内容について話そうとしている。

④アイコンタクトを保ち，にこやかな表情で相手に聞き取れる程度の大きな声で英語を話している。

⑤自分の考えや気持ちをよりしっかり伝えるために，必要があれば身ぶりなどを交えて最後まで英語で話そうとしている。

c「外国語の音声や基本的な表現に慣れ親しませる（聞くこと）」

①集中して聞いている。

②英語特有のリズム，アクセントの特徴がわかる。

③日本語と違う英語の発音に気づき，聞きわけている。

④聞いたことに正しく反応している。

⑤質問や依頼などを理解して応えている。

d「外国語の音声や基本的な表現に慣れ親しませる（話すこと）」

①聞いた英語を繰り返すことができる。

②英語特有のリズム，アクセントに気をつけながら発音している。

③最後まで習った英語表現を使ってはっきりと話している。

④習った英語表現を応用して使っている。

⑤わからないときは，別の言葉を使って相手に伝える工夫や努力をしている。

e「言語や文化についての体験的理解」

①外国の歌やゲームに親しんだり，外国の言葉・生活・文化の存在を進んで調べようとする。また，文化体験等に積極的に取り組もうとしている。

②外国のことばや文化を知り，いろいろなものの見方や価値観があることに気づいている。

③日本の文化と外国の文化の相違点や類似点に気づき，日本の文化のよさに気づいている。

④日本と外国の言語や文化の相違点や類似点の背景にあるものを知り，考え，理解しようとする。

⑤世界や日本の共存・共生のために行動しようとする。

また，これら以外にもそれぞれの学校の目標に応じて，評価の観点として「社会性の育成」「自律的学習者としての資質の育成」「言語スキル」などを設定してもよい。

❸ 活動内容（指導計画）と行動評価

評価を行うさいには，ねらいと評価規準に合致した活動内容を立案，実施して評価することである。英語の提示や活動の説明，練習を十分に行い，子どもがねらいに示す姿を十分に発揮できるように，状況に合致した活動にすることが必要である。また，評価を積み重ねることでその変化が可視化できる。つまり，ねらいと指導と評価のPDCAサイクルを確立し，まずねらいを設定し，ねらいに対する到達度を評価することができる「評価規準」を設定し，主たる活動や主たる活動につながる活動を計画し，授業の流れ，英語表現の提示，振り返りを計画することが不可欠である。

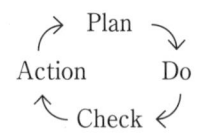

```
      → Plan ↘
Action         Do
      ↖ Check ↙
```

(5) 評価の実際

それでは，実際にどのような評価方法が考えられるであろうか。多様な方法を用いて継続的・総合的に評価をすることが望まれるが，具体的には，観察，質問紙，作品，インタビュー，ポートフォリオ，自己／相互評価，ロールプレイ，ビデオ，ペーパーテスト，パフォーマンス評価，チェックリスト，保護者からの反応等，評価尺度の多元化が望ましい。いくつか例を挙げてみる。

① **観察**：行動観察，発表観察など，実際の活動の中で，児童の様子を観察する。挙手や発表などの態度，ビデオ撮影，ワークシートなども活用し，積極的にコミュニケーション方略なども使えているかどうかを確認するとよい。

② **面接**：たとえば，好きな食べ物やスポーツ，できることなどを実際に尋ねて，児童の反応等を評価する。スキル面を中心とした評価にならないように，リラックスした雰囲気で実施し，言えたという達成感を大切にしたい。

③ **アンケート**：評価規準に照らし，授業の内容と関連した具体的な質問を設定する。学期ごとのアンケートなども効果的である。

1. 英語活動における評価のあり方，進め方

④ **客観テスト**：聞き取り能力をみるために小学生を対象とした外部テストなどを利用する。ただし，客観テストは授業内容を反映しないこともあるため，テストの解釈や目的を見誤らないことが必要である。

⑤ **児童による自己／相互評価**：自己肯定感と学びのプロセスを感じさせ，自信を育てるために，授業の最後に振り返りシートなどに記入させる。ただし，発達段階や授業のねらいに応じて内容は変える必要がある。また児童の生の声を聞けるように自由記述の欄を設けることや，児童に評価の仕方などを指導することも必要である。

⑥ **ポートフォリオ評価**：児童の作品，学習成果や評価の内容を，教師の授業実践に関する教授資料と評価の記録などのファイルに蓄積して整理するものであり，児童の学習を評価する方法として望ましい。また，教師の省察（reflection）が促され，授業力の向上にも役立つ。児童用のファイルでは，児童に自己評価を促し，学習の習熟を知らせることにもなる。

　実際に小学校で行われている評価例としては，授業の最後に行う英語カードによる振り返りや，その時間の目標表現について教師と個々の児童とのQ & AによるGood-bye challengeや，ノートやワークシートに出来ばえに応じてスタンプを押したり，シールを貼ったり，わからないところを自由に質問できる時間を設けるなどがある。今後，ALTとの英会話力調査，レビューシート，レーザーチャートなども用いて，実際に目に見える形で評価を行い，「この点はできている，次はこの点をこうすればもっとよくなる」といった次の目標がわかるような工夫を行えば，児童のやる気を引き出し，学習を継続させることができるであろう。

(6) 学習意欲を高める評価とは

　児童の学習意欲を高めるためには，授業中の学習活動の様子を観察し，児童ができたこと，頑張ったことを取り上げ，励ましのある評価，やる気が起こる評価，次につながるプラス評価を心がけよう。そのためには，まず教師の励ましが不可欠である。Excellent. Wonderful. Great. Very good. Good. Good job. Well done. Good try. など，教師がさまざまなほめことばを投げかけるとよい。また，具体的にすぐれた点をほめること，個々にほめること，タイミングをずらさないことも必要である。自ら学ぶ意欲や，声の大きさ，ジェスチャー，表情の豊かさ，アイコンタクトなどの態度面もほめる。児童はほめられ

ることで自信につながり，やる気が出て，次の授業の頑張りにつながっていく。"Keiko, you had a big voice." など，小さくてもできたこと，頑張ったことを観察し肯定的なプラス評価を心がけたい。

また，評価を行う前には，たっぷりと練習をさせて，成功体験を積ませる必要がある。評価にあたっても，達成感・充実感が得られるように，最終的な成果を評価し，児童への肯定的なフィードバックを与えたい。

次に，社会的集団における協働の学び（learning through social interaction）において，子どもどうしの互いの称賛も重要である。児童と教師，児童どうしのよい人間関係や，他人から認められたいという気持ちを大切に，相互評価，自己評価を用いて自己肯定感を高める評価を実践したい。

(7) 評価の留意点

小学校英語活動においては，授業中や授業後など，さまざまな場面で中・長期スパンで，子どもの成長と変容を見取るプロセス評価を重視したい。評価者は，担任，ALT，JTE，児童などさまざまなケースが考えられる。自己発信型コミュニケーション重視の活動で，子どもたちが，自己決定能力，自己行動力を培い，自分の気持ちを伝え合い，日本と他の国の言語や文化の違いを認識したり，共生や思いやりなど態度の育成や，英語を用いたコミュニケーション能力の素地を養えるように励まし支援しよう。それによって，学習者の自律が進む。また，指導案，ジャーナル，ビデオ，インタビューなどによる教師の授業の振り返りを行い，授業改善につながるアクション・リサーチにもぜひ取り組みたい。自律した内省的実践家になるべく指導と評価の一体化をめざした授業のあり方を模索したいものである。

（泉　惠美子）

❷ 子どもたちが考える「つけたい力」を通して

文部科学省は，全国62機関を選定し，『英語ノート』などの教材の効果的な活用方法や外国語活動における評価のあり方について実践研究を推進している。それでは，小学校における外国語活動については，はたしてどのような評価が求められるのであろうか。

本節では，学級担任または外国語活動を担当する教員が行う評価のあり方を取り上げ，児童の学習意欲を高める評価の進め方について，実践研究校である大阪教育大学附属平野小学校における具体的な取組みを紹介する。

(1) 外国語活動における評価のあり方とは

　2008（平成20）年1月17日に開催された中央教育審議会の答申には、学習指導要領の改訂のねらいとその概要が明示され、小学校における外国語活動の評価のあり方としては、目標や内容を各学校で定める「総合的な学習の時間」や他教科とは趣旨や性格が異なることから、小学校における外国語活動の目標や内容をふまえ、教科のような数値による評価はなじまないものと考えられている。したがって、外国語活動における評価については、外国語活動の目標に記載されている「コミュニケーション能力の素地を養う」ことを基本とし、技能についての評価にならないように留意することが肝要となる。数値による評価はなじまないということから、『小学校児童指導要録』への記載も児童の状況などが具体的に把握できるような文書表記が基本となるが、『指導要録』の改善などについては、評価の観点も含めて今後の課題となるであろう。

　評価方法についても、活動の観察や児童の学習記録、振り返りなどのさまざまな手法を利用することになるが、毎時間の授業においては、各単元や単位時間に設定した指導目標を達成しなければいけないということではなくて、児童のその実現状況を活動の観察などを通して把握し、「補完よりも発展」というイメージで評価を進めていくことが重要となる。

　また、文部科学省は、移行期間中の小学校外国語活動に関わる評価について、以下のように述べている。

> ・小学校児童指導要録に外国語活動の記録を行うこと。その際、小学校児童指導要録の様式は、各学校で評価の観点を定めて、評価を文書で記述する欄を設けたり、総合所見及び指導上参考となる諸事項を記録する欄に外国語活動の学習に関する所見を記述するなど、各設置者において適切に定めること。
> ・評価については、外国語活動で行った学習活動及び当該活動に関して指導の目標や内容に基づいて定めた評価の観点を記載した上で、それらの観点に照らし、児童の学習状況における顕著な事項などを記入するなど、児童にどのような態度が身についたか、どのような理解が深まったかなどを文章で記述すること。
> （平成20年12月25日 初等中等教育局長通知「小学校学習指導要領などに関する移行期間中における小学校児童指導要録などの取扱いについて」）

このように、指導要録の観点の作成とその具体的な方法については、各学校において工夫することとなっている。つまり、学習状況の観点と外国語活動との関連を明確に示し、

観点の評価を指導要録に総括するさいの文面をどのようにするかということも、各学校や児童の実情に合わせて考案することになる。外国語活動の目標および趣旨をふまえ、各学校や児童の特性を生かしながら、評価のあり方を工夫し、児童の関心や意欲を高められるような活動にすることが、外国語活動における観点のねらいやその意義であるように思われる。

(2) 大阪教育大学附属平野小学校での取組み

大阪教育大学附属平野小学校では、これまで小学校外国語活動拠点校として、外国語活動推進のための教員研修や公開授業を開催してきた。2009（平成21）年度からは、教材の効果的な活用および評価のあり方に関する実践研究校として、児童による自己評価や相互評価を取り入れながら、学習意欲を高める授業実践とともに、小学校における外国語活動の評価のあり方を研究してきた。

❶ 指導観について

まず最初に、附属平野小学校における「めざす子ども像」を明確にすることによって、望ましい外国語活動の評価のあり方を構築することとした。具体的には、「指導観」を「興味・関心」「人間関係」「表現力」「ことば」の4観点とし、これらの観点を教員が共有することによって、指導者の配慮する点や、有効な場づくりなどを心がけた。すべての教員が「指導観」を共有することで、外国語活動でめざす子ども像に迫る一つの方法を明らかにした。以下に、附属平野小学校が考える各学年におけるめざす子ども像を記載する。

表1：外国語活動での「めざす子ども像」

	興味・関心	人間関係	表現力	ことば
低学年	楽しく英語活動に参加できる。	友だちと楽しく活動できる。	楽しく身体表現をすることができる。	活動で出てきた英語を使って、ゲームなどができる。
中学年	楽しく積極的に英語活動に参加できる。	友だちと楽しく活動し、お互いによいところ、新たな面を見つけ合える。	楽しく身体表現などを用いて、自分の気持ちを相手に伝えることができる。	活動で出てきた英語を使って、ゲームなどができる。

5年生	楽しく積極的に英語活動に参加し，自ら工夫して取り組める。	友だちと楽しく活動し，よいところを認め合い，必要なときに適切なアドバイスをすることができる。また，活動を通して，友だちの新たな面を知ることができる。	適切な表現を用いて，自分の気持ちや場の状況などを伝えることができる。	活動で出てきた英語を使って，ゲームなどができるとともに，今まで蓄積してきたことばを使える。
6年生	楽しく積極的に英語活動に参加し，自ら工夫して取り組める。	友だちと楽しく活動し，よいところを認め合い，必要なときに適切なアドバイスをするなど，友だちにとってもそのアドバイスに相手の思いやりを感じることができるような評価ができる。また，活動を通して，友だちの新たな面を知ることができる。	適切な表現を用いて，自分の気持ちや場の状況などを正しく伝えることができる。	活動で出てきた英語を使って，ゲームなどができるとともに，今まで蓄積してきたことばを場に応じて使える。

❷ **教材観について**

次に，学習指導要領の目標に掲げられている「コミュニケーション能力の素地を養う」ために，指導者である学級担任が教材の特性を意識し，有効活用ができるように「教材観」を共有した。具体的には，附属平野小学校の外国語活動のカリキュラムで扱っている単元と『英語ノート』の教材をリンクさせ，上記の4観点にもとづいた教材の有効活用について提案した。

表2：4つの観点での教材の有効活用

○**興味・関心**では，「積極的に活動に参加し，自ら英語でコミュニケーションをとろうとする」態度を育てることのできる教材を選ぶ。『英語ノート』の活動例を挙げると，Let's Sing で歌を歌いながら英語のことばに慣れていき，身体表現を取り入れることで，発話する心理的ハードルを下げることができると考えられる。また，『英語ノート1』Lesson 2 の Let's Listen や Activity などは，CDから聞こえる会話の意味を理解したり，お互いにインタビューすることが体験できるような教材である。

○**人間関係**では，「表現活動の時に，他者とうまくかかわり，学び合おうとする」態度を育てることのできる教材を選ぶ。また，ゲームなどを通して，友だちの新た

な面を発見することができる教材も扱う必要がある。たとえば,『英語ノート1』Lesson 4 は,自己紹介を通して,友だちの知らなかった面を知ることができるとともに,自分のことも友だちに知ってもらうことができ,お互いの新たな発見につながる教材である。

○**表現力**では,「自分の思いや気持ちを,身体表現などを通して,相手に正確に伝えようとする」態度を育てることのできる教材を選ぶ。表現力を伸ばすには,寸劇や即興劇の教材を用いるのも有効である。『英語ノート2』Lesson 8 の「オリジナル劇を作ろう」は,なじみの深い「大きなカブ」を通して,子どもたちの自己表現を引き出す教材になっている。

○**ことば**では,「コミュニケーションに必要な単語やフレーズを身につけようとする」態度を育てることのできる教材を選ぶ。ここでは,英語の単語をたくさん覚えたり,フレーズを覚えたりすることに終始する教材ではなく,あくまでも具体的なコミュニケーションの場面のなかで単語やフレーズを身につけることのできるような教材がふさわしい。

❸ 評価について

最後に,附属平野小学校の「めざす子ども像」に準拠した評価の規準「つけたい力」を設定した。評価規準は,上述した4観点にもとづき,興味・関心は「積極的に活動に参加し,自ら英語でコミュニケーションをとろうとする」,人間関係は「コミュニケーションを主体とした表現活動のときに,友だちと積極的にかかわり,学び合おうとする」,表現力は「自分の思いや気持ちを,身体表現などを通して,相手に正確に伝えようとする」,ことばは「コミュニケーションに必要な最小限の単語やフレーズを身につけようとする」という大枠を教師側で設定したが,具体的な項目については,子どもたちに自ら考えさせたものを採用した。したがって,学年や学級および扱う単元によって具体的な評価項目は異なっている。

1) 評価項目の作成

では,どのように子どもたちに具体的な評価項目を考えさせればよいのだろうか。たとえば,インタビューを主な活動とする単元では,ただ単に相手の思いだけを聞くのではなく,自分の思いを上手に表現できた友だちを「うまく表現したね」と認めることが,コミュニケーション活動の重要な要素であることを話し合い,その場合の評価項目は「認

める」で，その内容は「友だちの表現や考えを認める」となる。このように，子どもたちが自ら考えた評価項目は，評価の規準「つけたい力」の4観点のいずれかにあてはまるであろう。

　しかし，この時に気をつけたいのは，子どもたちが提示する評価項目が，その活動の目標に準拠しているかどうかを指導者が見極め，子どもたちの意見を尊重しつつ，ねらいに沿うように意見をまとめていかなくてはならないということである。

表3：6年生の単元「英語を使って伝えよう自分の夢」における評価項目例

興味・関心

楽しむ	その場に適した態度で楽しんで活動する。
積極性	積極的に活動に参加する。
発言	自分の意見をしっかり言う。
集中力	集中して活動に取り組む。
繰り返し	聞いた英語を繰り返し言おうとする。

人間関係

協力	友だちと協力して活動を進める。
教え合う	友だちに教えてもらったり，困っている友だちに教えてあげたりする。
認める	友だちの表現や考えを認める。

表現力

表現力	伝えたいことを表現する。
表情（笑顔）	表情豊かに英語で話す。
アイコンタクト	人の目を見て英語で話す。
ジェスチャー	ジェスチャーも使って伝えようとする。

ことば

記憶力	新しい英語のことばを覚える。
発音	英語の発音をすることに慣れる。
聞く力	先生や友だちが英語で言ったことを聞き取る。
リズム	英語のリズムに慣れる。
会話	友だちと英語で会話する。
判断力	その場に合ったことばを使う。
注意力	注意して，聞いたり話したりする。

　附属平野小学校の外国語活動のカリキュラムで扱っている「英語を使って伝えよう自分の夢」（全5時間：『英語ノート2』のLesson 9「将来の夢を紹介しよう」に対応）という単元では，"What do you want to be?" "I want to be a teacher (doctor, singer, soccer player)." などの表現を学習した後で，今度は自分が本当になりたいと思っている職

業の英語表現を使って，友だちに伝えるという活動をすることになる。附属平野小学校では，このような単元の活動の前に，あらかじめ自分たちの「めあて」となる評価項目について話し合い，活動中それらのめあてに近づけたかどうかを振り返ることによって自己評価をさせている。また，友だちと活動を進める中で，友だちがそれらのめあてに近づけたかどうかを客観的に判断させる相互評価も取り入れている。

2) 評価方法

評価方法については，それぞれの単元の活動後に，子どもが自己評価および相互評価をする時間をとり，活動の振り返りができるようにした。自ら設定した評価項目について，アンケート方式（はい・いいえに○をつける）で達成できたかどうかを答える方法と，文章で記述する方法を設けた。実際には，その単元でどのような評価がしたいか指導者が意図する目的に合わせて，アンケート方式と記述方式を選択することになるが，評価をするときには，自分自身の活動を振り返ることと，友だちの活動を振り返ることの２つの「振り返り」をしなければならない。自分たちが設定した評価項目が達成できたかどうか，また，そのように思う理由や友だちのよかったところやアドバイスなどを文章で記述する（時には口頭で伝える）。もちろん活動自体についても振り返りをする。これらが「自己評価」「相互評価」になり，自分の活動や友だちの活動を客観的に見ることによって，今後の課題を見つけることができるようになる。さらには，子どもたちが自ら考えた項目にもとづいて自己評価・相互評価することで，自分の成長や友だちの成長を感じ，次の活動へのモチベーションも高まると考えられる。

表4：自己評価および相互評価の文章記述例

（自己評価）英語で自分のなりたい職業を表現することが楽しかったので，積極的に活動に参加できた。英語でインタビューをするとき，笑顔，アイコンタクト，表情などを意識した。自分の好きな食べ物やスポーツを英語で適切に伝えることができた。先生が話す難しい英語でも，何となく意味がわかるようになった。

（相互評価）表情で伝わることがあるので，相手の話す英語は一生懸命聞こうとすることが大切だ。あいさつや調子などを英語で聞かれても，○○さんは恥ずかしがらずに答えていた。△△君はちゃんと相づちをして聞いてくれた。友だちの好きな生き物を聞いて，英語で「カマキリ」や「モモンガ」を何て言うかがわかった。

❹ 毎時の授業について

　毎時の外国語活動で大切なことは，その活動で何を身につけさせたいかということを明確にしておくことである。子どもの姿から，何が必要なのかという「つけたい力」を探り，それらが育つように活動の精選を図るべきである。評価は，成績をつけるためにするものではなく，子どもたちをよりよく育てるために行うものであり，「めざす子ども像」に迫るよう指導者が活動を振り返る指針でもあると考える。そこで附属平野小学校では，上述した評価規準「つけたい力」の4観点を指導案に盛り込み，毎時の外国語活動における教師側の評価のあり方についても実践的な研究を進めている。附属平野小学校で採用している指導案例を以下に記載する。指導案には，外国語活動を実践する教師の評価項目（指導案中に○印で記載）と適切な評価をするための教師の支援（⇒印で記載）が盛り込まれている。また，附属平野小学校では，教師が活動を振り返る一助となるように，活動を通して想定される「子どもの意識」を記載している。

表5：4年生の小・中交流授業（外国語活動）における指導案例

子どもの意識の流れ	子どもの活動	指導者の評価
さぁ，授業が始まるぞ 感想をうまく表現できるかなぁ 笑顔で話すのがいいよね	1. あいさつをする 2. ウォーミング・アップ いろいろな表情（怒った顔，笑顔，悲しい顔）でコミュニケーションをする	○大きな声であいさつできる ⇒元気よくあいさつすることを促す ○表情で受ける印象が違うことに気づき，適切な表現ができる（表現力） ⇒表情に関係した英語表現（"I'm happy." "I'm sad." "I'm angry" など）を選ぶ
今日はこんなことを頑張ろう 英語で何て言うか思い出したよ 色や動物を英語で言う自信あるよ 英語を使ったゲームは楽しいね	3. つけたい力を確認する	○設定した評価項目を確認し，本時のめあてを理解することができる ⇒評価項目を意識して活動するように促す
ドキドキするなぁ！ お兄ちゃん，お姉ちゃんの好きなものをインタビューするぞ 自分の好きなものも聞いてもらうよ お兄ちゃん，お姉ちゃんの好きなものは何だろう ちゃんと相づちをして話が聞けるように頑張ろう お兄ちゃん，お姉ちゃんと好きな動物や教科が同じだったよ 自分の好きなものをうまく伝えることができたよ ヤッター，ハイタッチだ！	4. 単語の復習 キーワードゲーム 伝言ゲーム 隣どうしでインタビュー "I like ～"（色，動物，教科）を使ったゲームやインタビューをする	○楽しくゲームができる（興味・関心） ⇒既習の単語を思い出せるようなゲームを用意する ○英語でインタビューするために必要な表現や単語を確認できる（ことば） ⇒何度も口ずさみ，たくさん繰り返すことができるように工夫する

インタビューで使用する英語表現 Hello. My name is 〜. Nice to meet you. What color do you like? I like 〜. What animal do you like? I like 〜. What subject do you like? I like 〜. Thank you. Bye.	5. インタビューをする 　中学生に好きなものを聞く 　インタビューをする 　自分の好きなものも伝える	○積極的に英語でインタビューができる（興味・関心） ⇒インタビューする相手を探せない子どもがいたら，ペア作りを助ける ○他者とのコミュニケーションを円滑にするための表現ができる（表現力） ⇒スマイル！アイコンタクト！と声を掛ける ○困っている友だちがいたら助けることができる（人間関係）
中学生のお兄ちゃんは，○○が好きでした 同じ動物が好きなお兄ちゃん，お姉ちゃんが10名もいたよ ジェスチャーも使って自分のことをうまく紹介できたよ △△さんは，ニコニコしてインタビューをしていたよ お兄ちゃんやお姉ちゃんが英語で言ったことを聞き取ろうと頑張ったよ 中学生にインタビューができて嬉しかった	6. 評価をする 　本時のめあてを確認し，設定した評価項目が達成できたかどうかを振り返る 　インタビューを終えて，頑張ったことや感想などを発表する	○本時の活動を振り返り，めあてに近づいたかを評価できる ⇒自己評価シートを用意し，自ら設定した評価項目が達成できたかどうかを回答させる ○頑張ったことや感想などを積極的に発表できる（興味・関心） ○友だちのよいところを見つけ，認め合うコメントができる（人間関係）
	7. 終わりのあいさつをする	⇒友だちの頑張っていたところを発表するように促す ○大きな声であいさつできる ⇒次回の活動につながるようなあいさつを心がける

　評価規準「つけたい力」を指導要録の観点にどのように反映させるか，活動を通しての児童の成長や変容を指導要録にどのように記載するか，などは今後の課題となるが，「めざす子ども像」に準拠した評価規準を意識した指導案の作成は，望ましい外国語活動の構築のためには不可欠であると考えている。

(3) おわりに

　「楽しい」だけでは，外国語活動の目標である「コミュニケーション能力の素地を養う」までには至らない。そこには，自分と他者の力を高めるための「評価規準」にもとづいた活動の目標とそれを振り返る機会が必要となる。
　本節では，外国語活動における評価のあり方を取り上げ，児童の学習意欲を高める評

価の進め方について論じてきた。外国語活動における「評価規準」という一見とらえ所のないものとまっすぐに向き合い，これらの評価規準を単元の指導計画や指導案の中に適切に位置づけることによって，個々の児童に対して適切な外国語活動を展開するための指針となるであろう。小学校における外国語活動を考えるさいには，適切なカリキュラムや指導技術，さらには教材・教具などを考案することはもちろんであるが，有用な学習内容の提示とともに，評価のあり方を議論することが不可欠であろう。

(島崎貴代，本田勝久)

〈参考文献〉

大阪教育大学附属幼稚園・附属平野小学校・附属平野中学校 (2009)『研究発表要綱・学習指導案集 平野で育つ豊かな未来を創り出す子ども』

島崎貴代 (2008)『学級担任がスグに使える小学校英語活動コピー資料集──54の簡単学習ゲーム・掲示物・ほめほめカード・ワークシート付』フォーラムA.

田中正道 (監修) (2005)『これからの英語学力評価のあり方──英語教師支援のために』教育出版.

本田勝久 (2006)「英語科における観点別評価と「学力」」大阪教育大学教科教育学研究会『教科教育学論集』第5号，pp. 25-34.

本田勝久・柏木賀津子・神白哲史・中河有貴 (2006)「小学校英語教育における語彙教材の開発に向けて」CIEC会誌『コンピュータ＆エデュケーション』第20号，pp. 25-30.

文部科学省 (2008)『小学校学習指導要領解説 外国語活動編』東洋館出版社.

文部科学省 (2008)「中央教育審議会 初等中等教育分科会 教育課程部会 外国語専門部会 (第54回) 議事録 配布資料7」2008年3月14日検索．http://www.mext.go.jp/b_menu/shingi/chukyo3/siryo/015/06080203/005.html

Cameron, L. (2001) *Teaching Languages to Young Learners*. Cambridge: Cambridge University Press.

Hughes, A. (2003) *Testing for Language Teachers* (*2nd ed.*) Cambridge: Cambridge University Press.

9章 指導者に求められる資質と研修

はじめに

　誰が小学校の英語を担当すべきか，という問題は，小学校への英語教育が検討された当初から議論されてきた。専科の教師が指導すべきなのか。そして，その専科とは中学校の英語の先生なのか。それとも外部から招聘する英語に堪能な地域の人材なのか。ネイティブ・スピーカーなのか。さまざまな議論が交わされてきたが，なかなか結論に至らなかったのは，よく考えてみると，小学校の英語教育の目標や内容が定まらなかったからと思われる。2008（平成20）年3月に，新しい学習指導要領が公示された。そして，目標や内容が示された。本章では，学習指導要領の目標や内容に照らし合わせて，指導者にはどのような役割が求められているのか。また，どのような資質や能力，そして研修が必要なのかについて考えてみる。

1 担任，ALT・地域人材の役割

　現在，小学校の外国語活動は，ALTなどの協力を得ながら，学級担任が主導する方向性が示されている。学級担任は小学校の教育や児童について熟知している。しかし，英語に関する知識や運用力という点では弱点がある。一方，ALTや英語に堪能な地域人材などの場合は，英語そのものの知識や運用力という面では問題はないが，小学校の教育や児童についての理解は不足しがちである。お互いの弱点を補い，かつ強みを最大限に生かしながら，よりよい実践を模索していくことが大切である。

（1）担任の役割

　『小学校外国語活動研修ガイドブック』（文部科学省。以下『ガイドブック』）では，学級担任には「設計・実施・評価」の3段階において，次のような役割が求められるとしている (p. 17)。

1. 担任，ALT・地域人材の役割

設計
❶ 児童の興味・関心に基づいて指導計画を立て，指導内容や活動を考える。
❷ ALT 等と協力して教材や教具を準備する。

実施
❸ ALT 等や児童に指示を出し，授業を掌握し，進行する。
❹ 児童と一緒に活動に参加し，外国語を使うことに積極的な姿勢を見せる。
❺ 児童のつまずきに気付き，適切な支援をする。

評価
❻ 主に，児童の積極的に外国語を使ってコミュニケーションを図ろうとする関心・意欲・態度や国際理解の面についても評価する。

さて，❶から❻について順を追って考えてみる。

❶は指導計画や指導内容を考えるのは学級担任の役割であることが述べられている。では，なぜ学級担任が指導計画や指導内容を考えなければならないのだろうか。『小学校学習指導要領解説　外国語活動編』（文部科学省。以下『外国語活動解説書』と言う）は，外国語活動の目標の一つとして，「外国語活動は，国語や我が国の文化を深めたり言語や文化に対する理解を深めることであり，国語に関する能力の向上にも資するようにすることが大切である」と述べている。外国語活動がスキルの向上を直接的な目標とするならば，ALTや英語に堪能な地域の人材が指導計画や指導内容を考えることは可能かもしれない。しかし，外国語活動が単なるスキルの向上をめざすものではなく，外国語と国語を比較したりしながら，広くことばの大切さや豊かさ等に気づかせたり，英語に限らず，広い意味で言語に対する興味・関心を高めたりするものであるならば，英語の専門家だけに指導計画や指導内容を任せるのは適切ではないだろう。また，外国語活動では目標言語の文化のみならず，わが国の文化を含めることも述べている。ALT 等に任せっきりにしていては，このことの達成も難しいものとなる。

❷は ALT 等と協力して教材や教具を準備することを述べている。学習指導要領は，「他教科等で児童が学習したことを活用するなどの工夫により，指導の効果を高めるようにすること」と述べている。学級担任は，たとえば社会科で学習した法隆寺や金閣寺や清水寺等の写真を利用して，"What's this?" や "Where is it?" などと自然な場面でコミュニケーション活動などを考えることができるだろう。ALT 等と協力して，他教科の内容

を外国語活動に取り入れ，児童の興味・関心に合った教材を作成するのは，学級担任の大切な役割となろう。

❸は，指導計画を立て，指導内容を考えるのが学級担任であるならば，ALT等や児童に指示を出し，授業を掌握し，進行するのも学級担任の役割であることを述べている。授業の進行に必要なクラスルーム・イングリッシュ（教室英語）は，毎回授業で使うものである。はじめはぎこちない感じもあるかもしれないが，毎回使っていけば自然と使えるようになるものである。

❹は，児童と一緒に活動に参加し，外国語を使うことに積極的な姿勢を見せることも学級担任の大切な役割であることを示している。学級担任が，英語は苦手だからと活動に参加せず，外国語を使うことに消極的な姿勢を示していたのでは，児童から積極的に外国語を使おうとする意欲を引き出すことは難しい。『外国語活動解説書』でも，「様々な手段を使ってコミュニケーションを図ることを体験させることが重要である」と述べている。担任が児童と一緒に活動に参加し，外国語を使うことに積極的な姿勢を見せることは，担任の重要な役割の一つである。

❺は「児童のつまずきに気付き，適切な支援をする」ことを述べている。学級担任は児童と一緒に過ごす時間も長く，学習面でも一人ひとりの児童を知り尽くしている。また，個々の児童の性格を見極めたうえで支援をすることにも長けている。活動のさまざまな場面で児童のつまずきに配慮し，個々の児童に合ったふさわしい支援をすることは，学級担任の役割である。

❻は，学級担任の評価についての役割について述べている。評価するのは，スキルではなく，あくまでも関心・意欲・態度や国際理解の面であることを学級担任は忘れてはならない。

（2） ALTや英語に堪能な地域人材の役割

『ガイドブック』では，ALTや地域人材の役割として，授業の「設計・実施・評価」の3段階において，次のような役割があるとしている（p.20）。

■■ 設計 ■■
❶ 学級担任が指導計画・指導内容・活動を考える際に，外国語指導の点から協力する。
❷ 学級担任と協力して教材や教具を準備する。

1. 担任，ALT・地域人材の役割

■■ 実施 ■■
❸ 言語材料を自然な場面で，児童に話し聞かせるとともに，児童にそれらを自ら発話するように働きかける。
❹ 自国を含めた様々な国の習慣や文化等を児童に伝える。
❺ 自然な外国語の使い方や発音を児童に体感させながら指導する。

■■ 評価 ■■
❻ 主に児童の外国語によるコミュニケーションに対する態度や，言語や文化についての理解について振り返る。

これら6つの事項は，前掲の学級担任の役割と呼応している。以下に順を追ってみていく。

❶は担任の役割が「児童の興味・関心に基づいて指導計画を立て，指導内容や活動を考える」となっているのに対して，ALTや地域人材の役割は「学級担任が指導計画・指導内容・活動を考える際に，外国語指導の点から協力する」（下線筆者）となっている。指導計画・指導内容・活動を中心になって考えるのは担任である。しかし，英語の知識や運用力という点では，学級担任は助けを必要としている。その点をALTや地域人材はしっかり支える必要がある。また，外国語指導の点から，教授法や指導技術などについて助言したりする役割がある。

❷は，外国語指導の点から，担任に協力して教材を準備していく役割があることを述べている。とくにALTの場合は，自国の文化などを紹介するために，担任と協力して教材を作成することなどが考えられる。たとえば，前述したように担任が法隆寺や金閣寺を使ってコミュニケーション活動を考えているのであれば，ALTは大英博物館やビッグベンなどの写真などを教材として作成し，イギリスに関するクイズを追加して実施することなどが考えられる。

❸は，担任には「ALT等や児童に指示を出し，授業を掌握し，進行する」役割が与えられているのに対し，ALT等には「言語材料を自然な場面で，児童に話し聞かせるとともに，児童にそれらを自ら発話するように働きかける」役割が期待されていることを述べている。このことは，担任が定型表現的な英語を使って授業の進行役を務めることに対して，ALT等は，定型表現的な英語を離れて，場面にふさわしい自然な英語を適切に発話し，児童に外国語の音声や基本的な表現に慣れ親しませる役割があることを示している。また，適切な形で児童に質問などを投げかけて，児童に無理のない範囲で発話を

促す役割も期待されていると言える。

❹はとくにALT等に期待されている役割である。自国の文化や習慣などを，ALTが自分自身の実体験をふまえて児童に伝えていくことができれば，児童はALTの出身国の文化や習慣を身近なものと感じ，興味や関心も高まるものと思われる。また，コミュニケーションのさいに必要なジェスチャーなどを取り上げ，その重要性に気づかせることもALT等の重要な役割となろう。

❺は，場面にふさわしい自然な表現を取り上げ，児童に歌やチャンツなど体感してもらいながら，外国語の音声に十分親しませることを述べたものである。ここは，ALTや地域人材が自らの強みを十分発揮できるところである。ただし，これらのことが自らの強みであるだけに，無理をして児童に完璧な発話ができるようになることまで求めてしまうことには注意したい。児童には，あくまでも慣れ親しませる程度にとどめるように配慮することが大切である。英語の発音に対して過度の負担を強いてしまい，英語でコミュニケーションをしたいという意欲を削いでしまっては元も子もない。

❻は担任と協力しながら行う評価である。担任の役割と同様に，スキルのみの振り返りとならないように，コミュニケーションへの態度や，ジェスチャーなどを含む文化面のことに興味・関心を持つことができたかなどを中心に評価していくことが大切である。評価については本書の8章に詳しく述べられているので参照していただきたい。

2 担任単独授業，T.T. を成功に導くコツ

授業は，多くの学校において，これまではALTもしくは専科教員と担任のティーム・ティーチング（以下T.T.）の形で進められてきた。2008（平成20）年7月から8月にかけて，全国都道府県教育長協議会が実施したアンケート調査によると，拠点校以外の教員の8割以上は担任として単独で指導することに不安を感じているという結果が出ている。拠点校でも6割以上が不安を抱いており，「自信がある」のは3割強にとどまっている（『日本教育新聞』2009年7月13日18面）。今後5, 6年で35時間の外国語活動が必修化されると，各学校では授業時数が増え，T.T.で授業を実施できる場合もあるが，担任が単独で授業をすることも多くなることと思われる。ここでは担任が単独で授業をする場合と，T.T.を成功に導くコツについて考えてみる。

(1) 担任単独授業を成功に導くコツ

❶ 第1のコツ

　第1のコツは，担任がクラスルーム・イングリッシュをできるだけ使っていくということである。これによって外国語活動の雰囲気を作ることが可能になり，また，児童から一生懸命に英語を聞こうとする意欲を引き出すことも可能になる。担任が英語が苦手だからと言って，英語を使うことをためらっていると，児童も英語を使うことにためらいを感じてしまうことだろう。また，担任が英語を特別なものと考えたり，英語の授業に消極的な態度で臨むと，児童も同じように考えて同じような態度を示すものである。気持ちを切り替えて，積極的に英語を使っていくことが授業を成功に導く第1のコツとなろう。ただし，すべてを英語でやろうとは考えないことである。日本語と英語を対比して，言語に対する興味や関心を高めたりする場面や，文化面で説明が必要な場面では日本語を効果的に使っていくことが大切である。

❷ 第2のコツ

　第2のコツは，担任の強みを最大限に活かし，児童が興味関心を示す題材や内容を授業に盛り込んでいくことである。担任は全教科を担当している。児童が興味・関心を持って外国語活動に取り組むためには，他教科で学習したことなどを，うまく外国語活動の中に取り入れることである。また，個々の児童がどのような知識・技能や好みを持っているかを知っているのも担任である。活動の中では，それらのことを最大限に生かして授業を展開していくことが児童とのコミュニケーションを楽しく豊かなものにするコツである。

❸ 第3のコツ

　第3のコツは，音声教材や電子黒板を十分に使いこなすことである。とくに電子黒板は，『英語ノート』に準拠していて，使い慣れるとたいへん便利な教具となる。機器は苦手と敬遠するのではなく，まずは使ってみることが大切である。

(2) T.T. を成功に導くコツ

　ここでは，学級担任が ALT や英語に堪能な地域人材との T.T. を成功に導くいくつかのコツについて考えてみる。

❶ 第1のコツ

　第1のコツは，何と言っても，指導者どうしが外国語活動の目標を十分に理解して授業に臨むことである。前述したように，外国語活動の目標は，外国語のスキル面の向上のみを図ることではない。ALTや外国語に堪能な地域人材は，スキル面の指導については知識があり，また，経験も豊富な人が多い。しかし，このことが，逆に外国語活動を本来の目標から遠ざけることにもなりかねない。たとえば，発音が大切だからといって，音声学の知識を持ち出し，口型図などを使って，発音のみを取り出してそれをことさら指導することは，学習指導要領が求めていることではない。正しい発音を身につけさせたいというALTの気持ちと熱意は十分理解できるが，それだけではコミュニケーションをしたいという意欲は，逆に削がれてしまう。今回の外国語活動の目標や内容は従来の英語活動とも，また，中学校の英語とも異なっている。今回の学習指導要領（外国語活動編）においては，音声や基本的な表現に関しては，あくまでも「慣れ親しませる」ことが目標である。発音が先にあるのではなく，たとえ brother の th の発音が上手くできなくても，何とか兄弟の数を尋ねることができ，また，質問に答えたりしながら，コミュニケーションを図ろうとする積極的な態度を育成することが大切である。お互いの持っている英語教育のイメージだけで授業をすることがないように，指導者どうしが外国語活動の目標を十分に理解していることがT.T.を成功に導くもっとも大切なコツである。

❷ 第2のコツ

　第2のコツは，十分な打ち合わせと授業後の教師相互の授業評価である。事前の打ち合わせなしには，複数の教師で授業を進めることは不可能である。とくにALTと授業をするさいには十分な打ち合わせを行っておく必要がある。中学校や高校の英語の先生がALTと授業を行う場合には，たとえALTが授業の展開について十分理解していない場合があっても，授業を進めながら英語の先生が適切な指示や説明をしながら授業を進行させていくことも可能である。しかし，小学校の担任の先生には，そこはなかなか難しい場合もある。担任の先生から，「本当は別の流れで授業を考えていたのに，ALTの迫力（？）に負けてしまった」というような趣旨のコメントをときどき聞くことがある。そのようなことは，事前の打ち合わせが十分であれば避けることができる。また，英語に自信がないからと言って，ALTとの事前の打ち合わせを専科の先生（または英語のできる他の先生）に任せることがないように，自分なりの英語で説明することが大切である。拙い英語であっても，そのことを通して，お互いの考えを知ることができ，自然にパートナーシップも養われていく。

事前の打ち合わせと同等に重要なことが，授業後の相互の授業評価である。ALTや英語に堪能な地域人材から見ると適切と思われた活動であっても，担任から見ると適切ではなかったと考えられる活動もある。相互に食い違う授業評価を，そのままにしておくと，お互いに不満が残り，授業はいつまでたっても改善されない。時間が十分とれない場合は，わずか5分程度でもよい。授業に対するお互いの評価を継続して交換しあうことが授業を改善していくコツである。

❸ 第3のコツ

　第3のコツは，お互いの長短をふまえたうえで，お互いの長所を最大限に引き出すことである。前述したように，学級担任は，小学校の教育については熟知している。外国語活動を小学校の教育の中で捉えることが可能である。また，発達段階における一般的な児童の興味や関心についても熟知しており，個々の児童の興味や関心についても把握している。したがって，児童が興味や関心をもって取り組む課題や，他教科で身につけた知識や技能を外国語活動に取り入れることが可能であるばかりではなく，この活動ならA君にやってもらおう，この課題はBさんに，というところまで配慮することができる。授業の計画から実施，評価にいたるまで，担任の強みを最大限に引き出すことが大切である。

　一方，ALTや英語に堪能な地域人材は，英語を中・高とのつながりの中で捉えることができる。担任の先生が小学校の教育という横の関係の中で外国語活動を捉えることが得意なら，ALTや地域人材は中・高の英語教育という縦の関係で外国語活動を捉えることが得意と言えるであろう。また，ALTや地域人材は臨機応変にコミュニケーション活動を行うことが得意である。ALTの場合は，生の英語の提供者というだけでなく，自らの国の文化の体現者でもある。さまざまな場面で外国の習慣や文化を児童に紹介することが可能である。

　このように担任とALTや英語に堪能な地域人材は異なった能力や特性がある。中学校や高等学校の英語の先生がALTとT.T.をする場合に比べると，小学校でT.T.をする場合は，両者の特性が大きく異なっており，T.T.をする意義は中・高よりも大きいと言える。両者の強みを最大限に生かすことがT.T.を成功に導くコツである。

❹ 第4のコツ

　第4のコツは，担任とALTや英語に堪能な地域人材が英語を使ってコミュニケーションをする場面を作ることである。日本のようなEFL (English as a Foreign Language:

日常社会で英語が使われていない環境で外国語として英語を学ぶ）の環境下で児童が実際に英語を使ってコミュニケーションをする場面を見ることは皆無に近い。担任とALTが，授業の中でコミュニケーションをする場面を児童に見せることができれば，児童は英語が実際にコミュニケーションを図るための道具であることを実感できるであろう。担任の先生には，たとえ拙い英語であっても，堂々と英語を使う姿勢を見せてほしい。そのことが，人は英語の上手い下手によって優越感や劣等感を感じる必要がないことを児童に気づかせるきっかけとなるだろう。

❺ 第5のコツ

　最後ではあるが，もっとも大切なことは，お互いに尊敬し，かつ信頼できる人間関係を築くことである。これがないと，どんなに優れた指導案ができても，また，どんなに優れた教材の準備ができたとしても，授業は絶対にうまくいかないであろう。信頼できる人間関係を作っていくためには，授業に関係ないことであっても，お互いにできるだけ多くの話し合い（＝おしゃべり）の機会を作ることである。筆者は，ある学校で，母親が病気になって元気のないALTに，学校中の児童が千羽鶴を折って励ました，という話を聞いた。仕事の話だけをしていたのでは，ALTの個人的な悩みなどはわからない。仕事を離れて，一人の人間として付き合うときに，初めてお互いの悩みや考えなどがわかるものである。このALTは，夏休みの間に自国へ戻り，千羽鶴を母親に届けたということである。今では母親も元気になって，以来，ALTと職員・児童の間には温かい人間関係が築かれたということである。

　ALTや英語に堪能な地域人材の場合は，契約時間以外は自分の時間を自由に使いたいという人もいるかもしれない。契約時間を尊重することは，もちろん大切だが，ときには，仕事を離れて，担任の先生と一人の人間として付き合ってみることをお願いしたい。

③ 指導者に求められる資質・能力と研修の進め方

　外国語活動を担当する教員にはどのような資質・能力が求められているのだろうか。このことを明らかにすることは，現職教員の研修や大学での教員養成を考えるさいにもきわめて大切なことである。金谷（1995）は英語教師に求められる能力・資質として，(1)英語運用能力，(2)知識，(3)指導力，(4)人格・性格など4つの項目が考えられるとしている。しかし，それらの能力と教育効果の関係は，さまざまな要因が絡んでいるため，今後，さらなる実証研究が必要であるとしている。

3. 指導者に求められる資質・能力と研修の進め方

　日本の小学校英語をめぐっては，担任の先生の悪い発音を聞くと，児童も悪い発音が身につき，それを矯正するのはたいへんなことである，といったような議論がなされてきた。しかし，金谷（前掲）では，小学校英語に言及して述べているわけではないが，

> 教師の運用能力が直接に教育効果をもたらすとは限らないであろう。発音の悪いことを自覚している教師が，授業では音声テープを駆使して，発音のよい教師よりも良い結果をもたらすといったこともないとはいえない。〈中略〉この発音の件に関しては，学習者の運用能力面に加えて，情意面への影響も研究の余地があろう。このような素朴な疑問に対するはっきりとした解答はこれまでのところ見受けられない。
> (p. 28)

と述べている。このように考えてくると，英語教師としての資質や能力は多元的であり，ある能力に弱点があるからといって，それが即教師として不適格ということにはならないことをまず考えておく必要がある。
　一方，外国語活動はスキルの向上のみをめざすものではないことは繰り返し述べてきた。スキルの向上のみをめざすのでないとすれば，外国語活動を担当する教員の資質・能力についても，外国語教師としての資質・能力という面だけから捉えることは適切ではない。バトラー後藤（2005）は，「語学教師の資質の重要性の比重は，学習者の年齢，学習者の言語レベル，学習の目的などによっても変わってくると思われる」（p. 176）と述べているが，外国語活動が教科ではなく，スキルの習得を主な目標としていないことなどを考え合わせると，外国語活動を担当する指導者の資質や能力についても，今回出された学習指導要領の目的に照らして検討することが適当である。
　本節では，学習指導要領の目標に照らしながら，指導者にはどのような資質や能力が求められているのかについて考えてみる。次にそのような資質や能力を教員が身につけていくには，都道府県や市町村教育委員会はどのように研修を企画していけばよいのか，また，校内研修や自己研修はどのように考えて進めていけばよいのかについて検討する。

（1）指導者に求められる資質・能力

　『ガイドブック』は，外国語活動の指導者には，目標に照らして次の3つのことが求められるとしている（p. 17）。

9章／指導者に求められる資質と研修

❶ 児童の発達段階を踏まえ，興味・関心を抱くような学習内容と活動を設定できること
❷ 積極的にコミュニケーションを図ろうという気持ちを起こさせることができること
❸ 英語の音声や基本的な表現に慣れ親しませることができること

　この3つは，外国語活動の目標の3つの柱と呼応している。以下に，❶から❸についてそれぞれ検討する。
　❶は，児童の認知面や精神面の発達段階を十分理解したうえで，児童が興味・関心を抱くような学習内容や活動を設定できる資質・能力を指している。たとえば，児童は"Do you like apples?"のように，相手の好きな果物を聞き合う活動に対しては，興味を持って取り組む。しかし，同じ文型でも，"Do you like Japan?"では，児童の発達段階からすると難しすぎて，興味・関心を引き出すことは難しい。逆に，中学生なら，"Do you like apples?"のような質問は特別の場面を除いては幼稚すぎて，むしろ，"Do you like Japan?"のような内容の質問のほうが，興味・関心を引き出すことになり，彼らの発達段階にも合っている。このように，児童の発達段階に合った，ふさわしい活動を設定できることが，まずは指導者に求められている。全教科を担当する担任にとっては，児童と過ごす時間が長いために，児童の興味・関心がどこにあるかを理解することは，比較的容易である。
　一方，ALTや地域人材にとっては，児童と接触する時間が限られているため，児童の興味・関心を把握することはなかなか難しい。ALTや地域人材にとっても，児童の興味・関心を把握しておくことは，授業のあらゆる場面で必要である。担任教師と十分な話し合いを持ち，また，児童の様子を観察するなどして，児童が興味・関心を抱くような活動を作っていける資質や能力が求められる。
　❷は，コミュニケーションを図ろうとする意欲を起こさせることができる能力や資質を指している。前述したように，外国語活動はスキルの習得を主な目標としているのではない。したがって単語や英語の表現を活動と切り離して何度も繰り返し練習させたり，ドリル型の練習ばかりではコミュニケーションをしたいという意欲を引き出すことは難しい。指導者には，子どもの興味・関心に配慮しながら，児童が自然に相手のことを知りたい，相手に自分のことを伝えたいと思うような活動を考えることができる資質や能力が求められる。
　さらに，児童のコミュニケーションを図ろうとする意欲を起こさせるには，まず，指導者がよいコミュニケーターとしての資質を持っていることが大切である。たとえぺら

ぺらしゃべれなくても，ジェスチャーやさまざまなコミュニケーションの方法を駆使して，何とかコミュニケーションを図ろうとする姿を見せることは，児童のコミュニケーションへの意欲を引き出すうえでは重要である。担任の先生には，自分の英語に自信がないからといって英語を使うことをためらうのではなく，さまざまなコミュニケーションの方法を駆使してコミュニケーションをする姿を見せてほしい。

一方，ALTや英語に堪能な地域の人材には，英語をすらすら話しても，必ずしもコミュニケーションの意欲が引き出せるわけではないことを理解してもらいたい。子どもは理解できないものに対しては興味・関心を持てない。英語をただ聞かせるのではなく，ときにはスピードを落としたり，言い換えたり，ジェスチャーを使うなどして，子どもが理解できるように英語を使っていくことが大切である。

❸の「英語の音声や基本的な表現に慣れ親しませること」を実現するには，指導者にも，ある程度の英語の音声や基本的な表現が使える能力がなければならない。さまざまな音声機器が発達したからといっても，授業の中で，教師が英語をまったく発しないのでは，児童のコミュニケーションの意欲を引き出すことは難しい。また，英語を使わずに教室の中でコミュニケーション活動を実践することも難しい。

2002（平成14）年に文部科学省が発表した「『英語が使える日本人』の育成のための行動計画」では中・高の英語教員が備えるべき英語能力の目安は英検準1級とされている。さまざまなテストがある中で，英検が適当であるかどうかという議論はあるものの，ほとんどの英語教師にとって，英検準1級レベルの英語力は，中・高の英語教員が備えておくべき英語力の目安として受け入れられているのではなかろうか。台湾では，小学校で英語を教える教師に求められている英語力は，TOFELで213点（ペイパー・バージョンでは550点。英検の準1級レベルに相当）程度であるようだ（Butler, 2004）。しかし，日本の中・高の教員や台湾の小学校の英語教師に求められている英語力の基準を日本の小学校で教える指導者にそのまま当てはめることができるかどうかは，前述したように，外国語活動がスキルの向上だけを目標としているわけではないことを考えると，大いに検討する余地がある。バトラー後藤（2005）は「残念ながら，現時点では，具体的にどのレベルの英語力が外国語環境で教える小学校教師にとって必要なのかはまだよくわからない」（p.183）と述べている。

羽鳥（1978）は，たとえばリーディング力に関して，「中学校の先生になるためには少なくても高等学校程度の英語の本がかなり楽に読めるようでなければならない，高等学校の先生になることを希望するなら，大学の1・2年生で使われるようなテキストはちょっと辞書を引きさえすれば楽に読めるようでなければならない」（p.56）と述べて，教師に

必要なリーディング力の目安について述べている。この考えを推し進めると，かなり大ざっぱな言い方ではあるが，たとえば小学校の先生のリーディング力について言えば，中学校の教科書が楽に読めるようでなければならないというように考えることも可能である。小学校の英語が中学校の英語のレベルを超えることはないことを考えると，これは妥当なレベルなのかもしれない。『英語ノート』や付属の指導書の指導案例を見ても，基本的な文法項目としては，中学校レベルを超えるものは見当たらない。「学級担任の役割」の項で述べたように，学級担任の役割は，ALTや児童に指示を出したり，児童と一緒に活動に参加し，外国語を使うことに積極的な姿勢を見せることである。学級担任には，授業の進行に必要な表現（クラスルーム・イングリッシュ）を十分使えるようにし，たとえ流暢でなくても，簡単な会話ができる程度の会話力が求められているのではなかろうか。

　一方，語彙に関しては，小学校の外国語活動においては，中学校や高校の教科書には出てこないような語彙が登場することもある。caterpillar（あおむし），centipede（ムカデ），vet（獣医）などは大学生でもわからない人が多い。すべてを前もって知っている必要はないが，児童にとって興味関心があり，必要な語彙については，電子辞書などを使いこなし対応できる能力が必要である。最近の電子辞書は音声機能もついており，発音もしてくれるので，必要なら電子辞書とスピーカーをつなげて児童に聞かせることも可能である。語彙については，柔軟に対応することが求められる。

(2) 研修の進め方

　2011（平成23）年度から外国語活動が完全実施になり，小学校の先生方は，新しい領域を初めて指導することになる。本来ならば，外国語活動などの指導法について，教員免許を取得するさいの1つの要件として大学などで学ばれるべきものである。しかし，教員免許法を変え，大学のカリキュラムを変え，新しく入学した学生の卒業を待ち，しかもその中から教員採用試験に合格し教員になっていく学生が全小学校教員の数パーセントにもならないことを考えると，現職教員の研修でこの新しい領域に対応していくことは，現時点では現実的な選択と思われる。教育行政関係者や，学校長，そして教員の一人ひとりが，そのことを十分認識し，研修をスムーズに進めていくことができなければ，教育の機会均等の理念も，中学校との連携も実現されることはないだろう。以下に，都道府県や市町村教育委員会，さらに，校内での研修，個人での研修を進めるさいの留意点について考えてみる。

3. 指導者に求められる資質・能力と研修の進め方

❶ 都道府県や市町村教育委員会が研修を行うさいの留意点

独立行政法人教員研修センターは文部科学省との共催で2007（平成19）年度および2008（平20）年度に全国を5つのブロックに分けて5日間にわたる指導者養成研修を実施した。参加対象者は各都道府県および市町村教育委員会の指導主事や指導的立場の教員などである。このブロック研修を頂点に，そこで行われた研修内容が，都道府県などで実施される中核教員研修へ降ろされ，最終的には各学校における校内研修に降ろされていくことになっている。

小学校の英語教育に関しては，目標や内容に関して，長年にわたってさまざまな意見が交わされた。さまざまな意見がある中で，文部科学省はこれまでの議論をまとめ，学習指導要領という形で，小学校英語の方向性を示した。したがって，個人的な見解は見解として，今回公示された学習指導要領の趣旨を各学校のすべての教員に周知徹底することが，当面の間，都道府県等の教育行政関係者が研修を企画するさいに留意すべき点である。

文部科学省は都道府県等の研修で活用できるように，『ガイドブック』を作成した。小学校の英語活動が取りざたされるようになってから，これまで小学校英語に関するさまざまな書籍が多く出版されてきた。中にはどう考えても学習指導要領の趣旨とは相いれないものもある。都道府県や市町村で行われる研修会では，この『ガイドブック』を参考にして，外国語活動の基本理念や授業構成の基本的な知識を共有することが大切である。もちろん，『ガイドブック』だけでは不十分である。必要に応じてその他の資料や書籍などを大いに活用することは当然のことである。

❷ 校内研修を進めるさいの留意点

外国語活動の実施学年は第5，6学年であることから，校内研修は5，6年の担任が中心になりがちである。また，市町村の主催する研修会も5，6年の担任を対象とするものが多く見られる。当面は5，6年の担任を中心に研修が進むことがあってもよいが，外国語活動が指導できるということだけで5，6年の担任が固定してしまうと，学校運営上も支障が出てくることが考えられる。最終的にはどの学年の担任の先生も外国語活動が担当できるように，それぞれの担任が当事者意識を持って校内研修に臨むことが大切である。

校内研修では，まず始めに，外国語活動の理念，目的，内容について，全教員が十分理解することが求められる。多くの担任の先生が，「英語の授業」といって思い出すのは，文法と読解を中心に展開された授業かもしれない。また，「外国語活動は音声を中心に……」と言われても，自分自身が音声中心の英語教育を受けたことがないために，そ

の活動をイメージすることも難しい。そうした学級担任の先生が，外国語活動を担当するまでに，まず取り組むべきことは外国語活動の理念，目的，内容について十分理解することである。そのうえで，どのような指導法が適切なのか，授業はどのように展開しなければならないかを考えていけばよい。

❸ 自己研修を進めるさいの留意点

学級担任にとって切実な課題は自身の英語力である。バトラー後藤（2005）は現在の自分の英語力は，必要とされる英語力に足りないと感じている教師は，日本では85.3%に上ると報告している（p.179）。外国語活動はスキル重視ではないといっても，ある程度の発音やイントネーション，強勢，文法の知識や日常的な場面での英語運用能力は必要である。校内研修として，全員で学ぶのも効果的かもしれないが，そのような研修を頻繁に持つことなど不可能に近い。だからといって，多忙な学級担任に英会話学校に通う時間などほとんど見出すことはできない。

筆者の知人に3年ほどで授業に必要な英語力をほとんど身につけた人がいる。「英会話学校にでも通ったのですか」と聞いたところ「毎週授業で英語を使っていたら，3年で使えるようになりました」という答えが返ってきた。「ある程度できるようになったら使ってみよう」というのではなく，「まずは，できるところから使い始めてみよう」と，気持ちを切り替えて英語に向かうことが成功のカギである。特別に学ぶというよりは，授業の準備の段階で必要な発音はCD等でチェックし，不安な文法項目などは手元の文法書で参照するなどを継続することが自身の英語力向上には大切である。

また，日本には小学校の英語を研究対象にした全国的な学会があり，毎年全国大会や支部大会，セミナーなどが開催されている。変化の時代にあっては，とくに情報や知恵を共有することが大切である。時間を見つけて参加することにより，自身の授業力の向上にも大きく役立つものになるであろう。

（大城　賢）

〈参考文献〉

金谷憲（1995）『英語教師論――英語教師の能力・役割を科学する』河源社.
バトラー後藤裕子（2005）『日本の小学校英語を考える――アジアの視点からの検証と提言』三省堂.
羽鳥博愛（1978）『英語科教師をめざす人のために』一ツ橋書店.
樋口忠彦・金森強・國方太司（編著）（2005）『これからの小学校英語教育――理論と実践』研究社.
文部科学省（2009）『小学校外国語活動研修ガイドブック』旺文社.
文部科学省（2008）『小学校学習指導要領解説　外国語活動編』東洋館出版社.

Butler, Y. G. (2004) "What Level of English Proficiency Do Elementary School Teachers Need to Attain to Teach EFL? Case Studies from Korea, Taiwan, and Japan." *TESOL Quarterly*, 38, pp. 245–278.

10章 小・中の連携

はじめに

　2008（平成20）年3月に小学校指導要領と同時に公示された中学校学習指導要領（第9節「外国語」）では，「（第1学年における言語活動では，）小学校における外国語活動を通じて音声面を中心としたコミュニケーションに対する積極的な態度などの一定の素地が育成されることを踏まえ」て指導すると，日本の学校英語教育史上初めて小・中の接続，連携が記された。今後，小学校「外国語活動」の成果と小・中の学校間，教員間の連携と授業の円滑な接続が図れるかどうかが，それ以降の英語学習の成否を左右するだろう。

　しかし，小・中連携はそう簡単なことではない。児童・生徒は一貫しているにもかかわらず，小・中学校が道路を隔てて隣接していたとしても，管理職を除いて教員間の交流は皆無に近いのが現実である。また，学習指導を含む子どもたちへの関わり方についても，小・中では培われてきた学校の文化（school culture）が異なる。小・中別個の教員研修の充実はもとより，小学校教諭と中学校英語科教諭が合同で相互理解を深め，連携をとれる素地をつくるための研修も不可欠である。このような合同研修の機会を設け，地域としての連携指導体制をつくり上げることは，教員個人の努力でなし得るものではなく，地域の教育委員会の責務である。本章では，小・中連携の重要性と進め方について考察し，ある自治体での「兼務教諭」というユニークな制度を活用した小・中連携の取組みを紹介する。

（髙橋　一幸）

１ 小・中連携の重要性と問題点

（1）小・中連携の重要性

❶ 小学校英語と中学校英語の違い

　小学校の外国語活動について「教科でなく英語に親しませるだけのこと，週1回では効果は薄い」と言う中学校教員は多い。小泉ほか（2009）の公立中学校英語教員300人以上を対象にした調査でも，多くは小学校英語活動に期待していない。

外国語活動が週1回だけだとしても，学校教育の中で行われる以上は児童にとっての「学び」や知的成長が期待されている。総合的な学習の時間の「英語活動」の時期から現在に至るまで，多くの小学校教員が手応えを感じてきた。そこには中学校の英語教員が求める効果とは異なる尺度による「何か」があると考える必要がある。

　小学校の英語では，個々の言語要素を分析的に捉えるよりも，インタラクションを通し全体的に内容を理解することを奨励する「トップダウン」型の言語体験が主となる。たとえば，何かが入った布袋に触れさせながら What's in the bag? と教員が発問するとき，子どもたちの脳内では，袋の中身を想像し英語でどう言うのかと，さまざまな思考が駆けめぐる。前置詞の in や冠詞の the に注意を向けることなく，What ...? という表現が持つ「具体的な答を求める」という機能が容易に習得される。

　従来の中学校の英語授業の場面であれば，まず肯定文を教え，yes, no の疑問文を扱い，次に疑問詞……というように，言語材料を順序立てて導入する。正確性を重視した，いわば「ボトムアップ」型の分析的な学習が主となる。文部科学省は，文法を「コミュニケーションを支えるもの」（平成20年度版中学校学習指導要領）として，言語活動と関連づけるよう求めているが，これまでも中学校の英語教員は，言語活動を行わせるさいに言語材料の配列には細心の注意を払っていたはずである。

　この異なるアプローチを持つ両者の接続をなめらかにすることは，学習者の戸惑いを減らし，学習者の動機づけを維持するうえで大きな意味があると考えられる。

❷ 学習指導要領の示す「連携」

　新・小学校学習指導要領「外国語活動」の目標には「コミュニケーション能力の素地」という表現を用い，中学校の「コミュニケーション能力の基礎」という文言との間に段階があることを示している。小学校外国語活動に特徴的なのは，中学校学習指導要領の文言にはない「言語や文化について体験的に理解を深め」，「コミュニケーションを図る楽しさを体験」という文言である。これは，中学校の英語が体験的でなく，楽しさを追求しないでよい，という意味にはならない。遊びの楽しさから知的好奇心をかき立てることへの移行は急いではならないし，生徒が慣れ親しんできたトップダウン式の理解プロセスを否定しないように配慮することも必要だろう。

　さらに，中学校学習指導要領の「言語活動の取り扱い」の項では，中学校1年生の「言語活動」における配慮事項として，次のように述べていることに注目する。

10章／小・中の連携

> 小学校における外国語活動を通じて音声面を中心としたコミュニケーションに対する積極的な態度などの一定の素地が育成されることを踏まえ，身近な言語の使用場面や言語の働きに配慮した言語活動を行わせること。(以下省略)

 このことを考慮するならば，中学校の入門期においては，言語材料の分析的理解と正確な知識の獲得ばかりに集中するのではなく，小学校の活動の延長線上に中学校の言語活動を構成し，その中に中学校的な正確さや分析的視点を加えていくという工夫が必要になるだろう。この詳細については，次の節で扱うことにする。

❸ 音声面での効果

 小・中学校の英語教育の連携に欠かせない要因はいくつもあるが，もっとも重要なことは，中学校英語教員が小学校の活動の内容と成果を理解し，自分の指導との調整を図ること，そしてそれを組織がサポートすることである。

 小学校の外国語活動において指導者が真摯に取り組むなら，中学校の英語に波及効果があることは必須である。小泉ほか (2009) の調査では，表1に示すように，最多数の中学校英語教員が意識する波及効果は「すでに学習差が生じ授業がしにくくなる」であった。しかし，必ずしも否定的意識が支配的なわけではなく，項目6「英語に慣れているので中学校教員の英語への反応が速くなる」と，項目7「英語を聞く力がついて授業がしやすくなる」が僅差で2，3位にあることにも注目したい。

表1：中学校教員が意識する小学校英語の中学校英語への波及効果

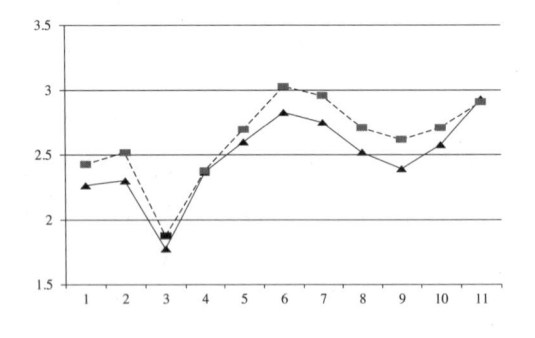

[賛否の換算ポイント]
そう思う …… 4
どちらかと言えばそう思う …… 3
どちらかと言えばそう思わない …… 2
そう思わない …… 1

1. 英語を初歩から始める必要がなく，時間にゆとりが出る	…… 2.27
2. ゆとりが出た分，これまでより深く教えることができるようになる	…… 2.31
3. ゆとりが出た分，高校の学習内容にもふれることができるようになる	…… 1.78
4. 関心・意欲が高まり中学校での授業がしやすくなる	…… 2.37
5. 英語で授業が多くできるようになる	…… 2.60

6.	英語に慣れているので中学校教員の英語への反応が速くなる	…… 2.83
7.	英語を聞く力がついて授業がしやすくなる	…… 2.76
8.	英語を話す力がついて授業がしやすくなる	…… 2.53
9.	語彙力がふえて読んだり書いたりする授業がしやすくなる	…… 2.40
10.	すでに学んでいる分，新鮮味がなく，関心・意欲が低下する	…… 2.58
11.	すでに学習差が生じ授業がしにくくなる	…… 2.93

　グラフの実線は全有効回答302人の賛否のポイントの平均値で，数値は表にも示した。点線は「小学校英語活動に関して研修を受けたことがあり，実際に校内で連携の対策を講じている」と答えた教員77人の平均値である。両者の曲線の形は似ているが，項目1と2，そして項目6から項目9について有意差がある。さらに「研修あり・対策あり」群は，項目6と7が項目11をわずかだが超える。項目4と10への回答を比較すると「授業がしにくくなる」という危惧を持つ教員が多いことも見てとれる。

　このように，不安材料を抱えながらも，中学校教員は小学校英語の音声面での効果を肯定的に受け止めようとしている。研修を受け，連携の対応策を持って授業に取り組む教員は，とくにそうである。ということは，まず「聞くこと」の面からの連携が推進されるべきだと言ってよいだろう。中学校教員は，まず教室英語の内容を深め，small talkを充実させ，豊かで興味深い内容の音声インプットを与えながら，徐々にfocus on formsの言語活動へつなげていく等の工夫をすることで，指導の連携を図っていくことが求められる。

(2) 小・中連携の問題点

❶ 文字の指導における連携の難しさ

　小・中連携を語るうえで文字の指導の問題は避けて通れない。ピアジェの言う「形式的操作期」に入る小学校5, 6年生は，言語への分析的姿勢を持ち始め，意味もわからず踊ったりリピートしたりすることを嫌がるようになる。英語を書くことに興味を示し始めるのもこの時期で，彼らと身近に接する小学校教員は，直感的に「文字指導が動機づけの維持に有効では」と考えるものの，それに割く時間はほとんどない。結局，児童は国語の時間のローマ字学習で学んだ知識に依存するのが精一杯，ということになる。

　一方，中学校教員の意識は，いかに中学校での文字指導をスムーズに行うかという点に集中する。前項と同じ形式の調査で，次の8項目についての賛否の平均値は次のとおりで，研修経験の有無に関係なく小学校での文字指導を求める意見が多い。

表2：中学校教員の小学校での文字指導に関する意識

1.	文字や単語のつづりはいっさい用いないでほしい	…… 1.79
2.	文字や単語を見せてもよいが，教えないでほしい	…… 1.9
3.	文字や単語を読ませないでほしい	…… 1.4
4.	文字や単語を書かせないでほしい	…… 2.0
5.	文字と音の関連について，ルールに気づかせてほしい	…… 2.93
6.	ローマ字との違いを教えてほしい	…… 2.96
7.	アルファベットは読めるようにしてほしい	…… 3.39
8.	簡単な単語は読めるようにしてほしい	…… 2.78

　文字については，小学校学習指導要領に「児童の学習負担に配慮しつつ，音声によるコミュニケーションを補助するものとして用いる」とされている。項目5はフォニックスで，学習指導要領上は中学校の事項である。項目5以下にポイントが集まったことは，中学校教員が，小学校外国語活動の目標を熟知して連携を図るより，ただ中学校英語の準備になってくれればいいという意識を持つことの現れかもしれない。

❷ 情意面での問題点

　小学校での外国語活動は，内容を大づかみにすることを重視し，細部は気にせずに楽しく進める傾向があるため，中学校英語での分析的指導に対して戸惑いを見せると言われる。生徒に「小学校では英語が楽しかったし，理解できていたはずなのに」という思いが強いほど，中学校英語に対して情意フィルター（affective filter：心理的障壁）を高くしてしまう恐れがある。結果的に，以前よりも英語が嫌いになる時期を早めてしまいかねない。中学校教員は，正確さを求めるあまり，生徒のコミュニケーションへの意欲を挫くことのないように留意しなくてはならない。

❸ 組織的連携の難しさ

　一方は「領域」であり，もう一方は「教科」である。学習指導要領に具体的な指導内容の連携は示されず，『英語ノート』も中学校検定教科書と連携することをイメージして作られているとは言えない。教師個人が連携に配慮して授業内容を深めようと思ったところで，個人でできることは限られている。それならば，同僚とのチームの中でアイディアを出し合い，足並みを揃えて授業の内容を見直す実践をしていくことで効果を上げるしかない。さらに，小・中の教員は，相互に授業内容や指導方法を理解し合い意識を共有することで連携を深めることができるのだが，個人のレベルだけでできる範囲は限ら

れており，連携を強化し継続してゆくためには，行政の理解と支援が必要になる。

(小泉　仁)

2 小・中連携の進め方

(1) はじめに——児童・生徒の視点

　小・中の連携を論じるにあたり，もっとも大切なファクターは児童・生徒であることを忘れてはならない。小学校の児童がどのような発達段階にあり，外国語活動を通じて何を学びどう成長していくのかについて，小学校教員は無関心ではいられない。また，彼らが中学生となるとき，どのようなコミュニケーション能力を（またはその素地を）自覚しながら中学校の授業に臨むのか，そして中学校では彼らの能力がどのように発展・変容するのかなど，中学校教員の興味を引くことがらも多いはずである。

　児童の視点に立てば，小・中の英語の境目などは存在しないのだ。小学校外国語活動で英語と楽しく接することのできた児童は，中学校へ進んでさらに楽しく中味の濃い英語を求めるだろう。また中には，小学校の外国語活動は幼稚で面白くないと思い始めた児童もいて，中学校英語の知的な分析的アプローチに引きつけられるかもしれない。どちらの子どもの思いも，実は根はひとつである。子どもたちは皆，中学校の英語は小学校段階よりも知的好奇心を刺激するものであってほしいと望んでいるのだ。

(2) 中学校（受け入れる側）の役割

❶ 理解力の違いを理解する

　「小学校で英語を導入しようとも，自分の教え方は変えない」と断言する中学校教員も多い。自分の実践に自信を持つベテラン教員ほどそのように考えるようだ。しかし，1節で述べたように，ある程度の外国語活動を経験した生徒の英語音声に対する反応のよさは明らかである。それが小学校時代に与えられたインプットの成果であるならば，その理解力は，場面や話し手の動作，表情などの非言語的要素に支えられるトップダウン式に理解する力であり，従来の英語学習の中心を占めるボトムアップ式の分析的な理解力とは同一のものではないと考えるべきだ。小・中連携に配慮するなら，生徒が慣れているスタイルをことさら無視することはできないだろう。

❷ 音声でのインプットに慣れていることを利用する

　ゆえに，中学校入門期に中学校教員が持つべき望ましい姿勢は，この理解力を利用した言語活動を構成しようとする姿勢である。次の方向性を確認したい。

- 教室英語は指示を与えるためだけでなく豊富なインプットの一部となること
　――クラッシェンの言う「理解可能なインプット」を与えることを意識し，最終的には，生徒の興味を引く内容のあるインタラクションをめざす。
- 小学校で慣れ親しんだ語句や表現は柔軟に使いこなすこと
　――言語活動を内容豊かなものにするため，既知の語句や表現は，教科書での言語材料の出現順にとらわれずに，生徒の反応を確認しながら使いたい。
- その授業でポイントとなる言語材料についてのみ，正確性を求めること
　――生徒が積極的に使おうとする表現については，まず，意思の疎通ができていることを第一とすればよい。生徒の発話量を増やすことを優先し，正確性を高めることには徐々に慣らしていけばよい。

　とくに中学校入学期には，言語材料の精密な学習以前に，生徒の持つコミュニケーションへの関心をつなぎ止め，豊かな言語活動を行う工夫が必要になる。生徒の「小学校の英語は楽しかった。中学校ではもっと楽しく中味も濃いはずだ」という期待を裏切らないよう，動機づけを高めていくことが重要である。

(3) 送り出す側（小学校）の姿勢として

　中学校へ送り出す側ではあるが，小学校が中学校英語を先取りする必要はない。中学校へ進んで困らないようにと英語の書き取りを導入する小学校もあるが，研究開発校などでない限り，そのために割ける時間が十分にあるとは思えない。音声での英語に慣れ親しむことをきちんと行うことがもっとも重要なはずである。

　次の2点を意識して指導することで，小学校サイドからの連携は十分であろう。

- 良質の英語を十分に聞かせること
　――言語材料が限定されているため，小学校の教室には簡略化された「英語モドキ」の表現が飛び交うことがある。ALT に具体的なことがらを丁寧に説明して

もらったり，DVDを利用したりして良質の豊かなインプットを与えたい。
- 環境としての文字に配慮すること
——教室や校内に英語の語句を掲示するなど，文字言語としての英語を児童の身の周りの環境に配して「英語的」な雰囲気を演出することが効果的である。児童が耳から慣れ親しんでいる語句を，絵や写真などの具体的情報とともに掲示する。読み方や綴り方を確認するなどの「教え込み」はせず，教室環境の一部とすることに留意する。日常的に耳になじんだものが目に入ることで記憶に残り，それが中学校での文字指導の素地となることを期待するのである。

(4) 小学校・中学校間の連携

児童・生徒にとっての連続体としての英語指導を構築するために，個人レベル以上の取組みが組織化される必要がある。個々の学校の英語科チームや，近隣の学校間，通学区内の小・中学校間での共同の取組みが，効果的な連携を図るために必要になる。これには教育委員会など行政側のイニシアティブが不可欠である。

❶ 地域での小・中連携に関する意識の共有

同じ通学区の小学校と中学校との定期的な連絡協議が効果的である。指導方法や指導理念についての情報交換は，互いの立場の違いを明確にし，それぞれがなすべき役割を確認できるのでスムーズな連携へとつながる。また，長い目で見て，学校ごとの活動内容のばらつきの是正につながるという点でも意義がある。

❷ 人事交流

すでに全国の各地で，中学校英語教員を，小学校に配置することが行われている。週に1，2回の定期的訪問程度のものから，2年間，3年間の長期間の赴任まで，形態はさまざまである。小学校にとっては英語教育の専門家がスタッフに加わることは心強いことであり，また中学校教員にとっても，小学校教育の枠組みの中で「外国語活動」に向き合い，小学校ならではの児童掌握技術など多くのことを学び，外国語教育観すら変容することがある。

しかし，実験的な小規模の人事交流は，当該教員の個人的な資質に左右され易いことも事実である。英語の専門家である中学校からの教員に対して小学校側は口を出しにく

く，時には，従来の中学校英語の「前倒し」になってしまい，学習指導要領に示す外国語活動の目標から外れる恐れすらある。人事交流にあたっては，教育委員会レベルでの定期的な検証と指導が不可欠である。たとえば，沖縄県那覇市では，全市で中学校英語教員を小学校に3年間赴任させ，卒業する児童を連れて中学校へ戻るというシステムを構築しているが，このような組織的な取組みこそ重要である。

(5) 連携に関する研修——個人研修から校内研修，そして地域へ

　個々の教員がそれぞれの教室で自分の技を頼りに生徒の変容に対応する——それはもっとも基本的な姿勢であるとしても，独りよがりを避け，さらに上の段階へと連携の質を高めるためには，組織的な研修が必要となる。

　同じ中学校の同僚間で連携への取組みを共有できるなら，その対応策は，中学校の指導計画に組み込まれ3年間の流れの中に位置づけることへとつながるだろう。さらに，近隣の中学校の教員とともに学ぶ機会をつくることが望ましい。とくに小規模校の教員どうしには必須である。地域レベルの研修の展開としては，次のようなものが考えられる。

- 近隣の中学校どうし，または通学区内の小学校教員との公開授業研究会
- 共同の教材研究，小・中一貫のカリキュラム開発
- 指導主事や大学等の研究者を招いての勉強会

　授業の公開は，中学校教員には，観念的にしか捉えられなかった小学校英語を具体的に理解する機会として大きな意味がある。また小学校教員にとっては，自分自身の中学校時代には体験したことのない最新の指導技術にふれることができる。授業公開後の合評会は，普段は意識しない互いの校種における教育方法の違いに目を向けるよい機会である。

　小学校において，外国語活動は他の教科や領域と同様，全人的教育の一環となるものである。理想的には，児童の知的成長とコミュニケーション能力の育成を切り離さず，「文化や価値観の違いや同質性への気づき，寛容の気持ち」（岡ほか，2009）などの育成をも含んだ総合的な教育の場面である。一方，中学校では，全人的教育を意図することは学習指導要領の求めている要素だとしても個々の教科の独立性は強い。やはり英語の教育は自分の担当する英語を通して生徒を見てしまいがちなのである。コミュニケーショ

ンへの積極的態度を育成したり文化や価値観に関わる点でも小・中は共通しているが，しばしば中学でのコミュニケーション活動は文法のドリルとしての役割が大きい。正確性を重視した授業を進めることに慣れた中学校教員が小・中の差を認識して，初めて連携の議論が可能になるのである。さらに英語以外の面での小・中連携の必要性も確認できる場になるだろう。

(6) まとめ——小・中一貫の指導計画をめざして

現在は，小学校教員の英語指導技術が発展途上であり，連携といえば中学校側の受け止め方に議論が集中する。しかし，すでに小・中一貫の指導計画を研究する自治体や研究開発校等もある。横浜市のある小・中学校[1]の共同研究では，小学校のスパイラルな指導内容の上に中学校の内容をさらにスパイラル状に配置することで小・中一貫の指導計画を提案している。文部科学省『英語ノート』には5年生と6年生で類似の活動を行いながら少しずつレベルを上げていく，スパイラル構成の年間計画が提示されているので，これを利用しながら中学校の内容を整理し再構築してみることは，そう困難ではないだろう。

連携の議論は必然的に小・中一貫カリキュラムの開発へとつながるものであり，その成果は，将来，小学校英語の教科化が話題になるさいに，内容面の議論に資することになるだろう。　　　　　　　　　　　　　　　　　　　　　　　　　　　（小泉　仁）

3 小・中一貫のカリキュラムと具体例 ——神奈川県南足柄市の取組み

(1) 小・中一貫カリキュラム（9年間の英語教育）の考え方

神奈川県西部に位置する南足柄市では，2007（平成19）年度より文科省より研究開発学校の指定を受けて，小・中9ヵ年を次ページの図のように，小学校低学年（年間15時間）・中学年（20時間）の「基礎・基本期」，小学校高学年（35時間）～中学第1学年（140時間）の「充実期」，中学校第2，第3学年（各140時間）の「発展期」の3期に分けて，小・中一貫の英語教育の研究実践に取り組んでいる。

小学校では，"Eye-contact, Smile, Heart" の3つをキーワードに，低・中学年は「基

---

[1]「横浜市立奈良中学校・横浜市立桂小学校による文部科学省研究開発指定校としての共同研究」(2005-2009)。

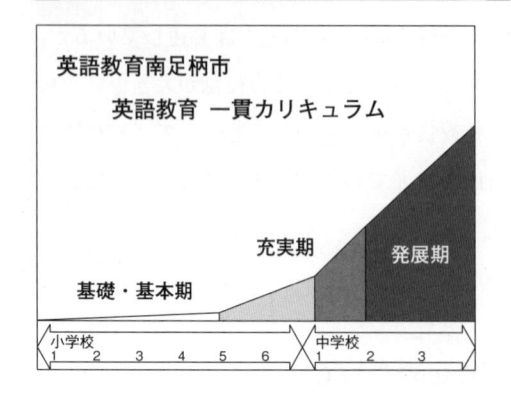

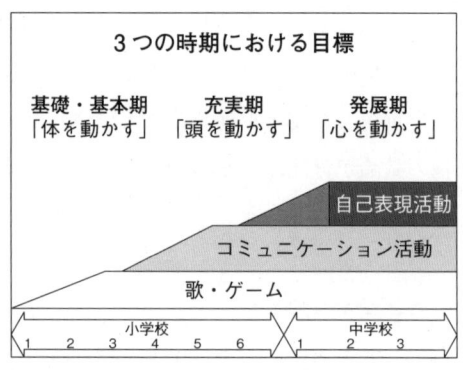

10章／小・中の連携

英語教育南足柄市 英語教育 一貫カリキュラム

（基礎・基本期／充実期／発展期、小学校1〜6、中学校1〜3）

3つの時期における目標

基礎・基本期	充実期	発展期
「体を動かす」	「頭を動かす」	「心を動かす」

自己表現活動／コミュニケーション活動／歌・ゲーム
（小学校1〜6、中学校1〜3）

礎・基本期」として，歌やゲーム的活動を中心にやさしいコミュニケーション活動を体験させるなど，「体を動かす」活動を中心に「英語って楽しい」という気持ちを十分に育むことに重点を置く。小学校高学年から中学1年生では，「充実期」として，無理のない計画的な文字指導も含め，児童生徒の興味・関心に応じたコミュニケーション活動や自己表現活動を取り入れ，「頭も動かし」て，ことばの決まりへの気づきも促す。義務教育としての英語教育完成期に当たる中学校2,3年生では，「発展期」として，教科書本文の題材を発展させたコミュニケーション活動や自己表現活動なども取り入れ，表現・伝達内容の質を高め「心を動かす」コミュニケーションができることを目標に指導している。

(2) 小学校担任を支援し，小・中連携を図る体制

小学校低・中学年では，児童が継続的に英語にふれられるように，ビデオやCDなどの視聴覚教材を活用しながら担任（HRT）が単独で指導する15分単位のモジュールの活動（M）を年間指導計画に位置づけ，45分単位授業の活動内容との関連を図っている。45分間の活動については，低学年ではHRTと英語に堪能な地域サポーター（ES），中学年ではHRT＋ESまたは外国人指導助手（ALT）のティーム・ティーチング（T.T.）を行い，ES／ALTいずれかがT2となり，T1として中心となって授業を進めるHRTを支援しながら活動を進める。

3. 小・中一貫のカリキュラムと具体例──神奈川県南足柄市の取組み

	単位授業時数	授業形態と回数	指導者
小学校1, 2年生	15時間	M: 15分×35回	HRT
		単: 45分×4回	HRT+ES
小学校3, 4年生	20時間	M: 15分×35回	HRT
		単: 45分×9回	HRT+ES／ALT
小学校5, 6年生	35時間	単: 45分×35回	HRT+兼務教諭／ALT
中学校1年生	140時間	単: 50分×140回	JTE+（兼務教諭／ALT）
中学校2, 3年生	140時間	単: 50分×140回	JTE+（ALT）

　小・中連携においてとくに重要な小学校高学年と中学1年生の指導では,「兼務教諭」がHRTや中学校英語科教諭（JTE）を支援してT.T.を行う。「兼務教諭」は, 海外日本人学校での勤務経験も持ち小学校英語活動の指導に習熟した小学校教諭1名とベテランの中学校英語科教諭1名（平成21年度より英語科教諭を1名増員）で, 小・中一貫英語教育推進のため, 以下のような特別な任務を遂行する。

- 市英語部会教員, 英語科担当指導主事とともに小・中連携を考えた指導計画, および単位授業の指導案立案や教材作成に関わる。
- 勤務校を離れ, 作成した指導案を持参して小学校（高学年）・中学校（第1学年）に赴き, HRTやJTEとの打ち合わせを経て, 授業をT.T.の形で支援する。
- T.T.での授業支援にさいしては, とくに小学校HRTが英語活動の指導にまだ慣れていない初年度は, 兼務教諭がT1として授業展開を主導してHRTをリードし, HRTが指導法を理解し, ある程度習熟してくる2年次からは, HRTをT1として授業の前面に立て, 兼務教諭はT2として補佐する。
- 小・中の英語教育連携に関する市全体での教員研修会や研究発表会, 中学校区における研修会や連絡会などでは, 担当指導主事や運営委員の大学教授らとともに, 会における提案等の中心となる。

　この「兼務教諭による出前T.T.システム」は市立小学校6校, 中学校4校と学校数が少数であることの利点を最大限に生かした取組みであるが, 地域間・学校間の指導内容や指導方法の格差をなくし, 南足柄市というひとつの地方自治体としての小学校英語活動と中学校英語教育の一貫性・統一性を保つうえできわめて大きな効果を発揮しているユニークな制度と言えよう。

(3) 小・中一貫の指導・到達目標とカリキュラム例

　以上のような指導・支援体制の下に，市としての重点指導目標（到達目標）を設定し，小・中9ヵ年の指導計画を策定して，中・長期的な視点の中で単位授業のモデル指導案を作成・実践し，改良を加えている。まず，各期の到達目標を示す。

❶ 3期9ヵ年の到達目標

1) **基礎・基本期**——英語にふれる・親しむ（体を動かす）

　〈1・2年生，各15時間〉
  - 英語の歌やゲーム，絵本などに興味を持ち，活動を楽しむ。
  - 日本語とは違う言語に関心を示し，聞き取った英語をまねて言おうとする。
  - 具体物や絵カード等を見て，その名称を言うことができる。

　〈3・4年生，各20時間〉
  - 英語の音声やリズムなどにふれ，日本語との違いに気づく。
  - 伝えたいことを簡単な英語やジェスチャーで伝えようとする。
  - 簡単な指示を聞いて，単語や短い文を使って適切に応じることができる。
  - アルファベットの読み方と文字とを一致させている。

2) **充実期**——英語に慣れる・身につける（頭を動かす）

　〈5・6年生，各35時間／中学1年生，140時間〉
  - 基本的な英語を聞いて内容を理解することができる。
  - 音声中心の言語活動に積極的に参加し，質問に対して応答することができる。
  - 自分に関することや身近なことを英語で話すことができる。
  - 文字の特徴に気づき，文字を読むこと，書くことに段階的に慣れ親しむ。
  - 外国人との交流等を通して，他の国の生活や文化習慣に興味を持つ。

3) **発展期**——英語を使う（心を動かす）

　〈中学2・3年生，各140時間〉
  - まとまりのある英語を聞いて概要を理解することができる（中3では150語程度の英語を聞いて，その概要や要点を適切に聞き取ることができる）。
  - まとまりのある英語の文章を読んで概要を理解することができる（中3では400語

3. 小・中一貫のカリキュラムと具体例——神奈川県南足柄市の取組み

程度の英文を読んで，書かれた内容や考え方などをとらえることができる）。
- 言語活動に主体的に参加し，自ら質問したり，交渉したりすることができる。
- 自分の意見や考えをまとまりのある英語で話したり，書いたりすることができる（中3では，与えられたテーマについて1分間程度の簡単なスピーチをしたり，5〜10文程度のまとまりのある英文を書いたりすることができる）。
- 文字の特徴に注意して，文字を正しく読んだり，書いたりすることができる。
- 英語特有の表現や語順に対する理解を深める。

❷ 小・中学校をつなぐ「充実期」の年間指導計画の概要

　小・中連携を考えるうえでは，新教育課程で必修化された小学校高学年から中学第1学年へとつなぐ本市における「充実期」の指導がとりわけ重要となる。紙面の制約もあり，以下では，『英語ノート』（表中では *EN*）や中学校検定教科書のシラバスにも配慮した5，6年生と中学1年生の年間指導計画の概略を示したい。

	小学校 第5学年	小学校 第6学年	中学校 第1学年
4月	アルファベットや数で遊ぼう！① What letter is this? *EN.2–1	修学旅行でインタビューしよう！ Excuse me. Where do you live? *EN.1–4	あいさつ，教室英語，アルファベットとフォニックス
5月	アルファベットや数で遊ぼう！② How long is this? *EN.1–3, 2–1	英語をさがそう！ Where does it come from? *EN.1–6	自己紹介をしよう！ I'm from 〜. be動詞，フォニックス
6月	今日は何の日？ What day is today? *EN.1–8	アルファベットで遊ぼう！ What comes after C? Can you write D? *EN.2–1	インタビューをしよう！ 一般動詞，数字
7月	何の勉強が好き？ Do you like math? *EN.1–8	道案内をしよう！ Go straight. Turn right/left. *EN.2–5	質問・発表をしよう！ 疑問詞，一般動詞，形容詞
9月	数えてみよう！ How many 〜 can you see? *EN.1–3	高さ比べをしよう！ How tall is this mountain/tower? *EN.1–3	提案・紹介しよう！ Let's 〜., 命令文，複数形，三単現
10月	ワンダフル・ワールド What food/sport is this? *EN.1–4	英語の絵本を読もう！ *Me Myself*（アプリコット） *EN.2–2, 8	天気・時刻・日課を尋ねよう！ さまざまな疑問詞，日課の表現
11月	買い物をしよう！ What color do you like? *EN.1–5	漢字で遊ぼう！ Can you read this kanji? I'll give you a hint. *EN.2–4	だれのものか尋ねよう！ Whose，所有代名詞

10章／小・中の連携

12月	サンタはどこ？ Where is Santa?	将来の夢を紹介しよう！ I want to be a teacher. *EN.2-9	何をしているか説明しよう！ 現在進行形，否定命令文
1月	クイズで遊ぼう！ What's this? *EN.1-7	クイズを作って遊ぼう！ What's this? Who am I? *EN.1-7	近況を述べよう！ 助動詞 can，月日
2月	ランチメニューを作ろう！ What do you want? I want banana, please. etc. *EN.1-9	卒業スピーチをしよう！ I have a dream. I want to be a singer. etc. *EN.2-6, 9	過去のことを話そう！ 過去時制（一般動詞の過去形）
3月			物語を読もう！ The Hungry Lion, etc.

(4) 小学校高学年と中学校1年生の指導事例

　上記の小・中学校をつなぐ「充実期」の年間指導計画にもとづく指導事例として，高学年については，修学旅行と関連づけた6年生・4月の活動を中心に取り上げ，高学年児童の知的好奇心を高めるその他の活動例を紹介する。中学1年生では，11月の疑問詞 whose の指導事例を紹介したい。

❶ 活動例①──6年生「修学旅行でインタビューしよう！」（45分間×4回）

・活動設定のねらい

　外国の方に英語で尋ねる場面を想定した学習を行うことで，相手を意識したより実際的なコミュニケーションへの関心を高めるとともに，英語を使って相手とつながろうとする態度の育成を図る。また，修学旅行への期待と関心を高めるための内容も盛り込み，より興味が深まる活動となるようにした。

・指導上の留意事項と主な指導内容

　外国の方が見あたらない場合もあるので，その場合は，日本人に丁寧にインタビューする機会とする。基本的にはグループ全員で1人の観光客に対してインタビューするが，相手に失礼がない状況を確認することや，相手の了解を得ることなどの指導を行ったうえで実際に活動させる。そういった配慮は，コミュニケーションに欠かせないものである。

6年　1/4　インタビューをしよう〔サインをもらおう〕
●サインのもらい方　"Sign, please."

3. 小・中一貫のカリキュラムと具体例——神奈川県南足柄市の取組み

Excuse me.	[Yes]
Do you have a minute?	[Sure.]
Sign, please.	[Sure.]
Thank you.	[You are welcome.]
Have a nice day.	[Have a nice day.]

> ゲームでは，お互いに尋ね合おう！

●自分のサインをつくろう
　T1: Please make your signature!　I'll give you a piece of paper.

●友だちのサインをもらおうゲーム

6年　2/4　インタビューをしよう〔どこに住んでいるの？〕

●インタビューの表現 "Where do you live?"
　T1: Where do you live?　　T2: I live in ○○.
　T1: Oh, really?　I live in ○○, too. / I see.　I live in △△.
　＊ Where do you live?　 I live in _____ . のカードを黒板に貼る。

●日光紹介の聞き取り
　T1: Look at this picture.　What's this?
　T2: Everybody, where does the dragon live?　[S: 日光]　Yes, that's right.
　　　This dragon lives in Nikko.　What is this dragon's name?　[S: 鳴き竜]　Yes…
　＊ 同様に "眠り猫 the sleeping cat", "三猿 three wise monkeys" 等を行う。

●インタビューゲーム "Where do you live?" ビンゴ
　〈進め方〉
　ビンゴカードに9つの国名を書き，ペアでやりとりをし，相手が答えた国名を丸で囲む。

〈ゲームで使う表現〉	
Excuse me.	[Yes.]
Do you have a minute?	[Sure.]
Where do you live?	[I live in China.]
Thank you.	[You're welcome.]
Have a nice day.	[You, too.]

6年　3/4　インタビューをしよう〔お名前を教えていただけますか？〕

●どうやって日光に行くの？
　T1: Look at this map.　（「日光までの地図」の拡大図 を黒板に貼る）
　T2: Where is ○○?　[It's here.]　Where is Nikko?　[It's here.]　How do you go to Nikko?
　　　By bus?
　T1: OK.　I'll show you the route.　Start at ○○ station to …

●インタビューゲーム 「お名前は？」ゲーム
　T2: There are many visitors in Toshogu.　It's a good chance to interview. Shall we
　　　play the interview game?
　【ゲーム1】1人に1枚「キャラクター・カード」を配り，自由に歩き回って相手を選び，次の表現を使ってインタビューしてワークシートに相手のサインをもらう。
　　Excuse me.　[Yes.]　Do you have a minute?　[Sure.]

May I have your name?［My name is _____ .］
　　　Sign, please.［Sure.］Thank you.［You're welcome.］
　　　Have a nice day.［You, too.］
【ゲーム2】「キャラクター・カード」を1度回収し，「ダークキャラクター」（トランプのjokerのようなもの）を混ぜて再配布する。サインをもらったら1人につき「Good point」が1点増えるが，相手がダークキャラクターの時は，自分もそのキャラクターになり，「Dark point」で-1点となり，獲得した合計ポイントを競う。

6年　4/4　インタビューをしよう〔インタビューの練習〕

●修学旅行に持っていく物
　T1: What will you take to 日光?（ 持ち物一覧表の拡大コピー を黒板に貼る）
　　　How do you say "弁当" in English?
　T2: *Bento* is a "boxed lunch" in English. …

●インタビューゲーム

〈ゲームで使う表現〉
Where do you live?［I live in China.］
May I have your name?
　　　　　　［My name is _____ .］

　T1: We will use these sentences.
　T2: Repeat after me.
〈進め方〉
縦に キャラクターカード5枚 ，横に 5ヵ国の国旗（国名）カード を黒板に置き，マス目を書く。それぞれのマス目に得点を書いた 数字カード を裏にしてマス目に貼る。クラスを2チームに分ける。答えるチームの2人が立ち，質問するチーム全員で質問し，2人のうち1人が国名を答え，1人がキャラクター名を答える。そのマス目の得点を1回ごとに競う。

・振り返り
　インタビューに必要な文型の練習を行うために，その文型に合ったゲームを行ったことで，発話の練習が自然にできた。一方，第2〜4時の授業の前半部分である日光に関する内容と，後半のゲーム活動とのつながりに無理がある部分もあった。また，活動内容が多いと児童が十分に消化しきれないことが懸念されるので，「わかった」「言えた」という気持ちで終わることができるように留意する必要がある。

実際の修学旅行では，外国の方にインタビューできた児童は一様に満足し，大きな達成感につながった。臆することなく積極的に話しかける子どもたちの姿に指導者も感心した。

❷ 活動例②──「高学年児童の知的関心を呼び起こす活動」

高学年児童の興味・関心に沿った活動内容としては，ゲームや活動の中に創造的なもの，思考を伴うもの，ニュースなどタイムリーなもの，他教科との関連のあるもの等が含まれていることが望ましい。以下は児童が意欲的に取り組んだ活動例である。

1)「ひもで形を作ろう！」（10分）──5年生「アルファベットや数で遊ぼう！」

※100 cm のひもを使っていろいろな形を作る。

Let's make a heart. Two circles / a star / a fish / a butterfly, etc.

Make an octopus. Is it difficult?

You can make an octopus with your friend.

2)「オリンピック・クイズ」（15分）──5年生「ワンダフル・ワールド」

Here is a long string. Help me, please.

How long is this string?【5 m】【10 m】 More↑ Less↓

This string is 8 m and 95 cm. And this is a world record.

What sport is this?（The answer is 走り幅跳び，"long jump."）

3)「English Hunt──街にある英語を調べよう！」（15分）──6年「英語をさがそう！」

There are many English words in Minamiashigara City.

（実際の写真を見せる）Let's check them with the dictionary.

（※英和辞書は，100円ショップ等で購入して1人1冊提供する）

❸ 活動例③──6年生「卒業スピーチ」

小学校英語活動の到達目標として「英語を使って，自分のことを伝えようとする態度の育成」を挙げたい。中学校へのつながりを考えても，皆に英語で伝える体験は英語を使うことや学ぶことへの意欲につながるに違いない。しかし，実施

卒業スピーチ（マイケル・バージョン）

Hi. My name is **Michael**.
I'm **twelve** years old.
I live in ○○○.
I like **sports**.
I play **soccer** every day.
I like **math**.
Math is very interesting.
So I study it **hard**.
I want to be a **pilot**.
Thank you.

にあたっては，児童の負担にならないように段階を追って計画的に行い，どの子も達成感を味わえるように配慮しなければならない。

卒業スピーチまでの〈Quick Talk〉

- いくつかの単元で，毎時間5〜10分間の「帯学習」として継続して練習していく。全体での練習やペアワークの中で，自信をもって発話できるように導いていく。

① A: May I have your name? 　B: My name is (　　　). 　　I'm (　　) years old. 　　Nice to meet you.	④ A: Do you like sports [music/books]? 　B: Yes, I do. 　　I like (　　　). 　　I play [listen to/read] (　　　).
② A: Where do you live? 　B: I live in (　　　). 　　It's a beautiful city. 　　It has a lot of nature.	⑤ A: What subject do you like? 　B: I like (　　　). 　　(　　　) is very interesting. 　　So I study (　　　) hard.
③ A: What's this? 　B: It's a picture of Kintaro. 　　He is from Minamiashigara. 　　He is popular in our city.	⑥ A: Do you have a dream? 　B: I want to be a (　　　). 　　I want to (　　　). 　　I (　　　).

〈児童のスピーチ例〉

　Hi! My name is ○○. I'm twelve years old. I live in Minamiashigara City. I have a hobby. I like singing. I listen to the CD of Kazunari Ninomiya. The song is like this. (♪歌の1番を堂々と歌う!)

　I have a favorite subject. I like music. Music is very interesting. So I study it hard. I have a dream. I want to be a singer. I want to live in America. Thank you.

❹ **中学1年生の指導例──「だれのもの？ Whose ...?」(50分間×2回)**

- 授業設計のねらい

　英語を使って互いにコミュニケーションする活動場面をより多く設定するようにし，活動の積み重ねが生徒のコミュニケーション力の伸長につながるようにする。

スピーチをする6年生

3. 小・中一貫のカリキュラムと具体例——神奈川県南足柄市の取組み

- 指導計画

	学習活動（* 留意点等）
1	○ Where ...? を使ってものがどこにあるか尋ね，それに答える。 *ペアで異なる絵を持ち情報を交換しながら 1 枚の絵を完成させる。
2	○ Where ...? の文を使ったリスニング問題を解く。
3	○ Whose ...? の文を使った本文を音読し，意味・用法を理解する。
4 *下記参照	○ Whose ...? を使ってものの持ち主について尋ね，それに答える。 *インタビュー活動で生徒が主体的に Whose の文を使う。
5	○人称代名詞の目的格の形・意味・用法を理解し，人について尋ね，それに答える。 *似顔絵当てゲームをする。
6	○人称代名詞を使った対話練習をする。

- 指導上の留意事項

生徒たちが小学校英語活動を体験していることをふまえ，実物を用意したりゲームを取り入れたりしながら，生徒が楽しみながら英語を使いたくなるように工夫し，コミュニケーションの楽しさを感じられるようにする。また，自分の考えや意見を発信する力を伸ばすために，十分なインプット，インテイクの時間を取ったり，ALT との会話で成功体験を重ねたりすることも計画的に行う。

学習内容	学習活動	指導上の留意点
1. あいさつ	・プリント（Quick Talk）——小学校でも行ってきた Quick Talk の形式を中学でも発展的に継続して使用する。	
2. 復習 Owner Quiz	前時で学習した Whose ...? とその答え方を確認する。 　　T1: Whose textbook is this? 　　T2: It's mine. 　　T1: Oh, it's yours. 　　　　（To Ss）The textbook is Ms. ○○'s. ・T や Ss の持ち物を使い Whose を使った文やその応答を練習する。	・次の学習につながる質問があるので，指導者が反復する。
3. 言語活動 Interview Activity	異なった絵が描かれたワークシートでお互いの情報を交換しながら，絵を完成させる。 　　S1: Whose computer is this? 　　S2: (I think) It's Ben's. / Sorry, I don't know. 　　　　S3 knows that.	・mine, yours, ～'s の答え方を思い出すように支援する。 ・より多くの情報を交換できるように支援する。
4. まとめ	ワークシートに基本文を書く。	

- 振り返り

生徒どうしがコミュニケーションをしながら学習する様子には，笑顔が多く見られた。

クイズでのさらなるインプットによる定着，インタビュー活動によるアウトプットと，自然な展開ができた。英語による自己表現活動では，日本語では言えないことや敢えてことばで伝えないことなどを，相手をしっかりと意識して表現・伝達することが可能になる。「英語を使うことの良さ」を教師が自覚しながら今後も指導に当たっていきたい。

(5) 小・中一貫教育の成果と課題

　本市では，試行錯誤の中にも小・中9ヵ年を見据えた指導を行ってきた。最後にこれまでの成果および今後の課題を挙げて本稿のまとめとしたい。

❶ これまでの成果

- 小・中一貫カリキュラムを作成し，小・中の連携を図りながら研究・実践を進めてきたことで，接続期（小学校5, 6年生，中学1年生）の指導が円滑になされてきている。
- 小学校1年生から英語にふれることで，生活の中の単語やあいさつなど，会話の基礎となる部分が積み上がっている。
- 小学校高学年において，文字を読んだり写したりする活動や，相手に自分のことを伝える活動の充実を図っていることが，中学校での英語の学習への抵抗感を軽減している。実際，中学入学後の生徒たちの様子から，「英語を聞くことに対して抵抗感が少ない」「コミュニケーション活動への積極性が高い」「ジェスチャー，アイコンタクト，スマイルなどを取り入れ，はっきりとした声でコミュニケーション活動ができる」といった中学校英語教諭の声が多く聞かれる。
- 市内中学校英語科教諭全員を対象に小学校英語活動の具体的内容を伝える場を設けたことで，小学校英語活動への理解が深まってきている。児童生徒のために互いに学び合い協力し合おうとする姿勢が小・中教諭のあいだに生まれてきている。

❷ 今後の課題

- 小学校においては，どこまで指導するのかを明確にし，児童の英語への興味，関心，さらに意欲を保ちながら中学へつなげるようにする。
- 中学校では，小学校で培ったものを継続，発展させるとともに，書くことへの苦手意識等，課題として残っているものの解決策を考えながら，生徒の実態に合った指導法を工夫していくようにする。学習への目的意識を持たせる，わかりやすい授業を工夫する，英語を実際に使う機会を設ける，達成感を味わえるような課題設定をする等の

視点を大事にしながら工夫・研究する必要がある。
・今後も，小・中教員の情報交換の場を保障し，中学卒業時の目標を共通のねらいとして意識しながら連携して取り組んでいきたい。　　　　　　　（田島直子，髙橋一幸）

〈参考文献〉

小泉仁ほか (2008)「小学校英語活動と中学校英語の連携についての総合的研究——研修の実態と教員意識の調査」文部省科学研究費補助金による研究「小学校英語活動と中学校英語の連携についての総合的研究」課題番号 19320090，平成 19 年度報告書. http://homepage3.nifty.com/koizumi_jin/indexpetset.html にも掲載.

小泉仁ほか (2009)「小中連携に関する公的研修の実態と中学校教員の連携に対する意識」小学校英語教育学会 (2009.7.20) での口頭発表. 上記の小泉仁ほか (2008) の一部. 上記の URL のサイトにも掲載.

岡秀夫・金森強 (2009)『小学校英語教育の進め方——「ことばの教育」として〔改訂版〕』成美堂.

髙橋一幸 (2008)「小学校外国語活動の必修化と小中の連携」『語研フォーラム第 7 号』(財) 語学教育研究所，pp. 115–120.

南足柄市教育委員会 (2009)『平成 21 年度 研究開発実施報告書 第三次』

文部科学省 (2008)『小学校学習指導要領解説　外国語活動編』東洋館出版社.

文部科学省 (2009)『小学校外国語活動研修ガイドブック』旺文社.

11章 これからの小学校英語活動の展望

はじめに

　日本のこれからの小学校英語教育の方向を考えるために，まず，わが国と関係の深いアジア諸国，および異言語，異文化理解教育を重視するEU加盟国の4ヵ国における小学校外国語教育の最近の動向を概観する。

　次に，国内の小学校において先導的な英語教育を展開する横浜市と寝屋川市の試みについて紹介する。また両市以外の先導的な取組みを行っている自治体や学校を参考にし，外国語活動の円滑な実施に不可欠な推進体制の確立と推進のための具体的な方策について考える。

　最後に，グローバル化の進展を見据えた世界の国々における外国語教育の改革・改善の動向を考えると，わが国の小学校外国語教育の「教科化」は，もはや時間の問題であり，小学校の外国語教育を領域から教科へ円滑に移行を図るための環境整備について提言する。

（樋口　忠彦）

1 諸外国の小学校における外国語教育

　本節では，アジア諸国（中国，韓国，台湾，タイ）およびヨーロッパ諸国（イギリス，フランス，スペイン，フィンランド）での小学校外国語教育の教育課程における位置づけ，開始学年，時間数，指導/到達目標，指導者等について概観し，日本の小学校英語教育に与える示唆について考える。アジアでこれら4ヵ国を取り上げた理由は，いずれも日本と同様にEFL環境のもと英語学習が行われており，かつ小・中あるいは小・中・高一貫のカリキュラムを有して取り組んでいるからである。また，ヨーロッパ諸国の4ヵ国は，EUにおける言語教育政策の指針である *Common European Framework of Reference for Languages*（「ヨーロッパ言語共通参照枠」，以下CEFR）のもと，体系的な言語教育を実施しており，かつその情報が豊富だからである。

(1) アジア諸国における外国語教育

　アジア諸国での外国語教育においては，英語教育が重要視され，英語はグローバル化時代におけるコミュニケーションの手段，また，グローバル社会での国家間競争に打ち勝つために不可欠な言語として認識されている。多くの国では，小学校低・中学年から英語教育が実施され，「英語によるコミュニケーション能力の育成」をめざし，「聞く」「話す」を中心に，「読む」「書く」ことも指導されている。さらに，中学，高校で英語以外の複数の言語の中から選択科目として，第二外国語の学習を奨励している国も多い。

❶ 中国

　中国では，国民経済と社会発展のために英語教育が重視されており，2001年に小学校での英語学習が教科として導入され，都市部から段階的に実施されている。そして，2005年の新教育課程全面実施により，小学3年生から後期中等学校修了時の12年生までを見据えた小・中・高一貫のカリキュラムのもと，実践的な英語運用能力の育成をめざしている。時間数は，3, 4年生では20分授業が週4回，5, 6年生では20分授業が週2回と40分授業が週2回以上となっている。

　ナショナル・シラバスとして「英語課程標準」があり，4技能の育成をめざしている。英語課程標準は9段階に分けられ，段階ごとに到達目標が示されている。3, 4年生は1級，5, 6年生は2級を目標としている。たとえば，2級の技能の到達目標には，絵，画像，ジェスチャーなどを頼りに，簡単な単語あるいは内容を理解することができる，身近な人や家庭状況について短い対話をすることができる，綴りの規則に従って簡単な単語を読むことができる，例文を参考にして文を書くことができる，などが，また，国際理解については，国際的にもっとも重要な文化やスポーツ活動を理解できる，世界中の主な国々の重要な象徴（シンボル）を理解できる，などが挙げられている。

　指導者は，英語専科教員が主であり，外国人講師は学校が独自の資金で雇用しているところ以外は，あまり活用されていない。最近では，とりわけ都市部においては，コンピュータを駆使した英語授業が広まりつつある。たとえば，広州市内の学校では，すべての普通教室にプロジェクターとスクリーンが設置されており，英語を含むすべての教科においてICTが活用されているようである。教員養成については，一般に小学校教員は中等師範学校で養成され，現職教員研修は教育学院，教師研修学院，師範学校，教育大学内の研修コース等のなかで実施されている。研修内容は，英語力向上，英語教授法理論，一般教養理論の3つの領域にわたり，サテライトテレビやインターネットによる

遠隔教育も活用されている。

❷ 韓国

韓国での英語熱は依然としてとどまることを知らない。その象徴として，英語環境にどっぷり浸ることができる「英語村」(2004年よりスタート) の存在が挙げられる。また，廃校となった校舎に英語体験施設を設けたり，小学校によっては校内に「英語体験学習センター」を設置しているところもある。

小学校での英語教育は，1997年に必修科目として，3年生から学年ごとに段階的に導入され，現在は3,4年生で週1回，5,6年生で週2回学習しており (1回は40分)，英語での基本的な運用能力の育成が目標として示されている。

6年生の技能の到達目標には，日常生活に関するごく簡単な内容の話を聞き，意図や目的を理解したり，その内容について尋ねたり答えたりすることができる，ごく簡単な話や語句を読み意味を理解することができる，口頭で慣れた語句や文，文章を書くことができる，などが挙げられている。国際理解では，外国文化を正しく受容し，自国の文化を発展させ，外国に紹介できる基礎をつくることを目標としている。

指導者については，小学校で英語教育が開始された当初は担任主導を原則としていたが，現在では英語専科教員や外国人講師による授業がずいぶん見られるようになった。また，教員養成には，国家の甚大な意気込みが感じられる。1997年から小学校英語担当教員養成を開始し，履修科目は英語運用能力の育成と英語指導法関連科目を中心に編成されている。また，小学校で英語を担当する現職教員には，英会話や英語教授法からなる120時間の基礎研修，各小学校の英語教育を総括する教員には，さらに125時間の深化研修が実施されている。くわえて，英語サマーキャンプや留学制度等も準備されている。

2005年には，「英語教育活性化5ヵ年総合対策 (2006～2010)」が公示され，児童・生徒のさらなる英語運用能力の育成に乗り出した。この対策の一環として，現職教員に対する研修のいっそうの充実を図るとともに，外国人講師雇用の積極的な拡充を推進している。目下，政府によるこれまででもっとも大規模な英語村の構想が進行中であり，ここでは韓国語と韓国史を除くすべての科目を英語のみで行う学校 (小学校7校，中学校4校，国際高校1校) の建設が，2010年度を目途に計画されている (田中, 2008)。

❸ 台湾

台湾では，2001年より5年生以上に英語を必修科目として義務づけており，教育部は

2005年に開始学年を3年生に繰り下げる政策を打ち出したが、この新政策は2005年を待たず、2003年9月より施行された。なお、台北市などをはじめ、都市部では1年生から実施しているところもある。また、2001年には、小・中一貫教育課程が公示され、翌年から施行された。現在、英語は3年生以上に週2回（1回は40分）実施されており、英語による基礎的なコミュニケーション能力の育成をめざしている。小・中一貫教育課程では4技能の到達目標は明記されているものの、学年ごとには示されておらず、学年ごとの到達目標は各自治体が児童の実態をふまえながら、独自に設定することになっている。

小・中一貫教育課程における小学校段階での技能の到達目標には、簡単な文章および簡単な日常生活の対話を聞いて理解できる、絵、図などを参照しながら簡単なロールプレイができる、フォニックスのルールを使用し、単語を読むことができる、簡単な文を書き写すことができる、などが挙げられている。国際理解については、自国と外国文化および風俗習慣に対する理解を高めることを目標としている。

指導者は、英語専科教員が主であり、それに担任や中学英語教員が続く。外国人講師による指導は、以前はほとんど皆無であったが、最近では徐々に見られるようになっている。教員養成については、小学校での英語教育を開始するにあたり、実に用意周到な計画がなされていた。2001年からの小学校英語教育全面実施にさいし、1回限りではあったが、1999年に臨時小学校英語教員採用試験が民間人を対象に実施され、合格者には360時間もの研修が課せられた経緯がある（内訳は、英語技能に関する研修が240時間、英語指導に関する研修が120時間）。現職教員には、夏期休暇や週末、夜間などを利用した研修が定期的に実施されている。また、TOEFLなどの公共の英語検定試験で一定の基準を満たせば、英語を教えることが許可されている。

❹ タイ

タイの小学校英語教育は、1992年に5、6年生を対象とした選択科目として始まり、その後、都市部の小学校を中心に次第に広まっていった。現在は2001年に公示された小・中・高一貫カリキュラムにもとづき、小学校ではすべての学年において週2回（1回は60分）の基礎学習にくわえ、4年生から6年生では週あたり1〜2回の追加学習が行われている。この追加学習は、リスニング・スピーキング、リーディング、ツーリスト英語など、児童のニーズや関心にもとづき内容が設定されている。

2001年にはEP（English Program）というパーシャル・イマージョンによる特別クラスを設置し、少なくとも英語、算数、理科、体育は英語を使用して教えられている。し

かしながら、学校全体でEPを実施している小学校はわずかであり、多くの学校では一般クラスとEPクラスが併設されている。また、2003年にはMEP（The Mini English Program）が設けられ、タイ語と社会科を除く主要2科目以上が英語で教えられている小学校もある。

　タイにおいても、英語によるコミュニケーション能力の育成が指導目標として挙げられ、段階ごとに到達目標が設定されている。小学校段階は第1ステージ（小1〜3）と第2ステージ（小4〜6）に分けられているが、第2ステージの技能の到達目標としては、身の回りの社会で用いられる命令、要求、ジェスチャー、およびアドバイスを理解できる、身近なことについて情報をまとめて発表できる、単語、フレーズおよび簡単な文章を正しく発音できる、短い文や文章を書き写したりすることができる、などが挙げられている。また、国際理解については、外国文化の伝統、慣習、お祭り、お祝を知ることができる、自国文化と外国文化との共通点および相違点を理解できる、などが挙げられている。

　指導者は、一般に学級担任であるが、英語専科教員を導入している学校もある。タイ政府は、外国人講師についてその重要性は認識しているものの、財政的に大きな負担となるため、ボランティアによる講師を推奨している。教員養成については、2004年度より教員養成課程が従来の4年制から、1年間の実習を加えた5年制へと変更された。現職教員の研修では、上級・中級・初級レベルに分かれた研修（研修内容は、英語学、方法論、英会話、文化学習などを含む）、教材と評価に関する研修、ERIC（「英語教育リソース活用センター」）担当者研修がある。しかしながら、現状は財政難のため十分な研修が実施できない自治体も少なくない。また優秀な英語教員には特別な報酬を与えることで、教員の質の向上をめざしている。

(2) ヨーロッパ諸国における外国語教育

　EU諸国では、「言語の多様性」が重要な概念であり、ヨーロッパで使用されるすべての言語が同等に文化遺産であるという観点から言語教育が実施されている。2001年の欧州言語年では、ヨーロッパの言語遺産への認識を高めること、他言語や他文化に対する関心を高めること、多言語運用能力を身につけることなどが言語教育政策の目的として掲げられ、これを機に多くのヨーロッパ諸国で外国語教育のいっそうの拡充が図られている。

❶ イングランド

イギリスでは，児童・生徒は年齢にもとづき4段階（KS1＝5〜7歳，KS2＝7〜11歳，KS3＝11〜14歳，KS4＝14〜16歳）に分けられており，KS3までが義務教育である。2002年に，イギリス教育雇用省は，2010年までにすべてのKS2の児童が教科として少なくとも1つの外国語を学習できるようにするという言語政策に関する包括的な目標を発表した。KS2における学習言語は，Driscoll et al. (2004) の調査によると，フランス語が圧倒的に多く，全体の40%を占めており，次いでスペイン語（6%），ドイツ語（4%）が続く。授業時間数は20〜30分授業を週1回実施している場合が多い。

KS2段階における外国語教育のためのガイドラインは，2004年に改定された共通カリキュラムに示されている。到達目標は4技能（① listening and responding，② speaking，③ reading and responding，④ writing）に関して，それぞれ4レベルが設定されている。もっとも高いレベル4では，①ほぼ普通のスピードで話される既習事項からなる簡単な文章を聞いて，要点やある程度の詳細を理解することができる，②3〜4往復のやり取りからなる簡単な会話を行い，語句の置き換えによって既習の文法事項を活用することができるとともに，概して正確に発音でき，イントネーションもある程度の一貫性を保つことができる，③短い文章を読んで，要点やある程度の詳細を理解することができるとともに，辞書などを活用したり，文脈から推測することによって自分で読むことができる，④3〜4文からなるパラグラフを書き，語句の置き換えによって既習の文法事項を活用することができるとともに，辞書を使って単語を調べることができる，とある。

指導者に関しては，とくに規定はなく，通常，学級担任がすべての教科を担当している。ただし外国語の場合は，前掲のDriscoll et al. (2004) によると，KS2全体の41%が学級担任で，その他は，巡回教員（16%），ボランティア・保護者（15%），専科教員（12%），母語話者（10%）等である。教員養成については，通常，教職課程がある大学を卒業後，大学院で1年間の教職課程を修めることになっている。そして，就職後1年間の見習期間を経て，正規の教員になる。

❷ フランス

フランスでは，6歳から16歳（後期中等教育の1年目終了）までが義務教育である。初等教育（6〜11歳），前期中等教育（11〜15歳），後期中等教育（15〜18歳）に分類される。フランスでは2002年9月のカリキュラム改定により，言語教育が基本の柱5本の1つに据えられ，幼稚園の最終学年に外国語学習が導入された。小学校の外国語の授業時間数は，2002〜07年度までは1〜3年生で週1〜2時間，4〜6年生で週1時間半〜2時間で

あったが，2008年度のカリキュラム改訂により，1〜6年生で年間54時間となった。時間配分の規定が週単位から年単位に変更されたことにより，柔軟な運用が可能となり，外国語の週単位での学習時間は教師や学校の裁量に任されることとなった。

政府は学校教育において教授すべき能力を7つに分類しているが，そのひとつが「外国語の知識」であり，小学校卒業時（11歳）の到達目標をCEFRのA1レベルとしている。すなわち，①十分なポーズがあり，ゆっくり，はっきり発音される話を理解することができる，②短く簡単な文章であれば，慣れ親しんでいる単語や表現から情報を得ることができる，③当面必要とすることや身近な話題について簡単なやり取りをすることができる，④個人的な情報を書くことができる，ことが到達目標である。

外国語の授業は，通常，学級担任や専科教員が担当しているが，外国語学習の早期化により，現職教員および外国人講師の研修の充実が急務となっている。2002年度には小学校教員採用試験において外国語が義務化された。小学校教員は，大学終了後，IUFMと呼ばれる教員養成機関で2年間の課程を修めることになっており，正式な教員として採用される前に，教員候補者として1年間の教育実習を経なければならない。

❸ スペイン

スペインでは，1970年に小学6年生から外国語が必修科目となり，1990年には外国語学習開始年齢が3年生に引き下げられた。また，2006年5月に告示された教育基本法（Ley Orgánica de Educación）では，スペインが多言語・多文化国家であることに鑑み，公用語（スペイン語），第2公用語（カタルーニャ語，バスク語など），そして少なくとも1つの外国語（英語，フランス語，ドイツ語など）でのコミュニケーション能力の育成を目標としている。

初等教育は年齢に応じて3つのサイクル（第1期：6〜8歳，第2期：8〜10歳，第3期：10〜12歳）に分類されており，通常，第1期で第1外国語の学習を開始する。ただし，スペインの多くの地域では，3歳頃から外国語学習を開始しており，中には，第1期で第2外国語を教えている地域もある。Strubell et al. (2007) による2000年と2005年の小学校における外国語学習の実態比較によると，小学校で外国語を学習している児童は年々増加しており（79.8%→91.4%），第2外国語を学習している児童の割合もわずかであるが増加傾向にある（0.7%→4.3%）。なお，選択される学習言語は，英語が圧倒的に多く，増加の一途をたどっている（77.7%→90.9%）。

到達目標については，第1〜3期それぞれの修了時に，4つの領域（①聞く・話す・会話する，②読む・書く，③言語の知識，④社会文化的側面・異文化理解）に関して設定

されている。学習指導要領にあたる Enseñanzas mínimas de Educación Primaria（2006年12月）によると，最低授業時間数は，第1期で105時間，第2,3期で140時間と規定されており，第3期修了時の到達目標は，①基本的なメッセージを聞き取ったり，口頭で文章を作成することができ，コミュニケーション時に遭遇する困難を克服することができる，②日常生活に即した文章を読んだり，書いたりすることができ，手紙等を作成することができる，③注意すべき発音に気をつけながら，適切なリズム・強勢・抑揚，また大きな声で朗読等ができ，綴りと発音と意味の関連性を理解している，④言語学習を他国の人々とのコミュニケーションの手段，情報入手の手段，異文化理解のための手段として評価するとともに，当該外国語が話されている国や当該外国語を話す人に対して寛容な態度を持ち，外国語話者とのコミュニケーションへの興味を持つこと，とある。

指導者は，通常，学級担任の場合は複数の科目を担当するが，外国語の場合は，体育や音楽と同様に専科教員が行うことになっている。教員研修に関しては，スペインで60時間，また，その言語が母語となっている国で40時間の研修を受けることになっている。なお，現職教員研修については任意であるが，昇進や昇給に結びついており，ボーナスが支給される仕組みになっている。

❹ フィンランド

フィンランドは，OECD（経済協力開発機構）が3年ごとに実施している学習到達度調査（PISA）で常に上位を占めていることから，昨今，その教育のあり方が注目されている。7〜16歳が義務教育期間だが，進学先が決定しない場合や将来設計に時間をかけたい場合には，追加的基礎教育期間としてさらに1年間在籍できる。

学習言語は，学習時間に応じてAレベルとBレベルに分類されている。Aレベルは，通常小学3年生から開始して高等学校卒業まで継続して学習されることから長期言語，Bレベルは，通常7年生から開始されることから短期言語と呼ばれる。AレベルはA1言語（必修）とA2言語（選択）に細分化され，基本的には，A1言語を週2時間，4年間，A2言語を週3時間，2年間学習する。A1言語の学習は，通常3年生から開始されるが，中には1,2年生から開始する児童もいる。一方，A2言語の学習は，通常小学5年生から開始されるが，開始学年を早めることも可能である。英語はもっとも人気のあるA1言語であり，A2言語として学習する児童も多い。また，すべての児童・生徒は基礎教育を修了するまでにA言語とB言語を少なくとも1つずつ履修することになっている。

6年生修了時の到達目標はCEFRにもとづいて，リスニングとリーディングはA2.1，スピーキングとライティングはA1.3として設定されている。具体的には，A言語とし

て英語を選択した場合，リスニングは，個人的なことに関する簡単な話やディスカッションを聞いて理解でき，関心のある話題に関する内容の要点やテレビニュースでの話題の展開が理解できるレベル（A2.1），スピーキングは，自分や身の回りのことについて簡単な語句を用いて話したり，とくに身近な話題については流暢に，また，その他の内容については基本的な語彙からなる簡単な文を話すことができるが，発音で誤解されることもあり，文法的なミスも頻繁に見られるレベル（A1.3），リーディングは，基本的な語彙からなる簡単な文章を理解でき，数段落の文章の要点を理解できるが，読解速度は遅いレベル（A2.1），ライティングは，葉書や個人情報など簡単なメッセージを書くことができ，私生活に関する語彙や表現を使うことができるレベル（A1.3）である。

外国語の指導は，学級担任か専科教員が行っている。通常，英語の授業は英語で行われており，教員には高い英語力が要求されている。教職に就くには教育学の修士号取得が要件となっている。また，学級担任をめざす場合には，大学進学のさいに，筆記試験のほかに，適性検査と面接を受けなければならない。フィンランドでは，教職は人気の高い職種であり，大学入学段階から優秀な人材の選抜が開始され，このことが質の高い教員を生み出すことにつながっている。

（3）日本の小学校英語教育への示唆

これまで概観してきたアジアおよびヨーロッパ諸国の外国語教育に共通して見られることは，小・中（・高）を見据えた一貫カリキュラムが作成されており，また，小学校段階においても「英語によるコミュニケーション能力の育成」を指導目標として挙げていることである。日本においても，2011（平成23）年度から高学年より外国語（英語）活動が必修化されることになるが，小学校ではコミュニケーション能力の素地の育成が目標であり，また一貫教育の観点から見ると，中学校・新学習指導要領に，「小学校における外国語活動を通じて音声面を中心としたコミュニケーションに対する積極的な態度などの一定の素地が育成されていることを踏まえ，身近な言語の使用場面や言語の働きに配慮した言語活動を行わせること」という配慮事項が記載されている程度で，指導の具体についてはいっさい明示されていない。今後，わが国においても小・中・高一貫の英語教育を推進するにあたっては，わが国における英語教育の目的を明確にするとともに，小・中・高各段階における指導／到達目標，指導内容，指導方法，評価規準を明確に示した小・中・高一貫のシラバスの作成，また，校種間の連携体制づくりを真剣に考えていく必要があろう。

指導者の養成・研修については，本稿に挙げたアジアおよびヨーロッパ諸国の多くの国では，充実した教員養成や現職教員研修を実施している。一方，わが国では，教員養成は，小学校の英語が教科でないこともあり，小学校外国語（英語）活動の指導者に必要な英語や小学校英語教育に関わる講義や演習を必修科目として展開している大学はきわめて少ない。教員研修についても，地方自治体で各小学校の教員2名を対象とした中核教員研修が30時間，そして各小学校でこの中核教員研修を受講した教員による全教職員を対象とした校内研修が2年間で30時間設けられている程度で，他国と比較すると時間数ひとつとっても，きわめて貧弱である。以上のように，より充実したカリキュラムにもとづくしっかりとした教員養成および教員研修の実施が，わが国に課せられた今後の大きな課題である。

　また，アジア・ヨーロッパ諸国とも，外国語学習を低・中学年から開始しており，よって，年間授業時数も日本と比較すると，はるかに多い。一定レベルの技能の育成，情意形成を期待するのであれば，わが国でも現行の英語活動を教科として位置づけ，少なくとも中学年から開始し，週1時間以上の学習時間を確保することが不可欠であると考える。

（加賀田哲也，箱﨑雄子，樋口忠彦）

2 地方自治体による先導的な試み（1）——横浜市

（1）神奈川県横浜市における国際理解教育・英語教育の取組み

　2009（平成21）年に開港150周年を迎えた横浜市は，開港期以来，世界への窓口として発展し，市内には外資系企業や国際機関が集積するとともに，多数の外国人が居住している。市立学校に通学する外国人児童・生徒[1]も多く，日本人児童・生徒とともに学ぶ環境があることから，コミュニケーションを図ろうとする態度の育成，違いを認め，共に生きていこうとする態度の育成は，義務教育開始の段階から，それぞれの発達段階に応じて必要となっている。

❶ 国際理解教育

　横浜市は，1987（昭和62）年，当時増加傾向にあった帰国児童生徒の支援および国際理解教育を目的として，小学校に外国人講師（当時はALT）を派遣する事業を開始した。その後，事業名を「小学校国際理解教室」とし，さまざまな国の外国人講師（IUI[2]）を

---

1) 外国人児童・生徒数：小学校1,595人，中学校823人（平成21年5月現在）。
2) International Understanding Instructor: 小学校国際理解教室外国人非常勤講師。

11章／これからの小学校英語活動の展望

▲日本とインドネシアの楽器を比較する

派遣し，体験的な学習を通して，国際性や共生の意識を育んできた。

現在は，英語を通して異文化を体験的に学習すること，英語によるコミュニケーションを楽しむことなどを目的とし，小学校346校に，38の国と地域から，102名の外国人講師を配置している。各小学校には，毎年違う国の講師を配置しており，児童は6年間で，6つの国の文化にふれることができる。

❷ 英語教育

小学校において英語を扱う領域が必修となることを想定し，2004（平成16）年度から毎年各区に1校の小学校英語活動推進校を設置し研究を進めてきた。2008（平成20）年3月にはその推進校の取組みを俯瞰し，具体的な指導方法や指導内容を市内全校で共有するために，「手引」および「事例集」を編集した。

また，2008年度には，「小中学校英語教育推進プログラム」を策定し，9年間を見通した外国語教育のねらいや小学校外国語活動の指導体制，評価の観点例，中学校外国語科の充実に向けた視点等を示した。

❸ 国際理解教育と英語教育の融合

横浜市では，これまでの取組みの成果を生かし，地域特性をふまえた教育を行うため，小学校国際理解教室と外国語活動を融合させ，「横浜国際コミュニケーション活動（YICA）」として，2009（平成21）年4月より市内全小学校で実施している。

〈小学校国際理解教室 ＋ 外国語活動 ＝ 横浜国際コミュニケーション活動〉

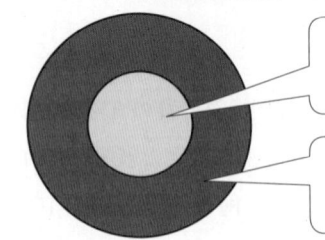

- 小学校国際理解教室（全学年5時間）
  英語を通して，異文化を体験的に学ぶ実践的な場面
- 外国語活動（1〜4学年15時間，5・6学年30時間）
  英語に親しみ，コミュニケーションを楽しむ場面

小学校国際理解教室と外国語活動は，使用する基本的な英語や取り上げる題材を共通

にしたり，外国人と担任のティーム・ティーチングという同じ指導形態をとったりするなど，有機的に関連させて授業を行っている。

年間指導計画の作成に当たっては，小学校国際理解教室1時間と外国語活動2～3時間を1つの単元として，5～8単元程度を準備することとなる。たとえば，動物を題材とした単元では，3時間の外国語活動で，ALTとともに動物を表す英語に十分に親しみ，4時限目に小学校国際理解教室で，IUIの国の動物について学習する。この時間では，外国語活動で親しんだ語や文が使われていることから，IUIが動物を紹介している内容を無理なく理解することができる。

〈単元と年間指導計画の基本的な考え方〉

時数	1	2	3	4	5	6	7	8	9	10	11	12	13	14	15	16
内容	外国語活動	外国語活動	外国語活動	国際理解教室	外国語活動	外国語活動	外国語活動	国際理解教室	外国語活動	外国語活動	外国語活動	国際理解教室	外国語活動	外国語活動	外国語活動	国際理解教室

(2) 横浜国際コミュニケーション活動の教育課程上の位置づけ

小学校学習指導要領（平成20年3月告示）に示す外国語活動の時間の考え方に則り，教科ではなく，領域としての扱いとし，以下のように教育課程上に位置づけている。

❶ 第1～4学年

年間総授業時数の中で，学校裁量の時間として20時間を確保し，「YICAの時間」の名称で，教育課程上に位置づける。小学校国際理解教室は，YICAの20時間の中に含めるものとする。

❷ 第5,6学年

高学年については，学習指導要領に示す外国語活動としての位置づけとなるので，教育課程上の表記は，「外国語活動」となる。小学校国際理解教室は，第1～4学年と同様，外国語活動の35時間の中に含めるものとする。

(3) 横浜国際コミュニケーション活動のねらい

学習指導要領に示された3つの柱をふまえ，次のように設定した。小学校国際理解教室の時間は，3つの柱とほぼ同様の切り口で縦割りの設定となっている。それに対し，外

11章／これからの小学校英語活動の展望

国語活動のねらいは，発達段階に応じた横割りの設定である。

❶ 小学校国際理解教室の3つのねらい

- 異文化にふれるとともに，自国の文化に目を向けるきっかけを与える。

　異文化を体験的に学ぶことで，自国の文化とは違う文化の存在に気づかせ，違いを違いとして受け止める柔軟な姿勢を育てる。また，日本の文化との比較を通して，自国の文化へ目を向けるきっかけとし，自国の文化への関心を高める。

- コミュニケーションを図ろうとする態度，楽しもうとする態度を育成する。

　さまざまな国のIUIと，コミュニケーションを図りながら，直接ふれ合い，関わり合うことを楽しむ体験をさせる。また，IUIが文化を紹介する中で，指示や話の内容を推測するなどして，理解しようとする態度を育てる。

- 英語に親しむ

　英語での簡単なコミュニケーションを通して，英語の音やリズムに親しませるとともに，英語への興味や関心を高める。

▲イスラエルの動物を紹介する

❷ 外国語活動のねらい

(第1, 2学年)──「ふれる」「知る」
- リズム遊び，歌などを楽しみながら，英語の音やリズムにふれる。
- 異文化の存在を知り，さまざまな気づきを通して世界を広げていく。
- 異文化に興味をもち，母語や英語に対する意識を高める。

(第3, 4学年)──「楽しむ」「興味をもつ」
- 身近で初歩的な英語を聞いて，内容を理解しようとする。
- 簡単な質問をしたり，答えたりしようとする態度を身につける。
- 身近な題材で英語によるコミュニケーション活動を楽しむ。
- 英語の文字にふれ，読んだり，書いたりしようとする。

(第5, 6学年)──「親しむ」「理解する」
- IUIやALT，YICAサポーターなど，さまざまな人とのコミュニケーション活動に親しむ。

- 身近で初歩的な英語を聞いて，わからないところを推測しようとする態度を身につける。
- 身近で初歩的な英語で，自分の考えや気持ちなどを相手に伝えようとする態度を身につける。
- 身近な英語を読むことに関心をもつなど，理解しようとする態度を身につける。
- 身近な英語を書くことに関心をもつなど，表現しようとする態度を身につける。
- 異文化を理解し，異なる文化をもつ人々と積極的に関わろうとする態度を身につける。

（4）指導者と指導形態

❶ 担任を中心とした指導体制

担任は，児童の個性や興味・関心，友人関係などを理解しているため，児童の実態に応じた題材や活動を設定することができる。また，教育活動全体を把握していることから，他の教科や領域と関連づけた授業を行うことができる。このような理由から，横浜国際コミュニケーション活動は担任が主体となり授業を進めている。

担任は，ALTやIUI等とティーム・ティーチングで指導することを原則とし，児童の発話を促したり，自ら生き生きとコミュニケーションしようとする姿を示したりすることで，態度面の育成を図っていく。

❷ ALTとIUIの配置

基本的にすべての外国語活動の時間にALTを配置する。学校規模により過不足が生じることが予想されるが，その場合は同一ALTを配置する学校グループで相談し，調整する。外国語活動の時間は，担任とALTの2名か，あるいは英語に堪能な地域人材を活用した3人によるティーム・ティーチングとする。

また，小学校国際理解教室については，1クラス年間5単位時間程度のIUIを配置する。この時間は，指導方法として，日本の文化と異文化を比較しながら紹介することを基本としていることから，担任とIUIの2名によるティーム・ティーチングとする。

▲担任，ALT，YICAサポーターによる授業

❸ 英語に堪能な地域人材の活用

学校長は，必要と判断した場合，保護者や地域に呼びかけ，英語に堪能な地域人材（YICA サポーター）を確保し，担任のサポートに当てる。

YICA サポーターは，横浜市の指針[3]に則り，学校長が委嘱するが，学校や地域の状況によっては，確保が困難な場合が予想される。その場合には，教育委員会事務局が構築した人材バンクを活用し，必要な人材を確保する。

(5) 教員の授業力・英語力の向上をめざした研修の充実

担任の授業力と英語力のそれぞれの向上を目的とし，公開授業を含めた近隣校ブロックでの研修や学校訪問による研修を充実させ，その体系化を図っている。

- 単元開発能力および英語教授力の向上を目的とした「小学校英語研修」（12h）

  ワークショップ型研修で，単元開発能力を高めるとともに，アクティビティや英語の歌などを体験的に学ぶことで，英語教授力の向上をめざしている。

- 英語運用能力の向上を図る「Let's learn English!」（2h×希望回数）

  希望する学校を，外国人指導主事助手が訪問し，さまざまな活動を体験を通して紹介しながら，英語運用能力の向上をめざしている。

- 授業の円滑な展開をめざす「小学校英語スタートアップ研修」（2h×希望回数）

  指導主事と外国人指導主事助手が学校を訪問し，教員を児童に見立て，ティーム・ティーチングを展開することで，授業の流れ等を体験させている。

(6) 成果と課題

❶ 国際理解教育の視点から

外国人講師との体験的な学習の中から，さまざまなことばや文化をもつ人々がいることに気づき，違いを自然なものとして理解しようとする態度が養われてきている。このことは，ALT や IUI と授業外でも積極的に関わろうとする児童や，転入してきた外国籍の児童に対して，まず話しかけてみるといった児童が増えてきたことからもうかがえる。（次ページのグラフ１参照）

課題としては，共生の意識を育むまでには至っておらず，今後は９年間という長いス

---

[3] 指針：2006（平成18）年12月，横浜市「学校教育ボランティア」の活用に関する指針。

パンで，気づいた違いを受け入れ，お互いを尊重しようとする態度の育成を図ることが必要と考えている。

グラフ1：街で外国人に話しかけられたとき，あなたはどうしますか。

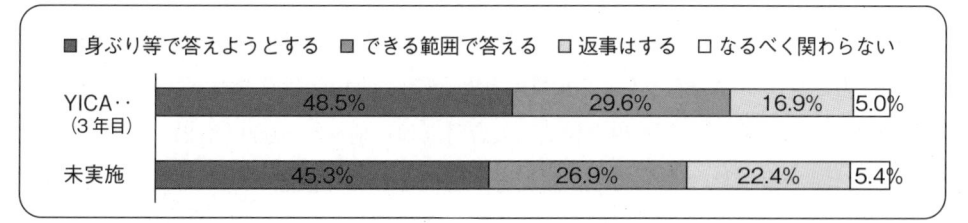

	身ぶり等で答えようとする	できる範囲で答える	返事はする	なるべく関わらない
YICA‥(3年目)	48.5%	29.6%	16.9%	5.0%
未実施	45.3%	26.9%	22.4%	5.4%

❷ 英語教育の視点から

　小学校国際理解教室との相乗効果もあり，音声中心にさまざまな体験的学習を経験することで，英語の音声に慣れ親しむとともに，英語への興味・関心が高まっている様子が見られる（グラフ2，3参照）。とくに高学年では，ことばだけでなく，表情やジェスチャーを大切にしようとする意識が高まっていることがうかがえる。

　しかし，外国語活動のねらいを，教員や児童が十分に理解せずに行うと，負担感が増大し，興味・関心が薄れてしまうケースがみられる。

　また，コミュニケーションを図ろうとする態度の育成だけでなく，音声を中心に英語に慣れ親しませることをねらいとするのであれば，指導内容の見直しが必要となってくる。

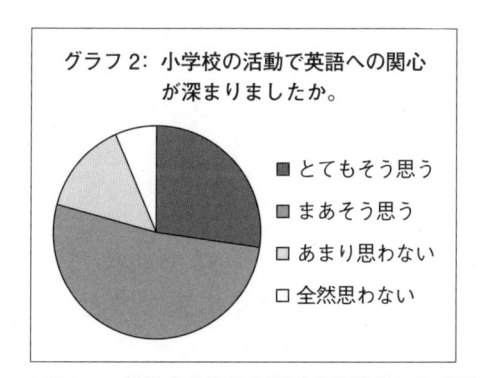

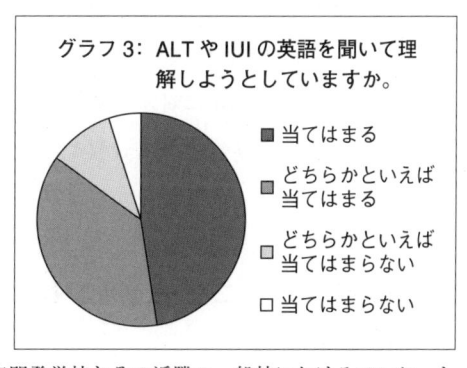

グラフ2：小学校の活動で英語への関心が深まりましたか。
- とてもそう思う
- まあそう思う
- あまり思わない
- 全然思わない

グラフ3：ALTやIUIの英語を聞いて理解しようとしていますか。
- 当てはまる
- どちらかといえば当てはまる
- どちらかといえば当てはまらない
- 当てはまらない

＊グラフ：横浜市小学校英語活動推進校および研究開発学校とその近隣の一般校におけるアンケートより（実施：2008（平成20）年10月，対象：小学生878人，中学生1573人）

（笠原　　一）

2 地方自治体による先導的な試み（2）——寝屋川市

（1）大阪府寝屋川市「国際コミュニケーション科」の取組み

　寝屋川市（小学校24校，中学校12校）は，1中学校と2小学校からなる中学校区すべてで小・中一貫教育を行っている。めざす子ども像として「コミュニケーション力と情報活用能力を身につけた子ども」を掲げるとともに，「小中学校英語教育特区」（2005［平成17］～2007［平19］年），「小中学校英語教育特別推進地域」（2009［平21］年～）の認可をうけて，小・中一貫の9年間の英語教育の時間として「国際コミュニケーション科」を実施している。

（2）「国際コミュニケーション科」の指導目標

　2005（平成17）年3月に策定した国際コミュニケーション科「カリキュラム・ガイドライン」によって，教科の目的を「英語を通じて，国際社会を主体的かつたくましく生きるために必要な資質や能力の基礎を育成する」と設定し，目標達成の指標として3領域「コミュニケーション・情報活用／英語／国際理解」を設け，各々の目標を以下のように設定している。

- コミュニケーション・情報活用——自らすすんで知識や情報を入手，理解し，発信，対話するなど，コミュニケーションに対する主体的な態度を養う。
- 英語——英語を用いて相手の意向を理解し，自分の考えや気持ちを表現することができるなど，実践的コミュニケーション力の基礎を育成する。
- 国際理解——異文化に対する関心や理解を深めることを通して，異なる文化や価値観をもつ人々と共に生きる資質や能力の基礎を養う。

（3）「国際コミュニケーション科」の教育課程における位置づけと授業時間数

　現在，小学校「国際コミュニケーション科」の年間授業時数は，第1,2学年10時間，第3,4学年20時間，第5,6学年35時間である。小学校での取組みを継続・発展させるため，中学校においても年間35時間の「国際コミュニケーション科」を実施し，英語科の年間105時間と合わせて小・中一貫英語教育を行っている。

(4)「国際コミュニケーション科」のシラバスと授業内容

　本市では，2003（平成15）年度より1中学校3小学校（うち2小学校は2005［平17］年度に統合）が文科省指定の研究開発学校として小・中一貫英語教育を研究した成果等を参考にし，2006（平18）年度に，市教育研修センター研究員（小学校教員と中学校英語科教員で構成）が小学校第1学年から第6学年までの6年間の標準シラバスを作成した。また，2009（平21）年度の標準シラバス改訂では，『英語ノート』との関連性に配慮した。

　各小学校では，この標準シラバスを参考に，児童の実態，行事等に合わせて各小学校独自のシラバスを作成する。そして，年度の終わりにその成果と問題点をもちより，次年度の標準シラバス作成に活かしている。各学校の取組みを共有しながら，小学校のそれぞれの教室で生まれた実践にもとづくシラバスは，年々豊かになってきている。

　本市のシラバスでは，児童にとって身近な話題や場面を取り上げ，授業では，音声により英語の基本的な表現に慣れ親しみながら，「友だちに伝えたい」，「友だちの話を聞きたい」と思えるような活動を工夫している。歌，チャンツ，ゲームなどの活動で英語の音やリズムに慣れ，クイズ，インタビュー，ロールプレイ，スキット，ショウ・アンド・テル，スピーチなど，発達段階や学習時間に応じたコミュニケーション・自己表現活動を設定している。

　6年生では，たとえば「友だち，有名人を紹介しよう」という単元で，"I Like You（あなたを好きなわけ）"という歌の中にある "I like you because you are 〜." というフレーズをもとに，クラスの友だちや自分にとってのヒーローを紹介する授業が展開された。友だちのいいところを見つけ，友だちから認められ，あたたかい気持ちが残る授業だった。イングリッシュ・ルーム から教室にもどったあとも，子どもたちは口々に "I like you because you are 〜!" と声をかけあっていた。また，「料理をしよう」では，英語の指示を聞きながら NET（Native English Teacher）の出身国のお菓子を作り，「世界の人と仲良くなろう」では，修学旅行や校外学習でインタビュー活動をすることを目標に単元を計画する学校もある。社会科や「総合的な学習の時間」で学んだ環境問題について簡単な英語で表現し合うなど，他教科等と連携した授業も行われている。

(5) 評価規準の具体例と評価

　評価については，以下に示す評価規準をもとに，具体的な活動と結びつけて，児童の活動のよいところを文書表記することとしている。

11章／これからの小学校英語活動の展望

【評価規準例（第5, 6学年）】
- コミュニケーションや情報活用に対する積極性
    - 相手のことに関心を持ち，知ろうとする。
    - 聞いたことについて感想や意見を述べようとしている。
    - うなずいたり，メモを取ったりするなど，相手の話に関心をもっている。
- 言語や文化に対する知識・理解
    - 日本語と英語の言語としての特徴を理解し，共通点や相違点に気づく。
    - 他国の文化に興味をもつ。
    - 身近な話題から日本と世界のつながりを考えようとする。
- 聞く能力・話す能力
    - 英語を聞いて，相手の意向を理解し，行動する。
    - 自分の好きなことなどについての問いに，英語で答えようとする。
    - 英語を使って，自分の考え，気持ちを表現しようとする。
    - 英語を使って，自分のほしいものを伝えようとする。
    - 英語を使って，自分のできることを表現したり，尋ねたりする。

（6）指導者と指導者の研修

❶ 指導者と指導形態

本市では先に述べたように，中学校と中学校区内の2小学校で協力し英語活動を推進しているが，小学校の英語活動の指導者および指導形態は次の通りである。

- 学級担任

    授業をマネジメントする。児童にとっては英語でコミュニケーションを図ろうとするモデルとなる。学校のシラバスを，児童の実態に合わせて調整する役割も果たしている。

- 英語担当教員

    「国際コミュニケーション科」の年間指導計画の立案，授業計画を主として担当し，校内のコーディネートと中学校区内3校の連携を図る。

- 英語教育支援者

    2小学校に1名配置する英語が堪能な地域人材である。英語担当教員とともに授業をしながら，教材や指導法について知識・技術を提供する。

- NET (Native English Teacher)

中学校に配置されている。年間の指導日数の20～25%は，2小学校の「国際コミュニケーション科」の授業を行う。

　当初は，英語教育支援者の英語力や児童英語教育の経験と，英語担当教員のもつ授業マネジメント，発達段階をふまえた指導，児童の興味・関心についての知識をもとに，協力して授業をつくっていた。学級担任は，両者とともに授業に参加し，オン・ザ・ジョブ・トレーニングで，授業計画，教材，指導法について学んでいった。

　しかし現在は，学級担任が中心となり，学年で相談しながら授業展開を考え，英語担当教員，英語教育支援者，中学校に配置されているNETと協力して授業を進めている。中学校の英語科教員も，第6学年の3学期や児童の発表が中心の授業などに参加している。

❷ 指導者の研修

より充実した授業の展開をめざして，教員のさまざまなニーズに応えるために，以下の研修を行っている。

- 実践研修

英語担当教員・英語教育支援者を対象に，先進的な英語活動を実施している自治体や小学校からの講師による指導法の研修，および本市の各小学校の実践発表から互いに学び合う研修。現在は夏季休業中に2日間実施している。

- 授業研究研修

当初は，大学教員，研究開発校教員によるモデル授業の参観，および英語活動の理論・指導法の研修であったが，現在は本市の小学校教員による研究授業の参観と大学教員の指導助言から学ぶ研修を年4回実施している。

- Teaching Plan 20 研修

先述の標準シラバスの低・中学年と高学年の20単元について，単元の構成，教材，指導法等の研修を行っている。2009 (平成21) 年度からは校内研修とタイアップして年20回実施。

- 英語教育支援者定例研修会

授業の方向性の確認および実践交流。隔週実施。

その他，英語活動を導入した最初の3年間，毎年，小・中学校教員12名ずつ姉妹都市にあるカレッジに派遣する海外短期派遣研修を実施した。

(7) 小・中の連携——小・中一貫の英語教育をめざして

児童が小学校英語活動で身につけた技能や態度を中学校でいっそう伸ばすためには，小・小連携，小・中連携が不可欠である。これらの連携の仕組みをつくることは行政の責任である。本市では小学校6年間の標準シラバスを作成するとともに，中学校区に英語教育支援者を1名配置し，2小学校の学習内容をそろえている。また，英語担当教員は，校内にとどまらず，2小学校と中学校をつなぐコーディネーターとして大きな役割を果たしている。(図1)

さらに，小・中連携をより確かなものにするために，小・中一貫のシラバスについて研究開発中であるが，現在，教育研修センターを中心に作成した「中学校英語入門期指導シラバス案」を参考に各中学校で入門期の授業を展開している。このシラバス案では，1学期中間考査までをめやすとして，小学校で体験した単語や表現を復習しながら，新しい単語や表現を体験的に学習し，最後に10文程度で自信をもって自己紹介ができることを目標にしている。

本市ではこれらに加え，小・小，小・中の連携を深めるために以下のことがらを進めている。

- 中学校区小・中英語担当者会議

  中学校区の英語関係教員が定期的に会議をもち，小・小間でのシラバスや教材の共有，小・中間での教材の共有，カリキュラムの連続性を図る。

- 「引継ぎスタンダード」の共有

  3学期に各中学校区で英語関係教員が集まり，小学校から学習内容・教材等を伝えてもらう。3学期から次年度1学期にかけての教員の相互授業参観・交流授業までを含めて「引継ぎスタンダード」と

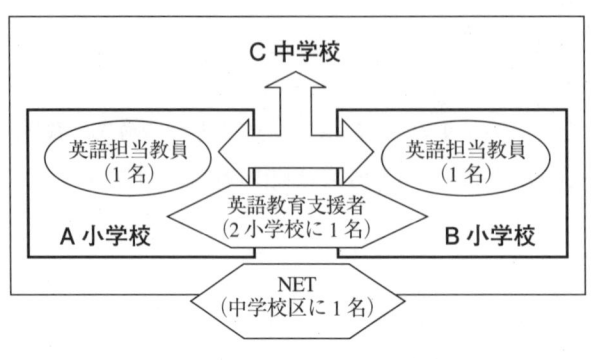

図1 中学校区における指導体制

し，本市の全中学校区で実施している。

・児童・生徒の交流

中学校区によっては，中学1年生が小学6年生とクリスマスカードを作ったり，中学1年生が中学校で1年間学習した成果を2小学校の6年生に発表したりすることによって，児童・生徒の交流を深めている。

以上のような，小・小，小・中の連携の推進にあたり，教育委員会や校長会，校長会英語教育研修部会の強力なバックアップがなされていることを付記しておきたい。

(8) 成果と課題

❶ 成果

2005（平成17）年度の英語活動導入以来，教育委員会・教育研修センター，校長会，および教員の三者が計画的に英語活動を進めてきた結果，市内全24小学校で「国際コミュニケーション科」の教材や指導法，授業の質は，ほぼ同じレベルが保たれるようになっている。これは，学年教員がいっしょに作り上げた指導案をもとに，校内研修で行う研究授業・研究協議を通して教材や指導法が蓄積され，学級担任の指導力が向上してきたからであろう。

他方，児童の成長は次の通りである。2008（平成20）年度末に，第4学年で英語学習を始めた第6学年児童全員が日本英語検定協会主催の児童英検を受験したが，ブロンズ受験児童の平均正答率が85.9%，標準偏差が10.6であり，児童間の差が小さいことがわかる。また，受験児童の意識調査では，「もっと英語を話せるようになりたいですか？」という問いに，「とてもなりたい」が46%，「少しなりたい」が39%であり，英語を使ってコミュニケーションをしたいという児童が非常に多い。

❷ 課題

小学校では，全学級担任が市の標準シラバスにもとづいて授業ができるように，今後，指導の手引きや，教材を作成する必要がある。中学校では，文字指導，辞書指導を含んだ入門期指導の充実を図り，英語科との連続性を考えながら，「聞くこと」「話すこと」「読むこと」「書くこと」の4技能の統合的な指導をさらに進める必要がある。また，標準シラバスをもとに，小・中学校の英語に関わる教員が話し合いながら作成している「国際コミュニケーション科」9年間シラバスの充実も重要な課題である。

「小学校に入学したら英語をがんばりたいです」。これは本市の幼稚園の卒園式で園児が言ったことばである。この期待を裏切ることはできない。「国際コミュニケーション科」は，子どもたちの可能性を信じることから始まった。人とつながること，外国語を学ぶことが楽しいと感じ，国際社会の中でたくましく生きていくことができる児童・生徒を育てていくために，今後これらの課題を少しずつ克服していきたい。　　（吹原　顕子）

3 校内における推進体制の確立

　文部科学省の「平成21年度教育課程編成実施状況」によれば，小学校の英語活動は5年生および6年生で97.8％の学校で実施が計画されており，予定されている年間授業時数は28.2時間であった。この数字を見るかぎり，2011（平成23）年度からの必修化に備えて全国の小学校で着々と準備が進んでいるようであるが，はたしてどうだろうか。本節では，まず小学校における英語活動推進上の問題点を概観し，次に，それらの問題点を克服するためになすべきこと，最後に，校内における英語活動の推進を図る体制づくりについて提案する。

（1）英語活動推進にあたっての問題点

　小学校への英語教育の導入を意識した小学校英語教育の研究，実践は，1992（平成4）年度以降多くの文部科学省指定の研究開発学校でなされてきた。また2002（平成14）年度以降は学習指導要領の「総合的な学習の時間」の学習活動のひとつである「国際理解」の学習の一環として多くの小学校で英語活動が行われてきた。そして英語活動の成果として，英語活動を指導した小学校教員や英語活動経験者を受け入れた中学校教員から，以下の点が挙げられている。

- 英語学習に対する抵抗感が小さく，興味，関心が高い。
- 外国や外国文化に対する興味，関心が高い。
- コミュニケーションに対する積極的な態度が形成されている。
- 英語を聞いたり，話したりする初歩的な能力が養成されている。

　このような肯定的な評価を耳にする一方，文科省指定の研究開発学校や拠点校，地方自治体の研究指定校などで英語活動の研究，実践に携わった教員は別にして，多くの小学

校教員は英語活動を指導することに戸惑いや不安感が大きく，次のような声もあちこちでよく耳にする。

- 英語活動の指導経験が乏しく，何を，どのように指導したらよいのかわからない。
- 英語の発音に自信がないし，英語力，英語の運用力もなく，担任単独で授業を行うのは不安である。
- 5, 6年生の担任は非常に多忙であり，新たに「英語活動」が増えると担任の負担は大きくなりすぎる。
- （以上の理由から）できれば5, 6年生の担任はしたくない。

以上のような教員自身の戸惑いや不安感にくわえ，英語活動の環境や条件整備に関して次のような問題点を挙げる小学校教員が多い（旺文社英語教育研究室，2009）。

- 校内に，校内研修会を企画，運営できる教員，年間指導計画を作成できる教員，英語活動の指導法や英語の発音，文法について相談できる教員，英語活動の指導経験が豊かな教員がいない。
- 英語活動の教材や教具を購入する費用，ALTや地域人材等，指導者を雇用する費用など，十分な予算措置が講じられていない。
- 校外の研修会や勉強会等への出張に対するサポート体制が不十分である。
- 卒業生の進学先の中学校および近隣の小学校との情報交換や協力体制が整っていない。

(2) 英語活動推進のためになすべきこと

英語活動を推進するためには，(1)で示した小学校教員の戸惑いや不安感，英語活動の環境や条件整備に関わる問題点を改善することが肝要である。以下に，そのためになすべきことを示す。

❶ 指導力，授業力を高めるための研修

『英語ノート』は『心のノート』と同様にいわゆる教科書ではなく，法的に使用義務はない。しかし，全国のほとんどの小学校で主要教材として使用されるであろう。それゆえ，学校や児童の実態に合った英語活動を展開するには，『英語ノート』を使いこなすこ

11章／これからの小学校英語活動の展望

とが大切であり，本書の3章2節や4章1節で示したように，『英語ノート』の良い点と良くない点を見抜き，活動を改良したり，新たな活動を開発したりすることが必要となる。また『英語ノート指導資料』に掲載されている活動案を参考にして授業を進めるためには，ある程度の英語指導力と英語運用力も必要である。ほとんどの教員が英語活動の指導経験が乏しい。それゆえ，戸惑いや不安感を小さくし，自信を持って指導するにはそれなりの研修が不可欠である。

❷ 研修で身につけるべき資質

では，自信を持って授業に臨むにはどのような研修が必要だろうか。英語活動担当（中核教員），担任，ALT，地域人材，小学校で英語活動を支援する中学校英語科教員など，それぞれの立場で比重は異なるが，以下の資質を身につける研修が必要である。

- 外国語教育の目的と小学校英語活動の役割や，児童期の外国語学習や国際理解学習における特徴や傾向など，理論面の理解。
- 英語で授業を進めたり，児童にモデルを示したり，ALTとT.T.の打ち合わせができる英語運用能力。
- 自校の英語活動の指導目標を反映した年間指導計画を作成する能力。
- 教材を収集し，選定し，適切に評価して，必要に応じて教材を改良したり，開発したりする能力。
- 学習指導案を作成し，授業を円滑に運営し，児童の進歩の様子を評価する能力。
- 国際理解の本質を理解し，国際理解に有益な素材を掘り起こして教材化し，指導する能力。

教員がこれらの資質を身につけるには，これらの資質が身につくようなプログラムにもとづき，十分な時間をかけた研修を実施することが重要である。また，個々の教員による自己研修が大切なことは言うまでもないことである。

❸ 各学校の核となる英語活動担当者の配置と育成

都道府県や政令指定都市等の教育センターで中核教員研修を受講した教員（各学校で2人）が中心となり，ALTや指導主事等の支援を得て，2年間で30時間の校内研修を実施することになっている。この中核教員（英語活動担当）は，英語活動の基本理念や指導法の紹介，研究授業に対する助言，校内研修の企画，運営などにくわえ，担任とともに

年間指導計画を作成したり，教材や指導法について相談に乗ったりするなど，多様かつ重要な役割を担うことになる。したがって，各学校で，英語活動の指導経験が豊富で，英語や国際理解，教材や指導法などに見識を備え，かつ人望のある教員を英語活動担当に据えることがきわめて重要である。このような教員が校内に見当らない場合には，教育委員会による教員の異動もひとつの方法であろう。また，このような資質を備えた教員を計画的に育てるために，英語活動経験が豊かな教員と英語活動に興味を持つ若い教員の2人を英語活動担当にするのもひとつの方法である。

❹ 小・小，小・中の連携の推進

　小学校英語活動の役割は，学習指導要領に示されているように「コミュニケーション能力の素地」の育成である。しかし，本書の2章2節でふれたように，残念ながら，小学校英語活動は期待されている成果を十分あげているとは言えない。この原因はいくつか考えられるが，原因のひとつは小・小，小・中の連携の不足である。すなわち，同一中学に入学してくる生徒の英語学習経験に大きな違いがある場合，中学校では学習経験の少ない生徒のレベルに合わせて授業をするため，往々にして，学習経験の多い生徒の英語学習に対する意欲を削いでしまうことになる。また，中学が新入生の小学校での英語学習経験に十分配慮しなければ，小学校で学習した内容を小学校と同じような活動を通して学習を強いることになり，英語活動経験者の学習意欲を摘み取ってしまうことになるからである。

　学習者が小学校の英語活動を通して身につけた技能や態度を効率的に伸ばすには，小・小，小・中の連携が不可欠である。

❺ 最低限の予算措置を講ずる

　英語活動は初めて必修化され，導入，実施される関係上，他教科と比べ授業に必要な教材，教具の蓄積が不十分である。また英語活動を担当する教員も英語や授業運営に自信が持てず，学校外でも研修を希望する教員がいるのは当然である。ALTや英語専科教員の各学校への配置は財政難で無理だとしても，教材，教具の購入，研修のための出張費用といった最低限の予算措置を講じ，教員の要望に応えるのは，英語活動を推進するうえで，行政や管理職の責務であろう。

（3）校内推進体制を確立するために

　英語活動を推進するために，前節の（2）で示した事柄を遂行するには，教育委員会や教育センターの学校や教員への支援，および校長がリーダーシップを発揮して学校として英語活動の推進体制を確立することが不可欠である。以下，英語活動を先導的に試行し，一定の成果をあげている学校を参考にして，英語活動の推進体制を考える。

❶ 英語活動推進委員会の設置

　「ALTや地域の人材等とのT.T.でなければ，授業ができない」とする担任が多いが，一部の自治体を除き，ALTや地域人材等の増員は期待できそうにない。そうなると，英語活動担当（中核教員）とALT等による2年間で30時間の研修を充実したものにすることである。このためには，校長，研究主任，英語活動担当，5, 6年の担任代表からなる，たとえば「英語活動推進委員会」を組織し，校内研修会の企画，運営にあたり，英語活動担当を支援する。また，校内研修会の企画にあたっては，受講者参加型のプログラムを工夫したり，毎日の職員朝礼時に，教職員が持ち回りで英語活動のアイディアを発表したり，全員でCDを聞いて教室英語を練習したりするといった研修などを計画したい。このようなちょっとした工夫で，教職員全員の英語活動に対する意識が高まるものである。

　なお，推進委員会は学校外の英語活動の研修会や研究会に関する情報を収集，案内するとともに，教員に参加を奨励し，教員の資質向上の支援をしたい。

❷ 英語活動担当者連絡会の設置

　毎日の授業に密接に関わる英語活動担当を中心に，5, 6年生の担任，ALTや地域人材等をメンバーとする「英語活動担当者連絡会」を設け，年間指導計画，教材，指導法，学習指導案や評価等について定期的に学習会を行う。またこの連絡会の成果を教職員会議で報告したり，プリントにして配布して全員に還元することによって教職員全員の共有財産を少しずつ増やし，次年度以降の授業でも活用できるようにしたい。

❸ 英語活動小・中連携推進委員会の設置

　小学校の英語活動の成果を生かすには，少なくとも同一中学校区内の小・中学校の連携が不可欠である。

　中学校と中学校区内の小学校で「英語活動小・中連携推進委員会」を発足させ，各校

の校長，研究主任，中学校の英語科主任，小学校の英語活動担当らが定期的に会合し，各小・中学校の英語教育の年間指導計画，教材，指導法，評価等についての情報交換や相互の授業参観と研究協議からスタートし，小・中間の授業交流へと発展させる。そして，次の段階では小学校の英語活動に配慮した中学校入門期のカリキュラムの作成，最終的には，小・中一貫のカリキュラムの作成とこのカリキュラムにもとづく授業の実施をめざしたい。

以上，英語活動の校内における推進体制づくりについて述べたが，これらの委員会や連絡会が十分機能し，その役割を果たすためには，校長のリーダーシップ，英語活動担当の使命感および教師集団の熱意にくわえ，教育委員会や教育センターの支援が重要であることは言うまでもない。

（樋口　忠彦）

4 「領域」から「教科」へ

1章1節および本章1節で概観したように，世界の国々における外国語教育の改革，改善の柱のひとつは，小学校における外国語教育の推進である。これらの国々と比較すると，わが国の小学校外国語教育には，2011（平成23）年度から必修化されるとは言え，次のような課題があるように思われる。

- 「教科」ではなく「領域」といった曖昧な位置づけである。
- 学習開始学年は第5学年からと遅く，学習時間数も少ない。また知識，技能（スキル）について目標とするレベルがかなり低い。
- 小学校は教科ではないので到達目標はなじみにくいこともあり，小・中・高に一貫するナショナル・シラバスと言えるものを設定しにくい。
- 指導者の養成が遅れており，現職教員の研修も不十分である。
- 必要な予算措置が十分講じられていない。

これらの課題については，日本児童英語教育学会（JASTEC）が，小学校英語教育に関わる重要な審議がなされるタイミングに合わせて，文部（科学）大臣をはじめとする文部（科学）省や中央教育審議会等の関係者に3度にわたって提出したJASTECアピールにおいて，慎重に検討するよう指摘したことがらである。[1]　以下，JASTECアピールをふ

---

1) JASTECでは，JASTECアピールを1995年，2004年，2006年に出したが，それぞれのアピールは以下（次ページ下）の刊行物に全文が掲載されている。

まえながら，小学校段階での外国語教育の教科化の必要性と，教科化にあたり改善すべき課題と改善の方向性を示す。

(1) 教科化の必要性と必然性

今日のグローバル化時代の特徴として，以下の傾向があげられる。

- 国境を越えた，人，物，文化，情報，資本の流動性の増大。
- 国家間の相互依存関係の増大。
- 環境問題や食糧問題など，地球規模の課題の深刻化。
- 国家間の経済競争の激化。

今後，このような傾向がいっそう顕著になるグローバル社会で，人種，民族，宗教，文化，言語の壁を越えて，世界中の人々が理解し合い，協力し合い，共生していくためには，外国語によるコミュニケーション能力を身につけることが不可欠である。そしてそのような時代に生きる次代を担う子どもたちに，異文化や異言語の学習に適した小学校段階から，「教科」として豊かな外国語学習を提供することは国家の責任である。

なお，「教科」でないことのマイナス面として，たとえば，小学校が教科でないことによる小・中の本格的な接続の困難さ，教員養成大学における教員養成や現職教員の研修に関わる予算の問題，民間の出版社によるさまざまな創意工夫を凝らした複数の教科書の中から学校や児童の実態に合った教科書を選択できないことなど，多々挙げられる。

(2) 学習開始学年と授業時間数

世界の多くの国では外国語学習の開始学年は小学校の第1学年あるいは第3学年である。わが国でも新学習指導要領の移行期間に入るまでは，第1学年あるいは第3学年から開始する学校が多く，第5学年からは少数であった。これは，9歳頃までの子どもは

- 「小学校から外国語教育を！」『小学校からの外国語教育——外国語教育改革への提言』研究社，1997年．
- 「小学校で望ましい外国語教育を実現するために」『これからの小学校英語教育——理論と実践』研究社，2005年．
- 「すべての小学校に豊かな外国語教育を！」『英語教育』2007年1月号，大修館書店．

異言語，異文化に心が開いており，異言語や異文化に興味を持ち，抵抗感なくふれ，異言語や異文化を体験的に理解していくからであろう。他方，高学年の子どもは異言語，異文化に心を閉ざし始めていることにくわえ，人前で発表することを恥ずかしがる傾向がある。また抽象的，論理的能力が高まってきており，日本語の意味にこだわったり，文法的な説明を求めたりなど，細部まで納得して学習したがる傾向が強くなる。それゆえ，高学年の子どもの授業にはさまざまな工夫が必要であり，子どもの「柔軟な適応力を生かす」には，第3学年から開始することが肝要である。

また外国語学習の成否の主要な要因のひとつは学習時間数である。第5,6学年で週1時間では，諸外国と比べても少なすぎる。他教科との関係もあるが，学習したことがらの定着を促すには，第3学年から開始し，少なくとも第3,4学年で週1時間，第5,6学年で週2時間を配当する必要があろう。

本章1節から明らかなように，わが国の小学校の外国語教育がめざすレベルは，ヨーロッパ諸国はもちろん，アジア諸国と比べても非常に低い。このレベルを少しでも上げるには，「教科」化と開始学年を早め，学習時間数を増やすことである。

(3) 小・中・高一貫のナショナル・シラバスの設定

1章1節で概観したように，外国語教育の成果を高めるために，多くの国で小・中・高(・大)に一貫するナショナル・シラバスを設定し，外国語教育を展開している。わが国でも文部科学省が設置した懇談会等によって，各学校段階における到達目標や評価規準を設定し，具体的なナショナル・シラバスを作成する必要性が提言されてきた (たとえば，「英語指導方法改善に関する懇談会」報告，2001)。そして2003 (平15) 年に，「英語教育改善に関する懇談会」が「『英語が使える日本人』の育成のための行動計画」において，日本人に求められる英語力として次のような到達目標を提案した。

●**国民全体に求められる英語力**

「中学校・高等学校を卒業したら英語でコミュニケーションができる」
- 中学校卒業段階：あいさつや応対，身近な暮らしに関わる話題について平易なコミュニケーションができる (卒業者の平均が実用英語技能検定 (英検) 3級程度)
- 高等学校卒業段階：日常的な話題について通常のコミュニケーションができる (卒業者の平均が英検準2級～2級程度)

11章／これからの小学校英語活動の展望

> ●専門分野に必要な英語力や国際社会で活躍する人材等に求められる英語力
> 「大学を卒業したら仕事で英語が使える」
> ・各大学が,仕事で英語を使える人材を養成する観点から,到達目標を設定

　残念ながら,この到達目標は諸外国の到達目標と比べると,いかにも安易に作成された感じがする大雑把なものである。今回の学習指導要領では,コミュニケーション能力の育成を小・中・高に一貫する目標とし,小学校では「コミュニケーション能力の素地」,中学校では「コミュニケーション能力の基礎」,高等学校では「コミュニケーション能力」の育成を目標としているが,外国語教育の改革・改善を図るには,より明確な,より具体的な(到達)目標の設定が必要である。すなわち,まず,4技能や文化理解等について各学校段階で身につけるべき到達目標を具体的に示し,各段階の役割,位置づけを明確にする,次に,各段階において到達目標を達成するのに必要な指導内容(話題・場面,機能,文型・文法事項,語彙,文化)等,指導方法の指針および評価規準や基準を一体化して盛り込んだ小・中・高(・大)に一貫するナショナル・シラバスを設定することが肝要である。

(4) 指導者の研修,養成と各小学校への専科教員の配置

　本章1節で示したように,諸外国の小学校では外国語の授業は専科教員が担当している国,専科教員や非常勤講師等が担当している国,担任が担当している国がある。しかしいずれの国においても,教員養成大学で小学校で外国語を指導できる教員の養成に力を入れるとともに,現職教員の外国語の運用力や指導力の向上のための研修をさまざまな工夫を凝らして実施している。日本でも最近になって,小学校教員養成課程の学生に,将来担任として英語が指導できることを目標に「小学校英語指導法」(2単位程度)といった科目を必修として課し,さらに小学校英語に関わる1～2科目を選択科目として提供する大学が増えてきたようである。しかし,将来,英語教育において中心的な役割を果たす教員を養成する英語コースを小学校教員養成課程に設置している大学は少ない。今後,小学校で英語を指導できる担任とともに,英語を指導する担任をリードできる教員の養成が急務である。また本章3節で見たように,中核教員研修と校内研修からなる研修プログラムは,研修時間数や研修会の運営方法など問題が多い。今後,担任がじっくり時間をかけて研修に取り組むことができ,自信をもって授業に臨める資質が身につく研修プログラムを作成,実施する必要がある。

なお，外国語を教科化するにあたっては，担任とともに年間指導計画や学習指導案を作成したり，英語や教材，指導法について担任にアドバイスしたり，担任とティーム・ティーチングを行ったりする英語専科教員を各学校に1人配置すべきである。

(5) 十分な予算措置を講ずる

日本の歳出に占める教育費の割合は，次の表が示すように年々削減が続いている。

表1　歳出に占める教育費の割合

年度	2002	2003	2004	2005	2006
割合	8.2	7.9	7.5	7.0	6.6

*データは，大谷 (2007).

この結果，GDP（国内総生産）に占める教育予算の割合は非常に低く，OECD（経済開発協力機構）の加盟国28ヵ国中27番目である。

表2　GDPに占める教育予算の割合

国	フィンランド	フランス	アメリカ	イギリス	韓国	日本
割合	6.0	5.7	5.1	5.0	4.4	3.5

*データは『図表でみる教育　OECDインディケーター　2007年版』に掲載の2004年度のもの。日本の対GDP比は，2006年度には3.3％に低下している。

優秀な教員の養成と確保，適正なクラス・サイズは教育効果を高める鍵である。これを実現するにはそれなりの教育予算が必要であり，欧米の水準に引き上げる必要があろう。

本章3節では，校内における英語活動を推進するために最低限の予算措置を講ずることを提案したが，小学校の外国語教育を教科化するにあたっては，十分な予算措置を講ずることが不可欠である。これは，(4)で提言した各小学校への専科教員の配置，小学校教員養成課程への英語コースの設置，現職教員研修の充実，教科化にともなう教科書の無償配布など，相当な予算が必要になるからである。財政状況が苦しくとも，ヨーロッパやアジアの国々が行っていることを，日本ができないはずがない。

以上，小学校外国語活動の教科化の必要性と教科化にあたり解決すべき課題について検討した。諸外国，とくにアジアの近隣諸国の動向から判断し，わが国も，もはや，教

科化は避けられない。文部科学省および中央教育審議会は，早い段階で小学校外国語教育の教科化を決定し，上記の課題解決のためのスケジュールを作成し，教科化への準備を計画的に行うべきであろう。

（樋口　忠彦）

〈参考文献〉

旺文社英語教育研究室（2009）「小学校英語活動に関するアンケート　調査報告」，http://hapilab.obunsha.co.jp

大谷泰照（2007）『日本人にとって英語とは何か──異文化理解のあり方を問う』大修館書店.

鈴木康郎（2008）「タイの初等英語教育の現状と課題──コミュニケーション能力向上をめざす国家戦略と現場の実態」『東南アジアの初等教育段階における英語教育の受容と母語教育への影響』（平成18・19年度科学研究費補助金（基盤研究（C））研究結果報告書，研究代表者：池田充裕），pp. 15-52.

田中涼子（2008）「韓国の英語教育〜英語村を中心に」『クレア海外通信』2008年2月，http://www.clair.or.jp/j/forum/forum/jimusyo/220SEL/index.html

樋口忠彦（2009）「小学校『外国語（英語）活動』の推進体制の確立」『教職研修』1月号，437号，教育開発研究所，pp. 38-41.

樋口忠彦（2009）「外国語活動の環境整備」『教育展望』6月号，55巻5号，（財）教育調査研究所，pp. 24-29.

樋口忠彦・金森強・國方太司（編著）（2005）『これからの小学校英語教育──理論と実践』研究社.

樋口忠彦ほか（2005）「諸外国の言語教育政策と日本の外国語教育への示唆」『近畿大学語学教育部ジャーナル』創刊号，pp. 1-61.

─────（2005）「小・中・高一貫のナショナル・シラバス試案」『近畿大学語学教育部紀要』第5巻第1号，pp. 75-137.

Benesse教育研究開発センター（2009）『第1回中学校英語に関する基本調査報告書』ベネッセコーポレーション.

文部科学省（2003）「『英語が使える日本人』の育成のための行動計画」.

Driscoll, P., et al. (2004) *The Provision of Foreign Language Learning for Pupils at Key Stage 2*. Department of Education and Skills.

Education, Audiovisual and Culture Executive Agency (EACEA) (2008) *Key Data on Teaching Languages at School in Europe*. Brussels: Eurydice.

INCA (2009) *France: Context and principles of education*. http://www.inca.org.uk/ （最終更新日2009年12月18日）

Strubell, M., et al. (2007) *The Diversity of Language Teaching in the European Union*. A Report to the European Commission. Directorate General for Education and Culture.

資料❶ 小学校外国語（英語）活動必修化とJASTEC 30年の歩み

1 JASTECの創成期

　1980（昭和55）年11月16日，日本児童英語教育学会（JASTEC）設立の大会が，奈良・帝塚山大学において開催された。全国からの参加者は150名を超え，100名近い入会者があった。総会で会則を承認するとともに，大阪大学名誉教授で帝塚山大学教授であった五島忠久氏を会長に選任し，運営に携わることになる役員（理事・会計監査・研究企画委員）を選任した。設立総会を締めくくる挨拶の中で五島会長は，「幼児・児童英語教育が成果を上げるためには，①子どもたちへの愛情，②辛抱強く指導を続ける忍耐力，③勉強・研究が必要であり，この学会こそが私たちの勉強・研究の場であるとともに，発表の舞台でもある」と述べられた。

　ひき続いて開催された第1回全国大会では，理事に就任された河野守夫氏（神戸市立外国語大学教授＝当時［以下，肩書・所属は当時のもの］）による講演「児童英語教育の背景」と，のちに副会長に選任されることになる野上三枝子氏（成城学園初等学校講師）の講演「子供の可能性と教育者の役割」を聴いた。

　いわゆる早期教育としての英語教育——これが児童英語教育と呼ばれるようになったのは，野上三枝子氏に始まるとされる——が一種のブームと呼べる状況になりつつあった時期である。

　世間では耳慣れなかった児童英語教育の関係者がこうして一堂に会するきっかけとなったのは，大阪に拠点を置く日本児童英語振興協会（JAPEC）の活動であった。1978（昭53）年には季刊の専門誌『児童英語教育』（五島忠久編集主幹）が創刊され，たまたま失職中だった筆者が編集担当者として招かれた。この専門誌の編集会議の「常連」で，のちにJASTECの母体を形成することになったのが，学会事務局の始祖ともいうべき末延岑生（神戸商科大学），樋口忠彦（奈良工業高等専門学校）の両氏と北村豊太郎氏（梅田学園英語専門学校）などであった。これらの新進気鋭の研究者・指導者たちが，専門誌の編集企画を通じて五島先生を囲む形で，児童英語教育の諸問題を議論するようになった。

　学会設立の機運が高まったのは，民間の教育活動としての児童英語教室の数も，学習

者数も増加しつつあるなかで，児童英語教育の指導内容や指導方法はいわば「野放し状態」にあって，規制のない自由な教育活動としての良い面もあるが，一方では専門家からの適切な指導・助言が必要なのではないかという共通認識があったからではないかと思われる。

当時の文部省が何らかのメッセージを発する前に，幼児・児童を対象とする英語教育のあり方・進め方に関する研究団体が発足したのである。

設立当初の10年間で特筆に値するのは，JASTEC プロジェクト・チーム（代表：樋口忠彦氏）による「早期英語学習経験者の追跡調査」の実施である。1984（昭59）年度から研究に着手し，その成果を『日本児童英語教育学会研究紀要』第5号から第8号までの各号に「第Ⅰ報」から「第Ⅳ報」として発表した。この調査研究の対象としたのは私立小学校で正規の授業科目としての英語学習経験を有する学習者（Ex）であり，統制群としての Non-Ex, すなわち，中学校で初めて英語学習を開始した学習者である。

結論として導き出されたのは，総じて中1段階で優位にあった Ex の技能が，中3段階では Non-Ex と同程度か，逆転を許しかねないところまで接近するが，高2段階ではふたたび Ex が引き離し，中長期的には早期英語学習経験者のほうが英語の習得への積極的な態度と技能の向上が予見される，というものであった。

プロジェクト・チームによる調査研究はその後も継続され，研究紀要に報告されている（JASTEC プロジェクト・チーム［樋口忠彦ほか］1990-1993「学習開始年齢が言語習得に及ぼす影響——第Ⅰ報～第Ⅳ報」『日本児童英語教育学会研究紀要』第9号～第12号ほか）。さらに，公立小学校での英語学習者の追跡調査にもとづき，小・中の英語教育のあり方の再検討を目的とした日本児童英語教育学会関西支部プロジェクト・チームは数々の調査結果を報告しているが，そのひとつに「小学校英語学習経験者の追跡調査と小中英語教育への示唆」『英語教育』2008年10月増刊号（大修館書店）pp. 58-69 がある（なお，本書の2章2節でもその一部を紹介している）。

2 研究大会での論議の推移

JASTEC の全国規模の研究大会は，例年，6月中に開催される全国大会と，秋に開催される秋季研究大会であるが，ほかにも，全国5支部が独自の企画で年度内に1,2回の支部研究大会を開催している。

オピニオン・リーダーをめざす JASTEC が，設立以来どんなテーマを論議の中心に据え，発信してきたかを振り返ると，行政当局や研究者の関心の的がどのように推移して

2. 研究大会での論議の推移

きたかをうかがい知ることができる。

設立から10年が経過しようとしていたころのプログラムには，以下のような発表が掲げられている。

1989（平成元）年6月25日に東京都千代田区のELEC会館において開催された第10回全国大会では，討論会「英語教育の将来と児童英語教育」提案者：若林俊輔（東京外国語大学）・末延岑生（神戸商科大学），司会：後藤典彦（東京事務局）が行われた。ゲストスピーカーとして，英語学習の開始年齢を引き下げることに「反対」していた若林氏を招き，時間（150分間）を十分に割いて意見交換を行った。

2年後の第12回全国大会（1991［平3］年6月30日，玉川大学）では，伊村元道氏（玉川大学）の講演「児童英語教育に期待すること」を聴いたあと，「小学校の国際理解教育」をテーマに，行廣泰三氏（聖心女子大学）の司会のもと，次の3人のパネリストによる提言が行われた。①「横浜市立小学校の国際理解教室」大河内武久氏（横浜市立もえぎの中学校），②「小学校における外国語教育は実現するか」渡邉寛治氏（国立教育研究所），③「外国語教育を含む国際理解教育実施への前提条件」樋口忠彦氏（近畿大学）。

21世紀に入り，2001（平13）年6月9日（土），10日（日）の2日間にわたって聖心女子大学において開催された第22回全国大会では，実践・研究発表と授業研究がそれぞれ2会場で同時に行われ，前者の発表には，「小学校における外国語（英語）教育の論点——過去10年間の主要英語教育関係誌に見る」三宅明子（玉川学園中等部），「『総合的な学習の時間』における英語学習に関する実態調査——近畿地区内の教育委員会を対象とした質問紙調査に基づいて」JASTEC関西支部調査研究プロジェクト・チーム（発表者：加賀田哲也［大阪商業大学］ほか）が見られる。また後者の発表では，吉澤寿一（川崎市立古川小学校）・ジャック・マサルスキー（川崎市ALT）両氏による「"ハロー・ワールド"——5年生の学級担任とALTによるティーム・ティーチング」の発表（助言者は中山兼芳氏［富士常葉大学］）と並んで，佐藤令子氏（田園調布雙葉小学校）による「音声英語をシャワーのように——私立小3年生の授業」の発表（助言者は渡邉時夫氏［信州大学］）が行われた。

全国大会2日目の午後には，吉田研作氏（上智大学）による講演「小学校英語教育の課題と外国語教育の方向」が行われ，締めくくりのシンポジウム「総合的な学習の中でどんな活動を展開するか——文部科学省『小学校英語活動実践の手引き』を踏まえて」では，渡邉寛治氏（国立教育政策研究所基礎研究部統括研究官）・樋口忠彦氏（近畿大学）・冨田祐一氏（大東文化大学）の3提案者が発言した。

創成期の研究大会に比べると，とりわけ全国規模の大会は発表の数もほぼ倍増し，内

容の充実ぶりがうかがわれる。くわえて，教育行政当局の動向と歩調を合わせたような企画が多く，実践に携わる指導者に対する具体的な示唆を含んだ発表が主流となっていることが，学会活動の実績を物語ると言えよう。

③ 制度改革への提言

時代を少し遡るが，1990（平2）年に10周年を祝うのを機に，役員の世代交代が図られた。10年間会長として陣頭指揮をとられた五島忠久会長が退任の意思を表明され，第10回全国大会に伴う役員総会と会員総会において，伊藤克敏氏（神奈川大学教授）が会長に就任し，樋口忠彦氏（近畿大学教授）と野上三枝子氏（日本橋女学館短期大学教授）がともに副会長に選任された。こうして人心を一新したJASTECは，教育制度改革の時代を迎え，各方面からの期待と果たすべき役割の増大に応えていく道を歩むことになる。

1992（平4）年2月には，当時の文部省・坂本弘直初等中等教育局長が，記者会見で，小学校への英語教育導入について検討を始める決定をしたことを発表した。当局が腰を上げた瞬間であった。

1991（平3）年には小池生夫氏（慶応義塾大学教授）を座長とする初等中等教育局長の私的諮問機関「外国語教育の改善に関する調査研究協力者会議」が発足し，論議を重ねていた。前に述べたJASTECの「追跡調査」報告書がこの協力者会議に参考資料として持ち込まれたことは，ほぼ疑いえない。

1993（平5）年7月に公表されたこの協力者会議の「報告」では，小学校における外国語（英語）教育の実施に関しては，推進論と慎重論が併記されたが，実践研究の必要を指摘し「研究開発」の推進を提言した。この提言を先取りする形で文部省は，1992（平4）年5月に大阪市立味原小学校・同真田山小学校の2校を「英語学習を含む国際理解教育」に関する研究開発校に指定し，両校の卒業生が進学する大阪市立高津中学校を「小・中の教育課程の連携」に関する研究開発校とし，上記3校をセットにして研究開発に乗り出した。

歴史を重ねてきたJASTECの研究成果を世に問う必要があるのではないかという機運が盛り上がり，1995（平7）年の創立15周年を迎えるにあたり，出版計画が持ち上がった。企画から2年余りを経て1997（平9）年3月に，学会の総力を傾注した書籍，樋口忠彦ほか編著『小学校からの外国語教育』が研究社出版より上梓された。副題に「外国語教育改革への提言」とあり，帯のキャッチフレーズは「マスコミの話題集中！ 賛否両論が渦巻く小学校英語教育の導入。日本の外国語教育が再び根本からの問い直しと明日へ

の選択を迫られている」とある。誇張がないとは言わないが，小学校における外国語（英語）教育を考えるためのスタート地点として最適の書籍であると，現在も断言できる。事実，ほどなく増刷にこぎつけることとなった。

　この書籍に紹介されているのが1回目のJASTECアピール「小学校から外国語教育を！」である。1995（平7）年6月10日・11日の2日間，上智大学において開催された第16回全国大会において採択された1,500字ほどの声明文である。

　ますますグローバル化が進む時代の要請に応えるためにも，小学校の教育課程に外国語を教科として導入すべきである，という主張である。もちろん①異文化理解を目的とすること，②低学年，中学年，高学年と児童の発達に合わせて段階的に進めていく必要があること，③外国語によるコミュニケーションや自己表現を行う喜びを体験させるために外国人指導助手と日本人教師によるティーム・ティーチング等の時間を設けること，④授業は，「聞くこと」「話すこと」を中心に，歌，ゲーム，お話などを活用し，活動中心に進めること，⑤指導に当たる教員の研修や養成を進めること，などの条件を付けたうえでの小学校英語教育導入促進論となっている。

　教育行政当局に対する学会としての提言でもある出版事業は約5年を単位とする節目ごとに繰り返され，20周年には2001年3月にKTC中央出版から樋口忠彦，行廣泰三編著で『小学校の英語教育――地球市民育成のために』，また25周年を迎えた2005年11月には，研究社から樋口忠彦ほか編著『これからの小学校英語教育――理論と実践』を世に問うことになった。

　この書籍の巻末には2回目のJASTECアピール「小学校で望ましい外国語教育を実現するために」が掲載されている。この第2回JASTECアピールは，2004（平16）年10月16日に開かれたJASTEC臨時役員総会で審議が行われ，全会一致で採択されたあと，翌17日に大阪商業大学で開催された第24回秋季研究大会・会員総会において出席者ほぼ全員の賛同を得たものである。中山成彬文部科学大臣に宛てられた約3,000字から成るこの「アピール」は，JASTECプロジェクト・チームによる調査研究結果から判明した小学校英語活動を体験した児童に見られる成果（下記の項目）と，浮き彫りとなった課題（同）とを列挙したうえで，小学校英語活動の充実を図るために，十分な予算措置を伴う諸施策を講ずるよう提言している。すなわち，小・中・高における外国語教育の位置づけを明確にするとともに，小・中・高に一貫する外国語教育のシラバスを設定し，小学校英語教育の役割を明確にすることによって，小・中の連携を促し，国際理解教育・英語教育の成果を高めること，指導者に十分な研修の実施，教員の本格的な養成を早急に始めること，などの項目が挙げられている。

第2回 JASTEC アピールに盛り込まれた小学校英語活動の「成果」

- 英語活動に対する興味・関心が高い。
- 外国の生活や文化に対する興味・関心が高い。
- 英語でコミュニケーションを積極的に図る態度が形成されている。
- 英語によるコミュニケーションの初歩的な能力が育成されている。

同アピールに述べられている「問題点」

- 英語や国際理解に対して自信のない担任の先生が多い。
- 英語活動の指導法に対して不安感を持つ担任の先生が多い。
- 教材研究をはじめ授業の準備,指導法改善のための研修時間の確保が困難である。
- 出身小学校によって英語活動経験にばらつきがあり,中学校において小学校で身につけた技能や態度を伸ばすことが困難である。

　2008(平20)年3月28日,文部科学省によって新しい「小学校学習指導要領」が告示され,「小学校英語」は道徳教育と並んで一つの領域「外国語活動」として5年生,6年生で必修とされ,それぞれ年間35時限の授業時間が配当された。教科としてではなかったが,小学校教育課程にきちんと位置づけられたことの意義は大きい。

　JASTEC の果たすべき役割は,中長期的な視点から,次代を担う子どもたちにとって好ましい指導内容の確立,指導者の確保をはじめとする環境整備に資する提言を心がけ,オピニオン・リーダーとしての信頼をいっそう確かなものとすることであろう。設立以来30年にわたる活動の成果である知見と,真理への希求により,必ずや達成できるものと確信している。

(後藤　典彦)

資料❷ 小学校学習指導要領（2008年3月公示）

第4章　外国語活動

第1　目標

外国語を通じて，言語や文化について体験的に理解を深め，積極的にコミュニケーションを図ろうとする態度の育成を図り，外国語の音声や基本的な表現に慣れ親しませながら，コミュニケーション能力の素地を養う。

第2　内容

〔第5学年及び第6学年〕

1. 外国語を用いて積極的にコミュニケーションを図ることができるよう，次の事項について指導する。
   (1) 外国語を用いてコミュニケーションを図る楽しさを体験すること。
   (2) 積極的に外国語を聞いたり，話したりすること。
   (3) 言語を用いてコミュニケーションを図ることの大切さを知ること。
2. 日本と外国の言語や文化について，体験的に理解を深めることができるよう，次の事項について指導する。
   (1) 外国語の音声やリズムなどに慣れ親しむとともに，日本語との違いを知り，言葉の面白さや豊かさに気付くこと。
   (2) 日本と外国との生活，習慣，行事などの違いを知り，多様なものの見方や考え方があることに気付くこと。
   (3) 異なる文化をもつ人々との交流等を体験し，文化等に対する理解を深めること。

第3　指導計画の作成と内容の取扱い

1. 指導計画の作成に当たっては，次の事項に配慮するものとする。
   (1) 外国語活動においては，英語を取り扱うことを原則とすること。
   (2) 各学校においては，児童や地域の実態に応じて，学年ごとの目標を適切に定め，2

学年間を通して外国語活動の目標の実現を図るようにすること。

(3) 第2の内容のうち，主として言語や文化に関する2の内容の指導については，主としてコミュニケーションに関する1の内容との関連を図るようにすること。その際，言語や文化については体験的な理解を図ることとし，指導内容が必要以上に細部にわたったり，形式的になったりしないようにすること。

(4) 指導内容や活動については，児童の興味・関心にあったものとし，国語科，音楽科，図画工作科などの他教科等で児童が学習したことを活用するなどの工夫により，指導の効果を高めるようにすること。

(5) 指導計画の作成や授業の実施については，学級担任の教師又は外国語活動を担当する教師が行うこととし，授業の実施に当たっては，ネイティブ・スピーカーの活用に努めるとともに，地域の実態に応じて，外国語に堪能な地域の人々の協力を得るなど，指導体制を充実すること。

(6) 音声を取り扱う場合には，CD，DVDなどの視聴覚教材を積極的に活用すること。その際，使用する視聴覚教材は，児童，学校及び地域の実態を考慮して適切なものとすること。

(7) 第1章総則の第1の2及び第3章道徳の第1に示す道徳教育の目標に基づき，道徳の時間などとの関連を考慮しながら，第3章道徳の第2に示す内容について，外国語活動の特質に応じて適切な指導をすること。

2. 第2の内容の取扱いについては，次の事項に配慮するものとする。

(1) 2学年間を通じ指導に当たっては，次のような点に配慮するものとする。

　ア　外国語でのコミュニケーションを体験させる際には，児童の発達の段階を考慮した表現を用い，児童にとって身近なコミュニケーションの場面を設定すること。

　イ　外国語でのコミュニケーションを体験させる際には，音声面を中心とし，アルファベットなどの文字や単語の取扱いについては，児童の学習負担に配慮しつつ，音声によるコミュニケーションを補助するものとして用いること。

　ウ　言葉によらないコミュニケーションの手段もコミュニケーションを支えるものであることを踏まえ，ジェスチャーなどを取り上げ，その役割を理解させるようにすること。

　エ　外国語活動を通して，外国語や外国の文化のみならず，国語や我が国の文化についても併せて理解を深めることができるようにすること。

　オ　外国語でのコミュニケーションを体験させるに当たり，主として次に示すよう

なコミュニケーションの場面やコミュニケーションの働きを取り上げるようにすること。

〔コミュニケーションの場面の例〕

(ア) 特有の表現がよく使われる場面
 ・あいさつ　・自己紹介　・買物　・食事　・道案内　など

(イ) 児童の身近な暮らしにかかわる場面
 ・家庭での生活　・学校での学習や活動　・地域の行事　・子どもの遊び　など

〔コミュニケーションの働きの例〕

(ア) 相手との関係を円滑にする　(イ) 気持ちを伝える　(ウ) 事実を伝える

(エ) 考えや意図を伝える　(オ) 相手の行動を促す

(2) 児童の学習段階を考慮して各学年の指導に当たっては，次のような点に配慮するものとする。

ア　第5学年における活動

外国語を初めて学習することに配慮し，児童に身近で基本的な表現を使いながら，外国語に慣れ親しむ活動や児童の日常生活や学校生活にかかわる活動を中心に，友達とのかかわりを大切にした体験的なコミュニケーション活動を行うようにすること。

イ　第6学年における活動

第5学年の学習を基礎として，友達とのかかわりを大切にしながら，児童の日常生活や学校生活に加え，国際理解にかかわる交流等を含んだ体験的なコミュニケーション活動を行うようにすること。

〈編者紹介〉

樋口忠彦（ひぐち・ただひこ）　前・近畿大学教授。日本児童英語教育学会（JASTEC）理事，元会長。英語授業研究学会理事，元会長。主な著書に『小学校からの外国語教育』（共編著，研究社），『個性・創造性を引き出す英語授業』（編著，研究社），『これからの小学校英語教育』（共編著，研究社），『すぐれた英語授業実践』（共編著，大修館書店）など。

大城賢（おおしろ・けん）　琉球大学教授。中教審初等中等教育分科会外国語専門部会委員，文部科学省「学習指導要領（外国語活動）」作成協力委員など歴任。著書に『小学校学習指導要領の解説と展開　外国語活動編』（共編著，教育出版）など。

國方太司（くにかた・たかし）　大阪成蹊大学教授。日本児童英語教育学会（JASTEC）副会長，英語授業研究学会理事。大阪教育大学附属天王寺中・高等学校，奈良工業高等専門学校を経て，現職。著書に『これからの小学校英語教育』（共編著，研究社）など。

髙橋一幸（たかはし・かずゆき）　神奈川大学教授。1992年度パーマー賞受賞。英語授業研究学会会長，日本児童英語教育学会（JASTEC）理事。2002〜04年度NHK「新基礎英語1」講師。著書に，『授業づくりと改善の視点』（教育出版），『すぐれた英語授業実践』（共編著，大修館書店）など。

KENKYUSHA
〈検印省略〉

小学校英語教育の展開——よりよい英語活動への提言

2010年6月25日　初版発行

編　者　樋口忠彦（代表）・
　　　　大城賢・國方太司・髙橋一幸
発行者　関戸雅男
発行所　株式会社　研　究　社
　　　　〒102-8152　東京都千代田区富士見2-11-3
　　　　電話　03-3288-7711（編集）
　　　　　　　03-3288-7777（営業）
　　　　振替　00150-9-26710
　　　　研究社ホームページ　http://www.kenkyusha.co.jp
印刷所　研究社印刷株式会社

装丁・本文デザイン　寺澤彰二
イラスト（160, 168-69, 192, 194 頁）　高野美奈
Printed in Japan
ISBN978-4-327-41073-5 C3082